現代の知的状況と
キリスト信仰

名木田　薫 著

大学教育出版

現代の知的状況とキリスト信仰

目　次

序　論　科学対宗教 …………………………………………… *1*
　　　Ⅰ　イエス・キリストという存在　　*1*
　　　Ⅱ　宗教的、科学的両立場の分化と再統一　　*10*
　　　Ⅲ　再統一での宗教的知の優位性　　*20*
　　　Ⅳ　信仰から見た自然科学的宇宙　　*26*
　　　Ⅴ　信仰と自然科学的宇宙との相互的意義　　*35*

第1章　創造と終末………………………………………………… *53*
　　　第1節　創造　　*53*
　　　第2節　終末　　*85*

第2章　奇跡 ……………………………………………………… *116*
　　　第1節　旧約聖書　　*116*
　　　第2節　新約聖書　　*130*
　　　第3節　新、旧約双方に関わる事柄　　*157*

要約　キリスト信仰と科学的考え方―霊の優位性の諸側面― … *181*
　　　Ⅰ　創造、終末、奇跡と霊の立場　　*181*
　　　Ⅱ　世の脱落と信仰の奥義　　*187*
　　　Ⅲ　人格の誕生と自然科学的知　　*191*
　　　Ⅳ　奇跡的出来事と霊的存在との関わり　　*197*
　　　Ⅴ　霊の力による可視的世界の支配　　*201*
　　　Ⅵ　霊の誕生と世界の変転　　*206*
　　　Ⅶ　キリスト信仰による可視界の軟化　　*210*

あとがき ………………………………………………………… *219*

現代の知的状況とキリスト信仰

序　論　科学対宗教

I　イエス・キリストという存在

「あなたがたは世の光である。」（マタイ 5,14）という。歴史的世界はいわば罪の支配下の世界である。そういう世界は神の端的な栄光の現われた世界ではありえない。歴史には根源的には積極的意義はない。その点は仏教と同じである。ただ可視的世界全体としては神の創造による世界として意味はあろう。それはキリスト者が世の"光"として輝く場という意味をもつのみである。それ自体として有意味であるのではない。そういう点では旧約時代とイエス以後とでは異なる。キリストが受肉していわば終末が到来し究極的存在が人の世界に現れたから。これ以後は世の光たる人としての生がキリスト者の使命である。今現在の人の理、知性（信仰的意味のそれも含めて）により、終末までの全てを包括した世界の地平を具体的にイメージするのは不可能である。今の人には究極的事態についての知識は与えられていないから。この点は仏教と異なる。仏教では終末のような事態は存しないので、人の知は今以上に進展はしない。そこで現在の知での世界包括的思考が不可欠である。

自然を探求して神の叡智を間接的にうかがいうる。自然を深く知ることは創造者たる神の叡智の嘆賞のためであろう。これは実存的には自己の十字架を負って生きて神の意志を知ることに呼応する。また歴史の中では世の、歴史の光であろうとすることと呼応する。自然的、実存的、歴史的という三つの観点で考えられる。だがこれらを一元的に統一的視野の下に収めきることは今現在の人の知の範囲内では不可能である。人の知は究極的次元に属す事柄を知っ

てはいないから。人が今究極的知の地平に立ちうるのなら、全てを一元的に統一して考慮できよう。このことは人が神の啓示を必要とすることとも呼応しよう。パウロもいうように「今は一部しか知らなくとも」（1コリント13,12）なのである。要は全体的なことを今は知りえず、そのときまで待つほかないのである。今現在の時点で全体を知ろうとするのは"下から上へ"の方向であり神秘主義と同じである。

　イエス・キリストの出来事からアダムの神話を考えてみよう。その出来事から考える限り、アダムにおいて死が最初からあったとは考えにくい。やはり死のない状況にあった（創造された）と考えられる。もっともキリストは神でもあるので、人とは別個だが。アダム単独の堕罪を考えるより、人は元来集団生活をしているので、その中の個々人が堕罪したと考えた方が理にかなう。かくてパウロもいうようにアダムの堕罪と共に、その時生きていた人々が共に堕罪したのである。アダムの堕罪がエバに無関係とはいえないような具合にである。現実には人類の祖が一人とは考えにくい。生物は全て種として存在しているから。アダムの話はどこまでも神話であり、象徴的意味を持つと考えるべきであろう。かくてアダムが罪を犯し、全ての人が罪を犯したので（ローマ5,12）という告白はまさに人類の現実的、歴史的在り方を反映している。人は個人としても、種という集団としても神に対して罪を犯したのである。その罪を神は忍耐を持って見過しておられたが、時満ちてキリストを世に送り罪を負わすのをよしとされた。アダムについて「その鼻に命の息を吹き入れられた。」（創世記2,7）という。アダムの話自体が人の堕罪の象徴的表現たるに応じて、これもそうと考えるべきであろう。具体的な霊の与えられ方、失い方は当時の人にも、現代の人にも理解を超えている。

　ペンテコステの際に「炎のような舌が分かれ分かれに現れ、一人一人の上にとどまった。」（使徒言行録2,3）という。ちょうどそのようにアダム一人ではなく、数人の集団に対して霊は与えられたとするのが理にかなう。アダムとエバという一対の男女という考えは生物の種が進化ではなく突如として発生したとする考えと一体であろう。そこで後者を受け入れないのなら前者も受け入れないのが理にかなう。かくて現代の我々にも受け入れやすくなる。ペンテコス

テで与えられるのと人類の祖において集団として堕罪して霊を失うのとは——内容的には反対の事態だが——神による霊の与奪という点では同一次元の事柄である。多くの民族からイスラエルが選ばれたように、一元的発生にしろ、多元的発生にしろ人類内の一部集団に特別の霊が与えられたと考えればよい。人類全体に対して同時と考える必要もない。霊が初めて自然な生き物を超えた次元の、真に神と対話しうる存在にしたのである。

　現在は堕罪した状況にある。倫理的には戦争があったり、知的には広大な宇宙と矮小な人間との間の違和感に苦しむ。こういう問題を今現在解決しようとすると、神秘主義となろう。だがこれは今すぐ絶対的存在を見ようとすることで、キリストへの信仰とは二律背反の企てとなろう。今、人に求められることはその状況に耐えて生きることだ。というのも神秘主義の道はその状況の解決には通じないから。神秘主義とは人の心の中のことで心の外をも含む問題の解決にはならない。むしろ禅的な無と一のキリスト信仰こそが今現在の人間が到達しうる究極の立場であろう[1]。

　自分達と同様の一人の人間が実は全く異質で超越的な神である、こういう理性的判断と衝突する内容を受容してしか人間的、人間中心主義的自己同一性は突破されない。簡単にいえばある特定の人間が神なのである。罪なき人は死なないように罪なきことが神たることの特質であろう。そのことが一人の現実的人間の内に現れたことが啓示の内容である。この啓示を受容して全てを物質的過程へ還元する科学的考え方の克服も可能となる。どういう過程を経て世界が造られようと、どういう構成を持って現在の世界や個物が形成されていようと、そういう状況を超えて個的存在が固有な人格として神の前に立っていることが明白にされる。と同時に人以外のものも神の被造物としてその存在価値をもつことになる。科学的に見られた死の世界に生が与えられるのである。禅的見方では人格主義的観点は抜ける。そのことはキリスト信仰からは一種の躓きと見える。躓いた後での、人の救いのための善後策と映る。神、キリスト受容では、人が救われるのみではない。神の像としてその務めを負わされる面も生じる。後者の面を除いて前者のみをいわば残している。それには人の自律的でありたいとの欲求が前提となる。結果として後者の面が除外されている。ま

た人の理性は有限な範囲内でしか有効ではない。そこでキリスト復活のような出来事は判断のしようがない。イエス・キリストという特定の人間の一回限りのことなら、復活という出来事も反理性的とはいえない。むしろ反対に例えば「心の清い人々は、…神を見る。」(マタイ5,8)といった人を神と信じることはかえって理性的である。そのように信じないことこそ反理性的と考えられる。究極的実在として人格的存在を考えているか否かでこういう問題は決着される。人格的存在の究極性を信じない限り、全ては物質的過程に還元されよう。禅の悟りのように心の中での在り方なら、人間という存在の崩壊時には共に崩壊するほかない。可視的世界の中にこそ人の心の中の在り方の根源を超えさせる要因を見いだしうるのではないか。それがまさにイエス・キリストである[2]。心の在り方をどのように変えてみても、それは所詮人間的、人間中心主義的在り方を変ええない。エックハルトの神秘主義と禅との親近性もそのことを示唆する。

　科学と宗教とは出会わないとはいえ、イエスという存在では彼が地上の人となった点で出会うといえる。しかし科学の立場からはイエスについて客観的な、誰にでも承認される事柄を問題にすることになる。そうでないものは最初から排除されている。ここには躓きの可能性はない。宗教は逆にそういうところをこそ問題にする。では宗教は科学の立ち止まったところから始まるのか。そうではない。科学は一旦立ち止まったらそれより先へ進もうとはしない。過程から意味へと次元が変化する。「どのように」と「なぜ」とは無理なく適合せねばならないが、生物の進化の過程を神という神学的概念と調和させるのは困難という考えが見られる[3]。現代のヒトまでの進化では、偶然が大きく作用する。だがそういう判断はあくまで人間のなせる業である。人の知は有限、終末で全ては明らかになる。今は部分的知しか許されていない。だが科学は今全面的真理を探究しようとする。神学にはそのことは元来許されていない。かくて科学的客観的認識という方向からは神、キリストへはつながらない。やはり実存的方向からであろう。例えば「心の清い人々は、幸いである」(マタイ5,8)と語ったイエスという存在が、可視的世界、宇宙全体の脱落と共に日の出のごとく立ち現れる。広大な宇宙全ての総計より大きな存在感を現してく

る。妙好人の「南無阿弥陀仏の声ばかりして」のように、イエス・キリストの声ばかり聞こえてくる。他の何ものも聞こえない。この世界に生きながらキリストの掌の中に、上で生きているかのようである。キリストの掌の中でいわば「遊戯」するのである。こういう事態の現成はこの可視的世界の心からの脱落と呼応している。人の理性は無限なるものへは届かない。だが神とか永遠を考えうることはある意味で届いていることを意味する。ではどういう意味で届かないのか。人間存在全体としては届きえないのか。これは当然であろう。有限である人間が存在全体として神に届くはずはない。だが一方、頭の中で神を考えるだけでは単なる観念に過ぎない。これではやはり届かない。啓示が世に現れて、人がそれに接してやっと人は神に間接的に届きえたのである。

　現代の宇宙像からは、なぜこんなに広大な宇宙を神は造ったのかという疑問が生じる。かくてキリストの啓示以外へ目を注ぐと人は青木が原のような無数の疑問の林へ迷い込む。キリストの啓示はそういう林の中へ差し込む唯一の光である。ここへ常に目と心とを向けなくてはならない。もっとも旧約時代では別の仕方での啓示が与えられたであろう。だが今はキリストの啓示がある。これ以外は何もない。ここだけは他のところとは異なった色の世界である。別世界である。人が世にあって持つすべての疑問をも吸収するような一種のブラックホール（ホワイトホールというべきか）のようなものであろう。

　時の横の流れは縦の霊の働き、力によって停止する。一瞬一瞬が新たなる神の創造の働きと解される。こういう仕方で宗教的次元と科学的次元とに分けられた主体的次元と客観的次元の世界とは再び一体化される。こういう状況では縦も横も時間も空間も全ての存在は、人の存在をも含めて、いわばアトムに寸断される。否、さらにそこを通り越してそれ自体として固定的な存在性を持ったものは何一つなくなっている。そういう点で仏教でいう縁起の法に近い状況ともいえよう。かくてここでは科学的真理と宗教的真理との分裂もなく、したがってそれらの一体化の要請という状況も生じてはいない。個々のものは神の創造によるから、空ではない。どこまでも現実的に存在する。しかもそれらは固定的存在性は持ってはいない。こうして一度砕かれたものを信仰の目で見るとき、そのときだけ一つの形、存在性を持っていわば復活してきている。この

ように、科学的法則は信仰の法則によっていわば寸断されている。ちょうど禅で前後際断をいうごとく。科学的法則はいわば横の法則であり、信仰の法則は縦の法則である。もっとも後者は法則といえるようなものではなかろう。人間の論理に従って動くのではないから。信仰は生ける神を信仰する以上、生ける信仰である。その限りそれは一定の法則に則って動いてはいない。自由と法則への従順とは矛盾するが、自然界を支配する科学的法則に従う自由さえある。というより科学的法則などはもはや目に入らない。あってないようなものである。信仰では既に心が天にある以上、可視的世界の何であれ固有な意味は持たない。そこでそういう世界に内在の法則も同様である。たとえそれが実験と観察によって確かだと確められても、所詮空しい。確かであるほど空しさもひとしおである。不確かなものなら、かえって来るべき世界では、あるいは確かになりうるかもと感じうる。そこで今の世界では不確かなものの方がむしろ注意をひきつけてやまない。この世界で確かで、その確実さを誇るものはその確かさのゆえに来るべき世界ではその存在を失うのである。「共にうめき、…体の贖われることを…待ち望んでいます。」（ローマ8,22以下）という聖句はこの世で不確かなものが確かなものへ変えられることを示唆する。このことは世界の中に存する個々のもの、例えば生物の各々の種についてだけでなく、それらの種に関係する自然科学的法則についてもいえる。今の世界で確実な法則は次の世界ではむしろ反対に確実に消滅する。今の世界と次の世界とでは全てが逆転する。今の可視的世界を支配する科学的法則などは次の世界では全く不要となろう。

　イエス・キリストは神の具現した存在である。かくてこの啓示の前では全被造物は、宇宙も人も、その意味を失う。だからこそ信じて新しく造られることになるのである。意味を失うもののうちにはアダムの話も入るであろう。キリストの啓示は人の信仰の発端である限り何ら揺るぐことはない。イエス・キリストの啓示へ目が届いた時、全被造物は脱落する。被造物によって目が障えられていると心は啓示までは届かない。ここでの被造物とは被造物としてのあらゆる可能的形態をも含む。この"可能的"の内に"マルチ"バースも入る。こういう状況では宇宙の形は消えている。そこで"ユニ"であろうと"マルチ"

であろうと、どちらでもよい。「混沌であって」（創世記 1,2）とされる、形のないものとなった。創造前の物質、素材へと還元された。キリストが形あるものになることと被造物がそうであることとは二律背反である。最初はキリストの像は全被造物の中に埋もれている。人にとってキリストが現れることは埋もれた状況から人に向かって浮かび上がってくることである。人の内に住まうようになるまでこのプロセスは続く。それにつれて逆に被造物は次第に消えていく、脱落していく。見方を変えれば全被造物の内からキリストと自己とが浮かび上がってくる。キリストが浮かぶのに応じてそのキリストを信じる自己も浮かび上がってくる。キリストの居る天へと人は次第に引き上げられていく。被造物が消える事情を考えてみても、キリストを信じた時点で被造物はいわばなきに等しいものになっている。全宇宙の中でキリストと自己のみが生きている。他の被造物は全て根源的にはいわば死んでいる。

　キリストを信じたとき、地上の世界も可視的世界自体とは異なってくる。そういう信仰的世界がこの可視的世界の上に現れると信じられて[4]。かくて人は世界についての科学的知識をそのまま肯定しつつ、神、キリストを信じうる。二重真理というよりも各々が一重真理である。接触面がないので問題は生じない。二重真理という考えでは二つのものが二重になっている。だがここではそうではない。一方が真理とされているときにはそれが全てであり、他方は全く存しない。反対の場合もしかりである。そこで一重真理でしかない。二重真理ということだと両種の知は結局根本は同じ性格であろう。だが信仰に基づく知は質が異なる。なぜなら具体的な形のあるものではないから。霊が形のないことに応じて、霊に基づく知もまた具体的形はない。霊は風にたとえられる。風に形はない。

　ここで過去や現代の識者の考えを参照しよう。スピノザの神は原罪を認める信仰の対象の神でも、最後の審判を司る神でもなく、宗教の原点たる自我を自覚させる神ではない[5]。宗教には実存的要素が不可欠であろう。死の欲動（あるいは本能）こそ他の一切の欲動を包括する根源的欲動という考えもある[6]。宗教的に自我の否定を求めて救いへという欲求はここでいう死の欲動と一脈通じてはいないか。霊の欲求と肉の欲求との二つの欲求のうち、前者がそれに当

たろう。そういう事態が実現した暁には西田哲学でいう絶対矛盾的自己同一の立場となるのであろう[7]。人は一般に主観的な価値意識を経験的事実の背後に入れ、後者を前者の実現と見る[8]。例えば今の場合罪なき者は死なないという価値意識をキリストの出来事の背後に入れるのであろう。しかしこういうことができるとは思われない。そういうことが可能なのはあくまでこの世界内での出来事についてであろう。もっとも科学者の自然への畏敬の念がそれを創造した神への愛へ昇華し、宗教心に転じることは生じる[9]。だがこれでは十分に実存的とはいえない。ここでの神は聖書での啓示の神とは異質であろう。神の義という契機の実存的受容が不可欠であろう。「あなたには、わたしをおいてほかに神があってはならない。」（申命記5,7）を道しるべとして生きて、可視的世界の無とキリスト信仰へ同時に至る。後者はそこにある、ここにあるというような性格のものではない。人間の自然的存在という側面をも含めて自然全体が神の創造された世界となる。無である世界が同時に神の被造物となる。これは全面的に科学の対象となる。キリスト信仰自体は地から浮いたものなので科学の対象にはならない。基本的にいってなりうるような対象的存在ではない。対象にしたくなる心が生じるのは信仰が可視的世界の無と同時に開かれて生成していないからであろう。つまり自我崩壊と同時に生じていないから。そこで信仰に関わる事柄をも自然科学的検討の対象として見たくなる。本来的にいえば信仰は霊的次元に属しており、決して可視的世界と対峙、対立するものではない。霊的世界は可視的世界とは別の無の世界に属しており、可視的世界と一になりうるものでもある。

　宗教的には創造と終末という理性で判断しえない事態をどう考え、信じればよいのかである。人も含めて存在物の基本的構成が自然科学的、物質的にどういう因子からできているかではなく、人類、地球、宇宙が最終的にどう運命づけられているのかという問題である。微細な因子構成を問題にする必要はない。創造と終末との間の事情は基本的には歴史学的、自然科学的に、またそれ以外の科学により解明されよう。

　さて、科学者の心は自然の法則を介して神の立場に立ち、その自然への畏敬の念は主観的考え方を拒絶する心の後ろ盾になる可能性さえある[10]。確か

にそうであろう。ただ二つの傾向がいかにして一になるかが問題である。「主御自身がその嗣業である。」（申命記 10,9）となることによってか。神の計り知れなさを人が感じるにはこの広大さが必要なのか。宇宙は今は拡大中だが、収縮に転じるかもしれない。かくて大きさをそれほど問題視することもない。人格的次元の重要性のため自然科学的次元の事柄はいわば吹っ飛んでしまう。人は単に自然的生き物ではなく、人格的存在であるから。超科学的領域にだけキリスト教の存在意義を認める折衷的二元論は逃避的経験主義、頑迷な教権主義に陥るか、科学が宗教を否定する唯物論、無神論に屈服するかになる[11]。科学の限界からキリスト教へ向かうとこういう結果になる。これでは自然科学が発達するたびに信仰は後退するほかない。宗教、信仰では実存的自己が問題になる。他と共通でない存在である。一方、科学が問題とするのは非主体化された、他己とも共通な人間存在一般である。実存的次元に属すことは最初から捨象されている。そこで当人固有な人格は科学ではその場を持ちえない。「重荷を負う者は、だれでもわたしのもとに来なさい。」（マタイ 11,28）という際の自己は固有であり、他に代わりえない。ここに歴史的な一回的啓示への信仰が生まれる。かくて神が真に絶対的であるのに応じて信仰もそうであるほかない。信仰はあらゆるものを包摂しており、科学も例外ではない。科学的判断は相対的たるを免れえないから。人は無となって神によって把握される。同様に人の営みたる科学も絶対の神によって根拠づけられねばならない。信仰は科学を異なったままでいわば同化する。ただ神の超越性を強調しすぎて人の側、科学の側を否定的に見る方向へ偏してはならない。否定即肯定の立場に立たなくてはならない。偏向の生成は信仰が真に無と一の場に存立していないからである。科学は少なくとも信仰より一般的合意がえやすいと思うが、信仰をどう解するかが重要である。価値の領域と事実の領域とは連続なので事実問題と価値問題とを二分法的に分けるべきではないとの見解がある[12]。連続の仕方が問題であろう。無と一体のキリスト信仰では神、キリスト以外の全てが相互に寸断される。そこで神が刻々と世界の中へしるしを現すという旧約時代での考え方は価値、事実の両領域を統一的に把握してはいないか。創造者たる神や奇跡の有無については科学は肯定も否定もせず、個人の判断に任す[13]。そのとお

りであろう。また人の心、魂などは脳の神経細胞のような要素へと分析しきれない[14]。宇宙は広大とはいえ光の粒子など以外ほとんど何もない空間が随分広いのでその広がり自体を余り気にとめる意味もない。さらに分子生物学は生命現象を把握するのみで、人が生きること自体を問題とはせず、この限界は超ええない[15]。自然科学からの生は宗教の前提となる人格的生ではない。このことに呼応して神の自由を阻止しうるような"自然の法則"は存在しない[16]。こういう観点に立てば自然も歴史も同様に見られよう。

II　宗教的、科学的両立場の分化と再統一

　百億光年先の天体で銀河の衝突が今観察されることとこの地上で今生じている出来事とは連関しあう。決して無関係ではない。そういう天体は地球の現状と一体と分かると、逆にそういう天体の驚くべき在り方は地球の、そこに生きる人間の重い意味をいわば三次元、否四次元の世界において現しているものとなる。かくて宇宙の果てで驚くべきことが発見されるたびに、発見されるほど我々地球人の存在価値がずしりと重くなってくる。古代人はただ天空の星空を見上げて感嘆しただけだが、現代人は百億光年先の宇宙の幾分かを知っているので古代人以上に自己の存在価値の重さを自覚しうるであろう。神が人に自己の無限を知らしめることも広大な宇宙の意味の一つであろう。神は無限という事態がそういう次元の世界に現れていよう。神自身を直接に人に知らしめる方法はないから。ちょうど詩編作者が天を仰いで「わたしの思いは　あなたたちの思いを、高く超えている。」（イザヤ55,9）と賛嘆したように。地球人に対してのみではない。もし他の天体に高度の知性を有する生命体がいれば、それをも含めていえよう。魂込みの人間存在を考えると宗教との関わりが生じるが、魂の現象の探求は科学的なので科学と宗教との接点が生じる[17]。また宗教の基盤は科学同等の普遍性を持つことを要求される[18]。ただ普遍性とはいえ生命体に種々あるように種々の人間的個性がありうる。かくて全ての人間存在に妥当するものを具体的に唯一と考える必要はない。またそのように考える

べきではない。普遍的なものが複数あって何ら問題はない。現在の科学的人間理解は生きる主体の生の営為を承認するような知のレベルに達しつつある[19]。人生不可解に宗教と科学が両立する理由があり、前者は主観的理解、後者は客観的理解である[20]。ただ両理解の統一が必要であろう。統一は宗教の方にしかできまい。科学は有限な範囲のこと、もののみを対象にするから。西洋では二世紀から中世にかけては弁明的、敵対的、擁護的になったが、基本的には両者の対立はなかった[21]。ただその場合キリスト教自体が聖書本来のものか否か反省の必要があろう。非西欧文明——アフリカ、ギリシャ、イスラム、インド、中国の各文明では両者の対立はない[22]。聖書での啓示という事態が欠けているからであろう。信者の生活を規定するシャリーアを認めるイスラムでは政教分離は許容しがたい[23]。ここではしかし非近代的側面が問題となろう。

　さて、宗教と科学との関係では人格主義的に考えるか否かが一つのポイントになる。そう考えると人格主義的ドラマが演じられる場の様態は重要ではない。ここではその場の自然科学的考察は一括して克服されている。科学は世界の構造などを探求する。宗教は世界や人の意味を表明する。科学からは意味は出てこない。否、さらに人間からは人間存在の意味は出てこない。人は有限な存在なのでそういう存在から生じる中途半端な、十全でない意味では満足しえず、人を超えたところからの意味の獲得が不可欠となる。ここに宗教、ことにキリスト教の意味がある。例えば仏教とキリスト教を縦糸に、そして宇宙観および進化論、DNAなどの人に関する自然科学的事項を横糸にして人生を考えることもできよう。科学の立場は蓋然性、確率的な事態である。99.9999パーセントの確率でこうだということとこう信じる、100パーセントこうであるということとの間には人の力では超ええない深淵が横たわる。ここでは飛躍が不可欠である。間にある0.0001パーセントのところを罪が支配している。もし仮に蓋然性に基づいてこうと思うことをこう信じることと考えているのなら、それは信仰の思い違いである。科学的判断に基づいては信じることは結局生まれえない。キリスト教的見方は価値、意味を考えるので、それなしには人の生は成り立たない。人は生きられない。一方、科学的見方は過程を考えるので、それなしで人は生きられる。人としての生とは直接には無関係の事柄であ

る。キリスト教的見方はある傾斜を持つ見方である。科学的見方にはそういう傾斜はない。まさに平板な見方である。神は聖書と自然という二つの書物を書かれたが、目的は異なる。前者は後者の意味を伝えようとする。かくて両者を同次元で取り扱うのは基本的にいって正しくはない。今後科学が発達して宇宙の構造が解明されるほど、人は益々ニヒリズムに陥ろう。なぜなら今ここにこういう宇宙がなぜ存在するのかという問に対して人は答ええないから。不可思議と思って感嘆する方がまだしも救いがあろう。

　ここで宗教と科学との調和的考え方のいくつかを見てみよう。まず近代主義、例えばベルグソンでは進化に超自然的重要性を与えて神格化させた[24]。自然の内に神が内在している。宇宙についての無境界条件は神の摂理による宇宙支配というニュートンの宇宙観を表す[25]。宇宙に端がないという仮説はニュートンの宇宙観を表す。宇宙が神の摂理で定められた場所だと信じることと符合する考え方なのである。ニュートンでは宗教と科学とは継ぎ目のない統一体だが、ライプニッツでは物体現象での機械的法則と精神的領域での道徳法則とは互いに干渉せず予定調和させられていた[26]。だがこれらではいずれも人が理、知性でそう考えていたに過ぎない。これでは啓示は不要となる。ヨブ記でのようなことが生じるので、イエス・キリストの啓示が不可欠である。そうでない限り救いはない。次に反対の考えを見てみよう。科学主義は天啓、奇跡を放下しえないので無神論に帰し自然教に終わる[27]。科学主義は例えばキリストの復活でも科学的次元で受け取るから。そういう前提自体が信仰での躓きを意味する。宗教的、実存的で一回限りの事柄である。かくて科学の対象になりうべき事項ではそもそもない。デカルトの機械論的世界像、ベーコンの自然支配のイデーによる18世紀の啓蒙主義、産業革命において宗教と科学は対立するようになった[28]。また19世紀になると宇宙は機械的必然の支配する宇宙となり、宇宙への宗教的読み込みは解消する[29]。プロテスタンティズムでの神はとりわけ人格神であるから。弁証法神学における人となった和解の三一論の神が近代主義の抽象的一神論を突破して苦悩する人の同伴者となりうる[30]。人となり、かくて死ぬことのできる神が科学と対決する原点となりうるのである。19世紀の科学は決定論だったが、今日（20世紀）では不決定論が取って

代わった[31]。どちらの考えでも意味を問わぬ限り神という存在は入り込む余地はない。今日では実存的観点を除外すればそういう必要がなくなった。

　科学的と実存的という異質な二つの見方を現代人は有せざるをえないが、それは人の精神に一種の緊張感を与える。過程と意味なので人の生には双方とも必要である。人以外の生物には前者だけでよいかもしれない。だが人には後者が不可欠である。信仰の表明としての神話と科学とが未分化の時代では双方は一つの事柄として相互に内在しえていた。ここに矛盾はなかった。神話は意味、科学は過程を担当する。しかし現代ではそういう状況は不可能となった。両者は分化したから。科学が神話から独立したのである。だが科学一辺倒では人はニヒリズムに陥る。そこでそれのみでは人は立ちえない。また科学自身が自己の存立の根拠づけのため自己以外の何かを必要とする。ここに再び神話的なるものが生まれる理由がある。だが一方では科学は自己を支えているものの根底を掘り崩すという矛盾したことを遂行している。他方、神話の方から考えるとどうなるのか。現代人は科学の方から種々の知を受け入れる。そこでそれとの関わりの中で神話的なるものを矛盾なきよう常に変容するという作業を持続しなくてはならない。そういう過程で時には神話を科学の目で見て科学と混同する事態も生じよう。だがこれは本来の在り方ではない。神話と科学とが意味と過程を各々扱うと認識されていれば、そういうことは生じまい。神話的意味を表す一つの事態、例えば世界の創造についても創造以前へ立ち返って考えれば過程としては無数にありうる。かくて複数の神話的出来事について考えると、無数×無数の可能性があろう。基本的には神話的次元の事柄と科学的過程の世界とは相互に矛盾しないように考えうることを結果する。神による世界創造とはいえ直ちに一定の創造過程と直結はしない。例えば進化論と結合するという具合に。結びつくのは神話と科学の未分化の時代の状況であろう。結びつかない状況が神話、科学両者があたかも矛盾するかの印象を与えているのである。決して実際はそうではない。むしろ分化するほど逆に一体化の必要度は高まる。キリスト信仰は今既に終末のところに立っている。科学が対象とする世界のかなたに出ている。出ているところから内へ向かって意味を注ぐ。神が光あれといったら光があった（創世記1,3）ように。そこでキリスト信仰から

の意味は今の世界自体から生まれたのではない。世界を超えたところから降り注いだ意味である。意味の根拠は世を超えた神である。世の有り様がどう変わろうとも、無関係の意味である。そうであればこそ意味は意味として存立しうる。何かに依存していては意味はいつかは崩れるであろう。

　終末論的に信じているので、今既に時空の世界の外に立っている。そこで時空の世界を包摂しうる。しかし終末論的観点に立つことは現世的、現実的世界の無化という契機を含む。そこで単なる包摂ではない。無なるものをあえて包摂する必要はないから。無なるものなので元来ないものである。かくてこの山に向かって海に飛び込めといえばそうなる（マタイ21,21）ことも可能であろう。無なるものなので信仰の力でどうにでも変容しうるであろう。そこで世界についての科学的法則をあえて否定はしないが、こだわっているのでもない。あえて否定の必要はないだけなのである。科学的観点からは山に向かって海に飛び込めといえば飛び込むというようなことは考えにくい。だがあえてそのようにいう。このことは信仰の法則が科学的法則を上回ることを表す。前者の前では後者は無力である。被造的世界での法則は造る者の権威の前では妥当性を持ちえない。ここには明確に上下関係、支配関係が存している。かくてこそいつの日にか終末では世界の法則は根本的に変わりうるのである。そもそも可視的世界を固定的なものとして受け取り、現実的なものとして重視することはない。信仰の目からはいわば仮現的、仮幻的世界といってもよいものでしかない。イエス・キリストではなくて、可視的世界の方が仮現的である。通常とは逆の受け取り方が真実なのである。そうであればこそ自然も神の子供たちと共に贖われるのを待ち望む（ローマ8,22以下）のである。かくて科学的法則に法則として固執することもあるまい。それはそれとして尊重すればよい。だがそれと人にとって有意味か否かとは別問題である。新しい科学的発見があるたびに科学的見方は変化せざるをえない。それはその時点ではそうであるというに過ぎない。自然、世界には神の被造物として人に探求を促すという要素もある。それにより人は益々神の叡智の深さの賛嘆へ導かれよう。その場合世界の在り方自体にではなく、世界創造の神の偉大さを思う点に意味がある。科学的法則のかなたに神、神の意志が見据えられており、世界の中の個々のものに

ついても同様である。それらの存在の背後にも、またそれらを関連せしめる科学的法則の背後にも神の存在、意志が見据えられている。こういう状況ではたとえ科学的法則が存していても、存していないかのように存しているといってよい。これはちょうど「泣く人は泣かない人のように」（1コリント7,30）などというのと同様である。科学的法則はかくてあるがごとくにではなく、ないがごとくにあるものでしかない。かくてそもそも"法則"というような堅苦しい受け取り方ではない[32]。このことは心がキリストを信じて可視的世界から離れていることに呼応する。心は自由に天にあるキリストの許に飛翔もすれば、可視的世界の中へもぐり込みもする。しかもそのどちらかの一個所にしかというのではない。心は霊にあって同時に複数箇所に留まりうる。これはパウロが「現に居合わせた者のように、…既に裁いてしまっています。」（1コリント5,3）という点にも表れている。さらに科学的法則は山が海に入る（マタイ21,21）というような信仰の法則が干渉してこない限りで通用するに過ぎない。決して全権委任されてはいない。いわば暫定的でしかない。信仰の法則の突入で雲散霧消するしかない。このことは終末で全面的に顕わになる。

　西洋のキリスト教神学ではアウグスティヌス以来論理的、整合的に考えていく。そういう作業が近世以降は難しくなる。ニーチェの主張とも関連するが、広大な宇宙と矮小な人間存在を調和的に考えていくのは困難である。そこで西洋で多くの人々が禅に関心を持つという事態も生じたのであろう。その点パウロの信仰では論理的整合性は最初からいわば放棄されている。そこでそういう矛盾は生じない。人の生成にこんなに広い宇宙が必要だということ自体人の理、知性には理解しがたい。矮小な存在に比例して人が理、知性で考えることも矮小であるほかない。神によるプロジェクトを理解できない。だが西洋的発想では理解しきることは不可欠の条件ではないのか。いわば余りが出た状況では留まりえないであろう。人の知的活動は神のそれと同等ではありえない。広さでも深さでも。しかるに西洋のキリスト教神学は全てを今の時点で考慮の中に入れ、対象にするので無理が生じる。どこかに神話的要素を含んでいる神学と視野に収めた全てのこととを整合的に考えることは中世頃までと違って現代人の知的活動を超えたことである。しかるに西洋神学にとってはそのことが不可欠

なのである。そこで解決不能のディレンマに陥る。

　物質的世界は神が霊的存在であることからも、究極的世界ではない。パウロも「自然の命の体があるのですから、霊の体もあるわけです。」（1 コリント 15,44）というように。何のために物質的世界は造られたのか。目的はなく、神の創造の思いだけが根拠なのか。神の気まぐれによって世界は創造されたのか。神が光あれというと光があった（創世記 1,3）とある。神の「光あれ」という言葉の理由も根拠も示されてはいない。人の創造についても我々にかたどって造ろうといったとは書かれている（創世記 1,26）。だが神がなぜそう思ったかについては何も書かれてはいない。

　いずれにしろ自然科学の立場からの判断と宗教的立場からのそれとの一致が必要である。さもなくば人の頭の中に二種の真理が宿らねばならなくなるから。一致して初めて古代での宗教と科学の未分化と同価値的心境の実現が可能となる。未分化から分化をへて再統一へである。現代人はおおむね分化という状況の内で生きている。再統一では全宇宙が神の被造物となる。その創造での「いかに」は科学の検証に任せる。それにしてもこの広大な宇宙は何のためにとの問は生じる。宇宙は人の堕罪がない場合には有意義であったかもしれない。だがそういうことも含めて人類の記憶からは全て失われてしまった。堕罪した人間の立場からはその分余計に不可思議に感じられるであろう。だがこれは止むをえない。宇宙の存在意義については信仰が、宇宙創造の「いかに」については科学が教える。各々が分担しつつ一体となっている。ただ「いかに」の広い領域が未知なので、厳密には再統一ではない。ただ可能的意味でそうである。実態は分化したままである。かくて分化したままでの再統一である。あるいは再統一が分化を新たに生み出しているともいえよう。分化した状況では宗教を多くの人は拒否する。かくて分化ともいえない。分化とは択一という結果になっている。真の再統一は終末において全てを知るときにであろう。それまでは分化の状況は残ったままであろう。未分化の状況でも分化はあるが、分化として自覚されていないだけである。例えば「人の子は何ものなのでしょう　あなたが顧みてくださるとは。」（詩編 8,5）と自問する時などがそうである。つまり堕罪した状況は基本的にいって分化した状況である。このことはアダムの

物語で知の木から木の実を食べたことに象徴的に表されている。

　キリストの啓示が唯一永遠を一体的に連想させるものである。受容には人の側での種々のものの見方、感じ方、多くが可視的世界に関わっているが、の脱落が必要である。人知には及びがたい宇宙の果ても永遠を連想させはする。だが無限の拡大か、収縮しての消滅か、いずれの在り方も有限な仕方であるに過ぎない。古代人が星の輝きを見て永遠だと感じえたのとは異なる。感じようにも感じえないであろう。感情移入などできない。しかしその中の個々のものは消滅しても全体としての宇宙は決して消滅はしない。つまりそういう宇宙も現代では永遠を人に対して示唆する。古代では星、太陽などの宇宙の中の個々のものも永遠の側に属すものとして受け取られていたのであろう。一方、現代ではたとえ宇宙物理学の理論で宇宙が真空の襞の中へ消えていくと推論されても、神は新たに宇宙を造られるであろうと信じうるのである。これは我々の身体が一度滅んでも再び生かされるのと同様の事態といえよう。たとえ滅んでも滅ばないのである。「天地が消えうせるまで、律法の文字から一点一画も消え去ることはない。」（マタイ 5,18）とあるが、これを逆にして"たとえ律法が廃れても、世界は滅びない。"ともいえよう。なぜなら律法は部分的なもので、全きものが現れるときには滅びるものだから。終末では律法は必ず廃れる。一方、世界は新たにされるのだから。終末ではかくて宇宙全体の創造（完成）と共に人が創造（完成）される。こういう感じ方は現代の物理学的考えとも少なくとも矛盾はしないであろう[33]。

　宇宙の果てでのことと地球での人類の生存とが偶然に結びつくのでは不都合であろう。その場合には人の生自体も偶然的事柄となり、それ自体が神の愛の対象ではなくなるから。かくて先の二つの事象は必然的に結びつくのでなくてはならない。今ここでの人類の生存が必然的なら、宇宙の果てでのことも必然的となろう。そうして初めて我々は神の愛の対象として我々自身を認識しうることとなる。そもそも愛の対象として造られるのに偶然に造られるとは考えられない。必然性に基づくのでなくてはならない。偶然なら造られない可能性もありえよう。こうして初めて我々一人ひとりが神の愛の対象として造られていると受け止められよう。一人ひとりに愛が注がれているのである。「わたし

の恵みはあなたに十分である。」(2 コリント 12,9) ともいえよう。キリストの十字架への信仰もこういう考えと一といえよう。否、こういう考え方なしでは十字架も宙に浮いてしまう。偶然的に生成した人類のため自らが人となり世で十字架にかかって血を流すとは信じがたいのである。

　ビッグバンにしろ、宇宙の終末にしろ仮説的要素もあろうから、確定的なことはいえない。そこで宇宙の果てのことと太陽系のこととの必然的関連だが、双方のことが一対一で対応しないまでも、地球上のことが現状のようにあるには、前者のことも少なくとも変容しえないであろう。さもないと我々の生存自体が偶然の事象へと転落するから。こうして初めて遠い星の輝きもキリストの十字架同様に我々に身近な存在となり、「そのあなたが御心に留めてくださるとは　人間は何ものなのでしょう。」(詩編 8,5) という告白も生まれよう。遠くの星の輝きを神の我々への愛の輝きと受け取ることも可能となる。かくて全てがキリストにおいて総括される（1 コリント 3,22 以下、エフェソ 1,10) という考えがキリストにおいて成就する。人類に似た存在の創造という神の意図的行為から宇宙の初期膨張速度が正確に選ばれる必要があったという見解がある[34]。神の創造行為が特定の宇宙初期状態と対応している。もっとも人はむしろ反対の感慨を抱くであろう。同じ著者も壮大な宇宙の構成全体が我々のためだけに存しているとの人間原理は信じがたい[35]。だがそういう思いは人格的存在とそうでないものとを区別していないからである。神が人格的存在ならそれと対話しうる人間という人格的存在は全宇宙の非人格的なものの総計よりも重い。人格という比重をつけてものを考えなくてはならない。そう考えてもなおかつ不可思議なのは自然科学的見方に慣らされすぎているためであろう[36]。この事実は人が主体としても客体としても堕罪した存在たることを現している。

　癌が急に治ったような奇跡は人格的次元とは無関係である。一方、聖書での奇跡では全て神が関わる。つまり罪、義が大なり小なり関係する。神への信仰との関係で生起する。霊もそういう次元のことである。かくて奇跡も義、聖、霊という世界への入り口としての意味を持つ。だがそこがある意味で終点だから神の栄光、霊的世界の実現としても見られうる。一方、自然的、被造的世界の中のことと見られる場合そういう次元の観点は抜ける。自然的次元のみで考え

ている場合は奇跡は地球上での常識を基準として見られており、"別"の自然的世界の基準からは何ら奇跡ではないことともなろう。霊的世界からは自然的世界での奇跡を考えるだけではない。霊的世界へ人を導くものなら全て奇跡と考えてよい。根源的には現在の常識的判断を基準にしてはいない。問題は奇跡と判断する基準が人を信仰へ導くか否かである。神の栄光が実現すればそれでよい。義が神の栄光によって光り輝くようになればそれでよい。それが最大、最高の奇跡である。それに比すれば単なる自然的世界、次元でのいかなる奇跡も日の光の前での露のようなものであろう。はかなく消えるものでしかない。義の栄光はその輝きでそういう次元の全ての奇跡を撥無する。自然的、被造的世界の中での全ての出来事（奇跡的事象も含めて）は雲散霧消する。かくて奇跡は霊的世界への入り口としてのみ有意味である。それ自体としてはいずれは消えゆくものでしかない。全被造物は神が手を引けば消えゆくしかない。世界の中でのものは何かの基準からは何かが奇跡であろう。また別の基準からは別のものが奇跡であろう。だが世界そのものが全て被造物である以上、有限なものでしかない。神に直結してはいない。霊とは神に直結している。

　奇跡も神、霊、義、聖などの次元から考えなくてはならない。かくてある出来事が自然的次元のこととして人の目にいかに異常と見えても、それが霊などと全く無関係なら単に異常な出来事に過ぎない。人はそれが自己に好都合なら、奇跡だといって大騒ぎするかもしれない。だがそれは単に人間主義的観点での見方に過ぎない。たとえ好都合なことがなくても自然的な目で見ると、奇異な点に注意を惹かれよう。そういう惹かれ方自体が問題である。つまり奇跡を奇跡と感じる心自体を問題視せねばならない。義、霊に徹した心なら、そういう奇跡的出来事に目も心も引かれはすまい。奇跡がないことが最大の奇跡ともなろう。かくて奇跡の生起は自然的世界の中でというより人の心の中にあるというべきであろう。心の中で起こらねば自然の中でも起こらない。神への信仰と一である心には奇跡は起こらない。可視的世界の中での自然による行いである、人にたとえればその一挙手一投足に目と心とを奪われることはないから。このことは心が神、キリストと一であれば他の人々の一挙手一投足に心を引かれないのと同様であろう。自然的世界が一括して心から既に消えており、その世界

の中での出来事に、たとえそれが何であれ、心が引かれることはもはやない。どんな奇跡もなしえないことである。奇跡的なことへの心の反応が既に問題である。可視的世界の中の何かに対して心が動くのはそういう世界に対して心が繋がっているからである。もし切れていれば、つまり見えていても心と繋がっていなければ、奇跡が奇跡として働くまい。奇跡を奇跡として感じまい。無視するであろう。神、キリストへの信仰とはそうでなくてはならない。かくて奇跡は心の染汚と関係している。奇跡と判断する基準とか、判断した奇跡がどういうものかなどの問題は信仰にとっては存しえない問なのである。奇跡という発想は縦、横でいえば横の中での差異の問題でしかない。霊とは縦の次元のことである。奇跡がそこで生じる横の世界を縦方向に超える、突破するのが信仰である。これは人格的次元が非人格的、自然的次元を突破することでもある。

Ⅲ 再統一での宗教的知の優位性

　自然科学的知では人は生きえない。つまりはそういう知は人の生には無記的、中立的である。一方、信仰の知は生と一体である。その点を度外視すれば全く無意味な知である。かくて人が人格たろうとするほど、後者が大切となる。反対ならその分後者の重要度は下がる。このように両種の知は全く異次元なので双方は衝突しない。かくてこそ双方は一人の人間の頭の中に矛盾せずに平和共存しうる。信仰によってイエス・キリストの許に至ることは同時に可視的世界全般への断念を含むからでもある。そこで世界の形状などが問題外の境地にあるからそういう事態が可能となっている。どちらが上か、下かはどこから評価するかによって異なる。つまり人の生という点からは信仰の知だ。だが反対に普遍的知という点からは自然科学的知だ。ただ双方は異次元なので、厳密な意味では上下関係はない、またつけられもしない。元来異次元なので一方の他方への移行もありえない。人が生きようとしないのなら、信仰的知は不要である。無用の長物である。自然科学的知の上に信仰的知が乗っているとも考えうる。ちょうど自然全般ができて最後に人間が生まれたように。生の連鎖の最後、

最高のところに人間が位置しているように。地球全体の広さの上にきわめて狭い人という領域が存している。空間的広がりからは自然科学的知が広い。一方、人格的、実存的次元からは後者が基礎となりその上にいわば逆三角形型に前者が乗っかっている。まさに小は大を支えている。これはどんなに広い自然的世界も一人の人間の価値に及ばないことに呼応する。自然は所詮人格には及ばない。これは究極的には宇宙は人格的存在である神によって創造されたことと呼応している。それだけ人格は神に近いのである。神に近い存在が遠い存在より尊いのは当然であろう。価値の低いものをいくら寄せ集めても所詮比較にはならない。人格的存在と非人格的存在との間には超ええない壁がある。もっともそれでは進化のどの辺りで神に類比的な人格的存在といいうるのかという問題が生じる。この場合、人格と自然との間に中間的領域を考えるのもよくはないか。そして明確な人格的存在以前のものは全て自然に含めればよい。そういう点からは旧約で人に啓示が与えられたのだから、それ以前は自然と考えてよい。

　人は終末では神の栄光に与かる。この点だけでも人が自然を上回ることは明らかである。即ち信仰的知が自然科学的知を上回ることを意味する。人がキリストの許に信仰により至った時には、それは同時に可視的世界の無化をも意味する。こういう二重の事実は自然科学的知と信仰的知との二重性に呼応する。上回るという前者の知的事実はキリスト信仰と無化との相互排除即相互支持という二重的緊張を顕わにする。信仰的知の先の根源的事実が後者の二重的緊張へと展開している。しかも信仰的知が確固としていれば自然科学的知にどんなに大きい変化が現れても微動だにするものではない。たとえ動きたくても動きえない。信仰によって動き不能の人間にせられたのである。可視的世界に属す自己の部分が無化され動きの元になるものが消滅している。だから今後の自然科学的知の進展によってと同様、過去のそういう知によっても動かされはしない。ある出来事について奇跡的表現があっても動かされはしない。信仰的知は未来と同時に現在、過去をも飲み込んでいる。そこでもはや奇跡も常態も区別もありはしない。あってなきがごときものになっている。ないがごとくにあるにすぎない。自然科学的知は蓋然性を有すが、信仰的知にはそういう要因はない。信じて百％確かとなっている。さもなくば信じているとはいえない。

蓋然性という問題があるので一方で法則に反したことに奇跡という名がつけられる。蓋然性とは信仰的知には全くの不十分を意味する。そこでそういう知は信仰的知に対抗すべくもない。蓋然性のあるような知は厳密には知とはいえない。それに基づいての決断はできないから。一方、信仰的知は百％確かでそれに基づいて決断しうる。この点について大略次のようにいわれている[37]。即ち oida は科学的知識、ginoskō は信仰的知識に用いる。前者では自己が主体であり、対象を分析し、自己の目的に使用する。ただ人格的対象には無力である。人格的知識とは対象に出会い相手の言葉を聞いて知らされることである。かくて前者は経験と知覚による知識、後者は啓示と言葉によるそれである。以上である。そのとおりであろう。直接的に相和（あい）するとはいかないであろう。

　科学的知識は可視的世界からのもの、信仰的知識は背景にある不可視的世界と一体である。かくてその本質は言葉による表現自体にあるのではない。こういう断絶が二者の間にはある。後者は前者を完全無視できなくてはならない。そうあって初めて可視的世界の種々の出来事で動かされたりしなくなるから。同時にそうあって初めて世界を神の創造によるとして受け入れ、そこで神のインストルメントとして働きうることとなる。つまり断絶こそ結合の元である。直接的結合を目指すのは誤りであろう。全く異質のものを同次元扱いにするから。異質のものはあくまでそういうものとして扱わねばならない。断絶前提の結合は結合したからとて断絶という契機が消えはしない。どこまでも断絶したままである。だからこそ可視的世界での科学的知識がどう変化しても断絶前提の結合は揺るがないのである。断絶あっての結合なので、例えば進化論と個々の種の独自発生という旧約での表明とが何らかの仕方で結びつくのではない。そういうやり方は断絶前提の結合ではなくて、直接的結合である。例えばまた進化論とイエスの湖上歩行との結合も考えられよう。だがこれは誤りであろう。つまり断絶と結合との関係は個々の話と個々の話との結合ではなく、全体と全体との結びつきである。かくて少しも結合してはいないともいえる。

　現代の宇宙観による自然の中で自然の理に従って生きるだけなら、人は自然と共に同じ法則の下にあってただ滅びゆく存在に過ぎない。科学と神話の未分化の時代[38]では自然観と信仰とは直ちに一体でありえた。素朴に未分化で

あった。一方、現代では分化した。自然科学的見方に従えば人はニヒリズムに陥る。これの逆転には分化を徹底して人が霊的立場に帰一し、自然科学的見方を克服するしか道はない。かくてキリストの出来事は現代の立場からは自然科学的見方から人を解放して霊へと帰一させる出来事である。現代では未分化の時代でのような素朴な一元論は不可能である。これは過去のものとなった。霊の立場は自然科学的見方を飲み込むという高度化された一元論になるほかない。キリストを信じることは自然科学的見方からは「塵にすぎないお前は塵に返る。」（創世記3,19）とあるように、自己の存在が無に等しいことを認めることでもある。素朴な一元論から自然科学的見方と霊の立場との徹底した分離を経て新たな一元論へと道は開かれている。これしか道はない。霊への徹底は自然科学的見方のような異質なものの排除を伴う。そこで素朴な一元論よりもそれだけ霊の立場は純化されている。自然科学的見方の脱落は物的な見方の脱落である。もっともたとえ霊的見方が自然科学的見方を飲み込んでも人は時には後者の見方で考える時は当然ありうる。そこで霊的見方と自然科学的見方との二元という問題は終末までは未解決のまま残る。究極的次元では解決していても、いわば現象的次元ではそうである。解決しないという形で解決している。これ以外ない。このことはキリストにおいて終末は来たが、真の意味ではまだということと呼応する。未分化から分化への過程は信仰純化のためにはよいことである。自然科学的見方につけば滅びへの道である。霊的立場はそれと異なる。未分化では素朴に知的に考え信じることと自我の否定を媒介した真の信仰とが未分化である。科学と神話との未分化はこのように同時に素朴な非反省的信仰（擬似信仰）と真の信仰との未分化でもある。これら二つの信仰の分化は是非必要である。現代のこういう状況は真の信仰の解明には必要でもあり、大いに歓迎すべきことである。その意味ではなるべくしてなったのである。こういう状況に至らねば擬似信仰と真の信仰とが混合した灰色の信仰の世界が展開したままとなる。それがそういう色を脱して純白の汚れなき信仰へ進展することとなる。

　霊と可視的世界との罪の介在による分離が知的面と倫理的面との二重の形で現れる。罪なくば本来なら一でありうるはずのものである。未分化から分化

へと移りそれだけ知的問題が重要性を増してきた。今後人の知識の拡大、深化でさらに知的問題が大切になろう。宇宙の始まりの仔細も明確に知られてはいない。また宇宙の端がどうなのかも分かっていない。要は初めと終わりをハンモックでつるされているかのようである。宇宙が明確だと考えるから、何か信仰と不釣合いな感情を持つのであろう。決して明確ではないと分かれば、神による創造、維持という考え方とも不釣合いではなくなる。現代の科学で古代、中世に比べて余りにも多く分かってきたので、宇宙が分かってしまったかのような錯覚に囚われている。決してそうではない。何かが分かるとその周りに分からないことが現れる。かくて自然科学的法則で堅固に固められてはいない。やはり宇宙は流動的である。いわば一つの生き物である。人も含めて地球上の生物が生き動くように時々刻々と動いている。そういうものとして神の支えを得ている。かくて未分化時代の宇宙観と類似の要素が多くなってくる。そういう宇宙観での三階層であるか、現代流であるかの違いは大きな問題ではなくなる。形態如何よりも硬く厳密か、軟らかいかという相違がより大切であろう。即ち軟らかいとは神の支配が及ぶことである。硬いとは反対にそれ自体が固有であり、固有な法則を維持していることを意味する。神の支配は硬さが全て失われることを意味し、かくて宇宙を硬いものと受け取ることは神の追い出しを意味する。神が到来するほど全てが軟らかになる。神が失われるほど全てが硬くなる。神と軟、無神と硬とが各々呼応する。軟らかくなったとは無に帰したことである。創世記にあるような混沌（創世記 1,2）になった、戻ったのである。硬いものとは人がそれに依存しているものである。かくて硬いものがなくなるとは人として世には頼れるものがなくなることを意味する。目に見えるものが軟らかくなり、そこに依拠できなくなる。平行して目に見えないものである神が堅固な存在として現れる。人は頼れるものとして堅固なものを世の中に探し求める。「堅固な岩」（イザヤ 33,16）ともいうとおりである。可視のもの全てが軟らかくなると、そういうものの上にあって人は生きているから、何か堅固なものの上に生きているという感覚は消える。こういう感覚が背景にあって「生きるにも死ぬにも、わたしの身によってキリストが公然とあがめられるように」（フィリピ 1,20）という思いも生じる。かくて地の上に生きつつ

地の上に生きてはいない。いわば天あるいは宙に生きているのである。地が今既に神の国になっているのである。軟らかくなって天も地も、天国も地獄もその差別を失っているというモティーフがある。こういう心境にあって初めて薔薇の花を薔薇の花として見、鳥の声を鳥の声として聞きうる。濁りのない色を見、汚れのない声を聞く。通常では宇宙は一定の法則で運行される堅固な世界だが、信仰にはその堅固さが消え軟らかくなっている。神が世界で奇跡を行うと旧約の人々は信じていたが、それには世界をそう理解することが不可欠であろう。世界の軟化と心の可視的世界からの離脱とが呼応する。

　こういう事情を述べる文献を少し参照しよう。まず科学者のいう厳密な意味での自然とは主観的活動という要素を除いており、抽象的である[39]。個人的受け取り方の差異を除去するから、むしろ客観的といえよう。西田の考え方が唯心論的なので抽象的と感じるのであろう。イスラエル的考え方は唯心論ではない。かといって反対に唯物論でもない。両論共なる否定のあと、共に肯定するごとき立場であろう。西田的に唯心論的とは中途半端である。唯物論的考えを肯定しえて初めて唯心論的考えもそれ自体として存立する。反対もまたしかり。他方を許容しえない場合それ自体が確固と自立しているとはいい難い。ここには逆説的統一とでもいうべき契機がうかがわれる。中途半端なのは人の心の在り方を重視するからである。神のような存在は人の心の在り方を超えている。人のような有限な存在の重視しすぎといえよう。中途半端な存在の重視は考え方をもそうする。次に、目的論的な世界像、叡智的世界が破られ、死の相にある科学的宇宙はいわゆる大死が実存的に実行されるべき場であり、神話的なるものの非神話化と科学的なるものの実存化とは禅仏教の宗教性では一つの過程に含まれる[40]。そのとおりである。だがこういう状況はキリスト信仰でも同様である。さらにその上にキリストへの信仰が付加される。ただ禅の場合、キリストのような外からの啓示はなく、こういう過程が全員の心でなされるほかはない。現実は少しも変わらない。キリスト信仰ではそれの変化への期待によって自我崩壊も生じる。心の在り方をどう変えても所詮人間中心的世界であろう。啓示による他者の欠けた世界はどう転んでも自己同一的であることを変ええない。自我滅却によって自己同一的世界へ帰ったのである。自己と

いうよりも無己同一的世界というべきか。自己―無己同一的世界、さらには「自―無」己同一的世界へ帰ったのである。自我による自己不同一的世界から。だが科学者が扱う人間とか生命は実存的観点は入っておらず一般化されている。一方、宗教の立場は主体的観点から人間を扱うので個性的といえる。各民族は異なる歴史を有しており、科学のように共通的とはいかないのである。

　キリストにおける神の受肉は神が世を支配する法則（罪の法則と共に科学的法則）に対して戦いを挑んだとも考えられる。それら二種の法則を打破しない限り神への信仰は成立しないから。科学的法則自体が罪の法則では決してないが、人が罪の法則下にある結果科学的法則に依拠して生きようとする。そのため科学的法則[41]が罪の法則下におかれ、そういう観点から利用されることも生じよう。否、人はそうなるほかない定めの下にある。そうならないよう努力しなくてはならない。努力なくば既にそうなっている。例えば経済の法則なども自然科学的法則とは内容が異なるが、可視的世界の法則であることは変わらない。人の社会、歴史の世界の中での法則なので自然科学的法則に比べより罪の法則に近い。だが「それ自体で汚れたものは何もない」（ローマ 14,14）という点からは、自然科学的法則同様それ自体悪くはない。悪く変えるのは人の罪である。そういう意味では人は自然科学的法則をも都合のよいように利用して公害などを引き起こし悪く変えている。かくてどちらの法則も人の罪が悪いものに変えているという一面を持つ。そこへ信仰の法則が到来する。経済の世界は自然の世界に比べて人の世界の法則（罪の法則）の影響を受けやすい。そこで罪の力の排除もまた可能性としてはしやすいのである。

Ⅳ　信仰から見た自然科学的宇宙

　現代人は科学的教育を受けた結果、何事でも永続的なものを考えることを困難にされている。人の復活のようなことも受容しがたい。ここには習慣づけという問題がある。古代人に比べはるか大量に被造的世界の有限性を知るよう余儀なくされている。星は永遠に瞬いていた。今では全く有限たるを知ってい

る。古代では永遠、無限を連想させるものを可視的世界の中に見つけ出しえたが、現代では皆無である。古代では例えば太陽も永遠に輝いている。ここでは心の中での永遠への希求と外界での例えば星の永遠の輝きとが呼応する。キリストの啓示も人の心の中の法則との呼応関係を見いだしうる。だが現代では心の中に永遠への希求はあってもそれに呼応する外界の事物は何一つ存しない。その分現代人は何事でも永遠とは信じ難くなる。神話と科学との未分化では存しない現代の一特徴である。永遠的なものを信じるだけでなく、考えることさえ難しい。こういう状況で永遠の生命を信じることは大変なエネルギーを要する。この難しさが分かると、逆に永遠の生命の信じがたさの解消を結果する。逆効果を生む。かといって簡単に信じうるのではない。古代における神話と科学との未分化に比し現代は過分化の時代ともいえよう。キリストの啓示が唯一永遠を予想させる出来事であるし、特殊啓示でもある。人格的世界の構築に可視的世界は役立てられる。神による可視的世界の創造も目的はここにある。その意味では自然的、可視的世界には基本的にいって特別の意味はない。それはあくまで人格的世界形成の素材として意味を有する。人に関しても「産めよ、増えよ」（創世記 1,28）という。人を含めてそういう神との関係で可視的世界は意味をもつ。人格的世界が可視的世界を包摂している。可視的世界と人格的世界とではどちらが広いのか。当然後者であろう。前者を創造した神の像として人は神に類比的な本性を有しているから。人の心は宇宙の果てから果てまでよりもなおかつ広い。文字どおりの無限や無を思い描きうるから。

　神への信仰とは無関係に予言しうる才能をもつ人もいる[42]。こういう天才的現象は旧約時代から現代まであったであろう。神からの特別の使命とは別次元のことであろう。そういう特別のことはキリストの頃以降はなくなったのであろう。基本的には預言、奇跡などは神に起因しており、自然ないし人間に起因する事柄とは異次元のことである。神起因のものを奇跡と表現するのなら、自然起因のものは別の表現で、例えば"稀"跡とでも表すべきであろう。起因者が誰かが最重要だから。予言は本人の才能といえよう。だが稀跡は当人が起こすのではなく、自然がである。当人の予言自体が稀跡なのだが。そういう特殊な才能があることが通常の人間からはまさに稀跡である。ただそういう人間

を存在させることは神の意志によると考えられよう。この世界の中の事柄は全て神が摂理している以上、神の意志と無関係に何かが生じるとは考ええないから。またどんな稀跡的なこと（例えば予言する才能）も自然的過程なしには生じえない。そこでそういう自然起因のものをも神起因と少なくとも古代人は信じたであろう。神の意志による特別のことも自然的経過なしには起こりえないから。ただ「こんな石からでも、アブラハムの子たちを造り出すことがおできになる。」（マタイ 3,9）というような場合は奇跡として生じるのであろう。だがそれとても自然的経過なしではない。奇跡と考えるべきことも自然的経過を経ている。ただその過程を現在の人の能力で後づけえない場合もあるのである。こういう見方からは奇跡は存しえない。こういう感じ方は古代ヘブル人の自然観とかえって一致しはしないか。なぜならある特定のことだけが神の特別の意志で起こると考えるより、全てが神の意志によるとする方がその自然観と一致しやすいから。ごく日常的なことも奇跡といえなくもない。稀跡ばかりがそうなのではない。また"稀"か否かは時代、場所で判断は異なろう。

　全ての出来事は神の目からは一連のことである。断絶も区別もない。突然の出来事には人は突然変異という言葉を当てる。これなどは自然的経過なしでの出来事ともいえる。だがこれも過去からの経過あってであろう。科学の発達で人は全てのことを科学的観点から説明しようとする。だがたとえそういう説明ができようとできまいと、全てはそれなりの自然的過程あってであろう。例えば旧約の奇跡的記事を信じ難く感じるのは科学的考え方で現代人は訓練されているからである。その考え方も人の自我と癒着しているといえはしないか。無から全てを創造した神への信仰へ帰一したら、少なくとも全てに科学的法則を当てはめるのではなく、全く自由な心で世界を見ていくのが、自然の成り行きであろう。人が自然にかぶせた法則も人の自我と共に基本的には崩壊する。禅などで全ての現象的硬さが消えるとはこういうことでもあろう。その結果奇跡が多く出ている旧約の信じ方と一脈通じた境地へ達する。心が自由なればこそ何事でも神からのものと理解しえたといえよう。単に科学的知識が不十分ゆえにそうなっているのではない。そういうネガティブな理由ではなく心の自由というポジティブな理由から由来している。こういう考え方に立てば旧約の奇跡

的記事への賛否いずれの方向へも落ちることなく、つまりどちらかにこだわることもなく接しられよう。心の自由はそういう対応へと結実している。

　科学は機械論的自然観、契約宗教は目的論的自然観で両者対立するが、前者は自然の法則を何がもたらしたかには言及しない[43]。また意識の諸活動も外界の現象と同等と見られると、心が空無化され、神という概念がその足場を喪失し、かくて目的論的見方の否定は自然的世界と神との間での目的論の全体系の崩壊を帰結する[44]。科学的自然観が入ってきて神が排除されたり、その結果ニヒリズムに陥るのは神への信仰自体に問題がある。つまり最初に躓きがあり、異次元のものを同次元で受け取っている。ヨーロッパ化されたキリスト教はそういうものである。啓示とは本来そういうものではない。次元が異なる。啓示が啓示となるとき自然科学的地平での地上にイエスはいはしない。しかし人の精神の中へ入ってくるのでもない。双方共に真実ではない。新しい次元、世界が開かれてくる。魂は地から離れるが、今既に天の神の許に帰ってはいないこととも呼応する。これこそまさに真のグノーシスである。「初めに言があった。」（ヨハネ 1,1）というときの言の世界である。そこには自由がある。そこで双方を一体化するために、宇宙の進化を目的論的に説明しつつ人間の位置に中心的役割を回復させながら、進化の過程での新たな情報の源泉として神の存在を間接的に論証する議論もある[45]。さらに、大略次のようにいわれている[46]。目的論的な世界観は温室的で、科学の非情さに対して人間的であり、宇宙の死の相は宗教のうちにはその影を投じない。科学の働きはそういう世界観と価値体系を切断するので、神に反逆する魔神の業のようだ。そういう世界像の科学による排除は精神、さらに神自体がその住処である温室のフレームを破られたことだ。自然科学にとってそういう世界観は想像の産物である。以上である。啓示が地を離れたグノーシスであれば、たとえ目的論的世界観を持っていても、この可視的世界がそのままそういう世界観へ内包されはしない。終末のあることで断絶が存しているから。かくて厳密には目的論的世界観とはいえない。神が魔神的に受け取られるのは神が世界や自然に余りにも密着的に受け取られるからである。啓示の受け取り方に問題がある。西洋化されたキリスト教での神は生ける神ではない。ニーチェに至って初めて神が死んだのではな

い。あるいは死んだことが発見されたのではない。西洋化と同時に神は死んでいる。あるいは人が殺したのである。精神の拠り所を人は自らの手で壊した。自ら捨てた。科学の到来で初めてそうなったのではない。既にそうであることが新たに認識されるのである。だが人が人格的である限り、何らかの目的論的なものは不可欠であろう。自然科学的見地も人に理、知性ある限り不可避、不可欠である。どちらにおいても禅的考えはあえて必要ではない。世界、宇宙、自然を神の被造物[47]と考えればこそ自然科学も発達しよう。これら二つの見方は不可避的に結合している。禅の立場に立てば人の人格的存在としての根拠づけは不可能であろう。そういう点では禅の立場は科学の立場と共通である。人自身が相対的、有限な存在である以上、人自身からは人間を人格的存在として根拠づけるいかなるものも見いだしえないから。禅ではないが、全ては一旦無化されるほかない。人の内からはいかなる究極的なものも生まれてはこない。禅の立場自体も無化の対象になるほかない。そうでない限り人間存在を積極的に根拠づけるものはどこにも見いだしえない。人が人格として積極的に生きる根拠を見いだしえない限り人の存在の根拠づけは十分とはいえない。

　現代の宇宙の中での人間（地球）を考えるので、なぜ神はこんなに広大なものを造ったのかとの疑問が沸く。もし百億年前なら宇宙はずっと小さかったであろう。そういう宇宙でも高度な知性を持った生物の存在は可能であったかもしれない。その場合にはなぜこんなに広大な宇宙をという疑問は現在においてとはずっと小さいであろう。結局我々が春の新緑、秋の紅葉、夜の星空などを眺める時、神の叡智のすばらしさを賛嘆する以外道はないのではないか。その場合は何でこんな広大なものをという疑問は消えている。これはちょうど旧約の詩編の言葉（詩編 8,4、148,3）にもあるごとくである。人が科学的、機械的に無味乾燥に、外界に対応するのではなく、神と人との人格的関係での外界への対応を神は求めておられる。これは世界の管理者として神が人を造った（創世記 1,26）ことと呼応する。人は単に世界を支配するためではなく、世界をいわば神から委託されて受け取っている。こういう対応にはいつも神と人との人格的関係が加味されている。というより人格的関係が最も基本的なこととして存している。何を見るにも、何を考えるにも、神との人格的関係がまず最

初に存している。かくてそういう関係を外して純粋に科学的に考え宇宙の広大さをそれ自体として把握し、それと神との関係を二次的に考える対応の仕方自体がまず第一に誤りである。この宇宙を神が造ったという原事実、事態がまずある。この事態を白紙の心でまず最初に受け入れればそういう宇宙についてなぜこんな馬鹿でかいものをとは感じないであろう。二次的に関連さすのなら、関連させきれまい。これは最初に信仰の客観的根拠を明確にし、次に信じようとする態度についてと同様であろう。信仰は飛躍と一体だが、このことはそういう状況にも対応するであろう。例えば夜空の星を見上げた場合、あの星は地球から五億光年離れたところにあるとは思わない。そうではなく神の叡智へ思いをはせる。それに驚嘆する。星について現代人の持つ科学的知識があれば益々神の叡智を賛嘆するほかない。古代人がそうした以上にである。元来信仰があれば益々科学的知識によって深く賛嘆する。逆に信仰がないと科学的知識によって益々懐疑的になる。かくて古代人であれ現代人であれ基本的には信仰者であれば何ら変わりはない。問題は当人が信仰者であるか不信仰者であるかだ。だが以上を肯定した上で信仰者として科学を研究していると、宇宙の広大さは何のためかという疑問が改めて生じる。だがこの場合、以前二次的に関連さそうとしたのとは根本的に状況が異なる。信じるという根源的立場から対処できよう。対応の態度が根本から変わる。そこで禅の悟りの前後で同じ山を見ても全く違って見えるという状況がここでもいえるであろう。銀河の中心にブラックホールという新聞記事を見ても、不信仰者は単に宇宙の神秘で終わってしまう。一方、信仰者はそうではなく、まず神へ思いをはせ、神の叡智を賛嘆する。次に、その神秘の不可思議の背後に神の存在を感じる。自然の不可思議と神のそれとを一体として感じる。両者の不可思議をない交ぜ、否あり交ぜに感じるのである。

　宇宙の悠久さは永遠を予感させるが、そういう茫漠たるものの具体的姿形としてキリストの啓示が存する。これら二つの永遠は決して偶然的に関わってはいない。これは信仰が明らかにする。宇宙は存在的永遠を、キリストは人格的永遠を印象づける。終末で霊の体が与えられると、人は霊の目でものを見、考える。肉の目とは根本的に異なった仕方で見、考えるであろう。肉の目では地

球の矮小さと宇宙の広大さとの間で戸惑いを感じる。だが霊の目を付与されると、そういう疑問が消えるような見方、考え方が同時に生じよう。禅の悟りの前後以上の相違がここにはあろう。なぜならただ単に無ではなく、新しいプラスが入ってきているから。人は堕罪してそういう霊的見方を失っており、宇宙と自己、地球との大小の比較に戸惑うばかりである。霊的世界では大小長短広狭遠近は意味をなさない。「"霊"は一切のことを、神の深みさえも究めます。」（1コリント 2,10）というほどに信仰が深化すれば、肉の体のままである程度こういう不可思議を克服できよう。人は霊として生き、全方位へ霊を発して、全宇宙を自己内に飲み込んでいる。霊である自己はいわば無限大に拡大されているから。イエスは霊の体へ復活したが、そのとき天変地異が生じたのでもない。それ以後に大きな影響が残るような事象は何一つ起こってはいない。一時的なことなら、あるいは生じたかもしれない。そこで霊の実現と可視的世界の現実とは何ら矛盾してはいない。こういう霊肉別個の事実を思うとき、全宇宙が多くの領域に分けられていると考えても、それなりの合理性が感じられてくるのである。

　天動説が地動説で否定され科学とキリスト教は対立するに至ったが、デカルトの物心二元論でさらに進んだ[48]。自然科学からはこれは事実であろう。広大な宇宙と人間存在の矮小さというギャップがキリスト信仰を困難にする。だが人格的観点に立つと状況は変わる。たとえ存在的に小さくても人格的存在は非人格的存在とは異質で格段と位置が高い。宇宙空間の中の非人格的部分全ての合計より人間一人の方が重い。さらに霊的観点に立つと、キリストという霊的存在は、一切がキリストを通して人のものである（1コリント 3,21 以下）とあるように宇宙全域の枢軸である。自然的、人格的、霊的という見方の深化につれ状況は変わる。それでもなお違和感が残るのは人の側に内在する罪のなせる業であろう。これはしかし悪い意味にばかり解釈してはならない。信じればこそそういう不可思議感が生まれてくるのだから。信じなければそういう感覚の生まれる由もない。こういう感覚ではキリスト、受肉した存在に不可思議感を持つのみではなく、自然、世界にも不可思議感を感じるのである。双方に対して感じる。その際自己はどこに存しているのか。キリストと一なら自然に対

してそういう感覚をもってもキリストには感じまい。反対に自然と一ならキリストに対しては感じても、自然には感じまい。つまりどちらに対しても全き一ではなく、双方から離れているのである。霊的気持ちが強い時は、キリストと一であると感じ、自然に共感的な時は自然と一と感じる。双方に対して共感的でありうる。

　それにしても人格的存在重視ならなぜこんなに広大な非人格的宇宙を造ったのかが分からない。不要ではなかろうか。アダムの神話が示すように人の堕罪のため宇宙が無駄であるように映るのかも知れない。堕罪がなければ、宇宙はより有益でありえたかもしれない。堕罪により人は霊的能力を失い、地に生きる能力しか有しえなくなった。地的世界に閉じ込められ、広大な宇宙が無縁となったのであろう。もし堕罪なくば、「霊ではそこにいて、…そんなことをした者を既に裁いてしまっています。」（1コリント5,3）とあるように、一定の場所に存在を限定されなかったかもしれない。こう考えると、キリストの啓示とも符合する。「この山に向かい、『立ち上がって、海に飛び込め』と言っても、そのとおりになる。」（マタイ21,21）ような霊的能力を現在の人は失っている。本来の人はそういう能力を持つ者として造られたのであろう。かくて今の人は広大な宇宙をもてあまし何でこんなものがという具合に違和感を抱くこととなった。キリストへの人格的不可思議感と自然へのそれとはいわば相殺しあって、人は双方に対して不可思議感を持たない結果になる。もっともより深い霊的意味では不可思議感はいつまでも尽きることはないのだが。もし人が霊的能力を失っていなければ、その在り方が地に局限されはしないであろう。この地上に生まれても、あたかもそうではないかのように地上で生まれているであろう。あたかも天上で生まれたかのように生きているであろう。可視的世界と霊的世界とは真に異次元なので衝突はしない。霊とは罪のない人や世界の在り方を表すが、それを積極的な形で人は表現しえず、やむをえず霊という言葉で表現している面があろう。もっとも霊と反対の罪（原罪）についても同様なことがいえよう。つまり積極的な形では人には今は分からないのである。霊を物質とは独立の精神的性格の存在と考えるのが適切であろう。神は霊として世界創造以前に存していたのであろう。

キリスト信仰は自然科学的法則とは出会わないので矛盾しない。だがキリストの受肉は出会っている。否、出会わざるをえない。自然の中へ神が入ってくるのだから。かくて出会うことと出会わないこととが一であるのが、キリストの受肉の出来事である。前者：自然の中へ肉をとって出現する。後者：霊的本質は自然の中へ入ろうにも入りえない。霊の目で見ない限り見えない。だが復活では出会わないことが出会うことを上回った。自然的法則を破って霊の体へ甦ったのだから。それまではいわば両側面は均衡していたが。たとえ受肉しても霊的存在は本来的には可視的世界のどこにも入ってはいない。たとえ肉の体、肉体へ入ったとしても。霊はいずこへも自由自在に存しうるのだから、あえて入ったという必要もない。パウロが「そんなことをした者を既に裁いてしまっています。」（1コリント 5,3）というように。だがイエスという存在が人の立場から見て神の受肉であると客観的に決まってはいない。何も分かってはいない。それをあえて神の子と信じるのである。かくて出会いという問題はキリスト自身における問題ではない。我々自身における問題である。我々自身の側に存する問題をあたかもキリスト自身においてであるかのように思いなすところに我々人間の罪が介在している。かくて出会いの問題は我々において信仰の法則と科学的法則とが出会うか否かという問題となる。我々自身においては出会う面と出会わない面とがある。キリスト自身においては出会いというような問題自体がない。全ては神のものだから。霊も肉も全て神のものである。出会うという発想は異質な二つのものを前提とする。神においては一である。二とか多とかは人の罪により生まれた世界でのことであろう。科学的法則は現実に存するものについての法則、一方、信仰のはそうではない。たとえキリストを信じても、キリストが霊たる神でもあることは客観的には分からない。結果、存在物についての法則と通常の観点からは非存在物とされるものについての法則とであるから両者がキリストにおいて出会わないのは当然であろう。

　こういう状況は次の諸意見ともかえって符号しよう。マルコ 2,1～12 での中風患者の治療について、罪の赦しは肉体的治癒がその一部をなす全体的救いの贈り物だという見解[49]が見られる。イエスの立場からは、肉体的なことと霊的なこととは一体である。ただ病人のつり下ろしは神の助けを「掴み取ろう

とする」ことであり、人の自我ではないのか。それ自体の治癒が必要であろうか。次に、マルコ 11,12 〜 14 について聖書で問題になる自然は科学的、物質的自然ではなく、信仰的、人格的自然で、この意味では自然は神に対してむしろ否定的である[50]。自然科学から信仰へ進む立場についてトマス以来の自然神学的考え方を批判する。一方では、第一コリント 2,7 〜 8 では自然と人間とが予定調和し神の知恵が説かれているとされる[51]。本来ギリシャ的思想であるテオソフィアということをパウロもいう。

V　信仰と自然科学的宇宙との相互的意義

　今の可視的世界は神によって造られたので、それなりの重みを持つ。だが過ぎ行く。そこで重みという点を重視しすぎてはならない。その場合にこそアダムからキリストまでの出来事、歴史は歴史を超えた歴史として出現する。これは宇宙の歴史の中でのエアポケットのようなものだろうか。百何十億年という長い時はもはや直線で表象するには長すぎる。また宇宙は広大すぎる。広大だと空間と時間とは物理学的に一体化する。狭い場合とは異なる。そこで少なくとも宇宙的次元で考える時には救済史というようなことではなくなる。アダムからイエスまでのイスラエルの歴史を啓示として受け入れ、人はそれに則って生きることが求められる。歴史というようなものはない。要は時空を超えた啓示である。かくて創造とか終末という地球的次元での発想は時代遅れなのか。終末が来るにしろ来ないにしろ、そういう時空的次元を超えてキリスト信仰は生きている。パウロ当時では全宇宙的規模での終末とはいえ三階層的世界観なので地球の規模となろう。現代の宇宙観では宇宙的規模での終末となり、地球中心的に地球規模では考ええない。地動説から天動説に変わったように終末的思考も地動説から天動説へと変わらねばならない。否、それ以上の変化が必要であろう。四十億光年離れた惑星のことを考えてみると、地球が誕生した頃に既に今の地球のような状況になっているかもしれない。直線的時間観で一体的には捕らえられない。個々別々の世界として各々で終末を考えなくてはなるま

い。宇宙全体ではいくつもの世界があり、いくつもの終末があることとなろう。つまり地球上でユダヤ人だけではなく、他の民族にも救いを及ぼすことは同じ時間的世界の中での事象として考えうる。だが宇宙の果ての世界についてはそうではない。別に考えなくてはならない。その意味で聖書の中での地球的規模での終末は宇宙全体についてはいえない。従来の意味での終末的発想はもはや有効ではない。だが宇宙のあちこちで終末的事象が次々に生じるというのも不適切と思う。地球規模での終末遅延、無期延期となった時点で神の心の中へといわば帰ったのであろう。元来そこにあったのだから。発動の時期は神が決める。かくて人はそういう発想から自由となっている。仮に過現末において宇宙人がいるとしたら、その人々へはイエス・キリスト、地球人への啓示とは別の啓示が必要となろう。かくて我々としては宇宙人のことは神に任せて、地球人への啓示であるキリストを信じて生きればよい。「外部の人々を裁くことは、わたしの務めでしょうか。」（1コリント5,12）というように。多元的であるほかない。人のように高度に知的な生物の生存という点からは宇宙は時空間的に多元的であるのに応じて、啓示も多元的であるほかなかろう。そうであって何一つ不具合はなかろう。宇宙は高度知性生物の生存に応じていくつかの領域に分けられているといえようか。少なくとも行き来はできない世界である以上、別の世界と考えるほかない。ちょうど地球上で十九世紀には西洋は西洋、東洋は東洋と受け取られていたように。例えばトレルチでもキリスト教は西洋人には絶対的と考えていたようにである。行き来どころか通信すら行えない世界は一つと考えることはできない。かくて終末とはいえそれはあくまで地球人が行き来できる範囲でのことであろう。かくて文字どおりの宇宙全体が地球人のための、地球での終末に伴ってどうにかなると考えるべきではなかろう。となると自ずから宇宙全体の崩壊のような黙示文学的なことは考慮外において、より合理化して考えてよいし、またそうすべきであろう。

　だがこれはあくまでキリストの啓示という事象を考慮外に置いた場合の話である。これを考慮すると、様相は一変する。たとえ過去において、また現在、未来において地球人のような高度知性生物の生存がありえたとしても、それら全ての内から地球人は神によって選ばれている。まさに選民である。こう

いう神の意志による決定は大変重い。全宇宙が一様な状況から比重差のある状況へと根本的に変わった。全宇宙の過去、現在、未来を通じてどんな生物の生存があったとしても、地球人の重みは変わらない。なぜ地球人が選ばれたかは人には分からない。ちょうどイスラエルが選ばれた理由が分からないように。こうしてやっと終末をも全宇宙的次元で考えることとなった。

　キリストで人の霊的創造が始まったとしても、今までの二千年間では特別の変化は生じてはいない。この事実をどう評価するのか。肉的創造と霊的創造とでは次元が異なりそのプロセスも異なろう。前者は自然的過程を尊重し長時間かけて徐々に進行した。だが後者は地上的、自然的過程を経てではない。霊とはそもそもそういう次元のものではないから。かくて自然的過程とは異質の、それを超越した仕方でなされよう。時間の長さなどは問題外となる。あと五億年もたつと太陽が今の地球の軌道ぐらいまで拡大して地球は生物の生存できない環境になるであろう。だが霊的創造はそういうことに何の関係もない。肉的創造ということは自然的存在としての人のことであり、厳密にはまだ神の像とはいえない。そこで百何十億年という時の長さは捨象して考えてもよい。一瞬で人が肉的、自然的に創造されても一向に差し支えはない。つまりキリストの出来事を全ての始まりと考えてよい。それ以前は一切何もないとしても、別段不都合は生じない。霊的創造があって初めて神の像としての人の存在をいいうるから。世界の存在自体にではなく、人の霊的創造に関わる出来事に神の創造物としての重みがある。だがなお残る問題は霊的創造とはいえキリスト以後の人間もそれまでと基本的には何ら変わっていないことである。事実、戦争もある。キリストへの態度によってヨハネ伝もいう（ヨハネ 8,31 以下、8,44 以下）ように救いか裁きかに分かれる。結局、キリストの出来事における神の受肉を真剣に受け取る限り、全宇宙の過去から未来までの全てを含めても、地球人の存在を重く見るほかない。宇宙が約百四十億年前に始まったとか宇宙が今拡大しているとか宇宙の果ては光以上の速さで遠ざかっているとかその他種々の宇宙についての知識を持たないため例えば三階層的世界観で考えていた時代以上に地球中心に考えるほかないこととなる。それらの事実は我々地球人の神の像としての重みを益々重くする作用を果たす。

どこまでもキリストの啓示から発想しなくてはならない。それらの科学的知識はキリストの出来事の顕著たることの引き立て役をするのである。思考は宇宙の果てまで拡大してその後再び啓示へと収斂していく。そういう過程をへて宇宙全てをその視界に収める。電波望遠鏡で見るものも含め可視的なもの全てはキリストの啓示の出来事を際立たせる脇役を演じている。仮に何億光年か先の天体にホモ・サピエンス的な高度知性生物が生きていた、いることが確認されても、このことは何ら変わらない。引き立て役という点では、空の星が神の偉大さを現すという告白（詩編 8,4、148,3）があるが、それと類似の事情といえよう。ただどこかの天体にホモ・サピエンス的な高等生物がいると、彼らもキリストと同種の啓示をもっている可能性もあろう。だがこの点を先回りして考えるのは信じている兄弟を先走りして裁くのと同じで罪にあたろう。先走りとか先回りとか、要するに"先"とは自我の働きである。「あなたがたは、『然り、然り』『否、否』と言いなさい。」（マタイ 5,37）という態度とは異なる。全体を知ろうとする、あるいは知った上での態度決定を目指そうとすることは我々への啓示の率直な受容とは二律背反である。子供のごとくならねば神の国には入れない（マルコ 10,15）というが、この姿勢とは明らかに異なる。自分で計らう態度だから。はるか遠くのことまで考慮する態度は自分で自分を計らうことの現れである。はるかかなたまで見えていることが前提であるから。相互に半ば独立にいくつかの領域に分かれた宇宙は、今現在の時点ばかりではなく、過現未にわたって無数にあるともいえる、そういう領域の存在を意味しよう。そういう全てを超えてキリストの啓示は我々に与えられている。啓示が人の自我を打破すると人は計らいを捨てる。そうして初めて自己を神に託したことになる。こういう心境では、それまでの魂が抜かれており、キリストから新しい魂が注がれ入ってきている。現在的終末である。聖霊が宿ることでもある。「生きていてわたしを信じる者はだれも、決して死ぬことはない。」（ヨハネ 11,26）とあるように、イエスを信じれば死なないことも視野に入ってくる。決して比喩ではない。現実的に心の在り方が根本的次元で変わったのである。キリスト者はいわば小キリストとなっている。たとえ肉体は滅ぶとも、魂は既に永遠の相の下にあり滅ぶことはない。キリストという焼印を押された存在と

なった。キリストの啓示がいわば丸ごと入ってきており、義認論中心の受け取り方でのように罪の赦しがではない。魂が丸ごと入れ替わるのだから、従来からの魂が部分的に修正されるのではない。

　キリストの出来事は宇宙の創造にも匹敵するほどの出来事である。そこでその出来事の「いかに」の一部始終を人が理解できなくても何ら不思議はない。仮に宇宙創造の「いかに」が解明できたとしよう。それにより今ここにこうしての宇宙の存在の意味が分かるであろうか。所詮人は自己から究極的知を発しえない。アダムからイエスまでをいわば霊的創造の始まりとした時、その創造は未来へ向けて始まったばかりである。神によることだから文字どおり無限の可能性を秘めている。かくてイエスの再臨が終末という発想では不十分ではないのか。二千年前の状況とは変わっているであろう。終末が無期延期の状況で考えると、終末とは終わりではなく、目的と考えた方がふさわしい。無限へ向かって開かれているのだから。創造にしろ終末にしろ本書で参照される見解は今現在の時点でのものであり、今後さらに科学が発達すればいずれは時代遅れの見解になろう。その限り極めて暫定的性格が強い。究極的、終末論的なキリストの啓示から、その死、復活から考える時に、アダムという神話的存在である人類の祖の堕罪の事態を受容できると思う。全てのことをキリストの啓示から考える必要がある。その点旧約時代とは人の置かれた状況が異なる。アダムの神話は旧約時代のもので、今はキリストという究極的啓示が人に与えられている。我々はそういう時代に生きており、その啓示から理解し直さなくてはならない。アダムの話についても書かれたときはキリストの啓示はまだであった。その啓示前ではアダムについてそこからは考ええなかった[52]。またなぜこんなに広大な宇宙を神は造る必要があったのかという問には答えは自明である。広大さはともかく我々が今ここにこうして生きていることが、神は愛である（1ヨハネ4,16）ことの何よりの証拠となるからである。禅ではないが、冷暖自知するほかない。神の愛ということを感じうるのである。かくて今ここを、この一瞬を真剣に生きることは即ち神の愛を生きることである。

　キリスト教での例えば創造論と科学的自然観、例えばビッグバンとを一人の人間がその時々で使い分けるわけにはいかない。中世ぐらいまでは一つの世

界観の中で双方は一体であった。前者優先か後者優先かであろう。後者優先なら人はニヒリズムに陥る。そこで人や宇宙を意味づけする前者を優先するほかない。すると信仰によって人の存在の意味は生まれる。だが広大な宇宙の意味を考えざるをえなくなる。神は人の堕罪をも予想して、神の偉大さ、超人的性格を人に知らしめるために、広大な宇宙を創造されたと考えるべきなのか。他の考え方はないのか。それと平行して、神は最初の人アダムに霊を与えたと考えるだけでは不十分であろう。現在の科学で知りうる限りの知識と整合性を持たす必要があろう。即ちホモ・サピエンスの歴史のある時、場所でアダムのような出来事があったと考える必要があろう。ただ整合的とは決して人の論理で隙間のないように考えつくすことではない。人の創造でも神が命の息を鼻へ吹き入れたときにである。ただ自然的に人が誕生してもまだ人の創造とはいえない。これはちょうど信仰的事柄と科学的事実とのうち前者優先でなくては人の存在は根拠づけえないという事実と呼応する。自然という被造物の中でのことより創造者たる神の直接の行いの方が優先する。神が一人の人アダムに霊を与えたのだから、その人の歴史上での位置づけも不可避であろう。ただそれが歴史上の事実でなくてもよい。それがいつ、どこの人かは人には知らされてはいないから。たとえそうでも仮にでも決めておく必要があろう。昔は今に比し人口ははるかに少なかったであろうから、アダムという一人の人類の始祖を考えても矛盾を感じなかったであろう。

　自然界は今とたとえ同じでも、人は霊的存在としての霊の力で自然をいわば霊化していけよう。それはちょうどイエスのいう「この山に向かい、『立ち上がって、海に飛び込め』と言っても、そのとおりになる。」（マタイ 21,21）という具合である。かくて一人の霊の人の誕生で全宇宙が霊化していく。だが最初の人アダムが堕罪したとはどういうことか。たまたまそうなってしまったのか。そうではなく、今現在の死という人間の現状から反省して最初の人が罪を犯したからという推論になったのであろう。だがもし第二世代の人が罪に落ちたとしたらどうなのか。最初の人アダムが堕罪したのと同じ結果になったであろう。第二世代が仮に第四世代、第百世代であっても同じであろう。そういう点ではパウロのいう「一人の人によって罪が世に入り、…すべての人が罪を犯

したからです。」（ローマ 5,12）も肯ける。だがそれが第何世代の人でもよいが、一人の人が堕罪すると、その罪が全体に広がる。その点からは神の創造による最初の霊の人と堕罪した最初の人とは別人であって支障はない。罪の伝播力の方が霊の力より強いのか。後者は前者を抑ええないのか。アダムを見ても一旦堕罪した人間が周りにいる場合、その誘惑は蛇どころではない。大変な力で人を罪へと引き込む。人間という被造物では一旦堕罪すると歯止めが利かなくなる。だからこそサタンという表象が生まれる。神自身での霊の力は強力であろう。だが被造物たる人間ではむしろ逆であろう。これには人には神にはない身体が備わっているという事実も関係があろう。人類の世界の中でいつ、どこで罪に落ちるという事態があったかを例えば三千年前の中近東とかホモ・サピエンスの最初の方でとかと考える必要はない。もっと時代が下がってもよい。しかも霊的事態は肉の人には分からず、堕罪がいつ、どのようにして生じたかについて人は明確には認識しえない。いつ、どこかという点は永遠に人には認識できない。一旦堕罪し死の定めにある人は霊の人、世界へは届きえないから。だが一旦全体に罪が伝播してしまったら、どうすることもできない。人類は共同生活をしており瞬く間に伝播する。以心伝心という言葉もある。時間はかからない。

　理論的には以上のように考えうるが、現実には死が人類の歴史のある時期から入ってきたとの記録はどこにもない。少なくとも記録が始まる以前に人の堕罪は生じたと考えるほかない。その時期は相当昔であろう。もし霊の人アダムが堕罪しなければ、どういう世界が実現したかをイメージする必要がある。第一に死はない[53]。第二に産めよ、増えよとある以上、生殖はある。第三に言葉はある。神自身が"光あれ"といわれたのだから。第四にイエスの姿が変わってモーセ、エリヤと語っていたという（マタイ 17,2 以下）ように全ての人が変わりうるであろう。しかもそれは雲の中においてであった。このように必ずしも地上での生に制約されないであろう。第五に木の実が食べるのによく見えたとある。かくて食べるという事実もあったのであろう。ただしイエスは復活するときにはめとることも嫁ぐこともなくという（マルコ 12,25）。そこで堕罪がなければおそらくそうなっていたのであろう。こんな世界が本当にあ

りえたのかと感じてしまう。だが罪ある今の我々からは罪なき霊的世界が不可思議と見えるのは仕方あるまい。霊の世界には歴史はないであろう。ただ日時はある。なぜなら夕べがあり、朝があったとある（創世記1,5）のだから。かくて創造された堕罪前の世界は今の罪の世界と終末の世界とのいわば中間の世界と考えられよう。最初の世界から今の世界へどっと落ちて、そしてその反動で最初の世界よりはるかに上に上がるようなものであろう。最初の世界、今の世界、終末の世界の各々の長さがどうであるかというような問題は霊的立場に立って考えれば問題外である。千年は一日、一日は千年のごとくであるから。だが霊的世界といっても、例えば太陽は今から四十億年も経てば消滅する。それにもかかわらず創造されたままの霊的世界はもし人の堕罪がなければ永続すると考えられているのであろうか。霊の力で太陽の消滅を防ぎうるのか。そういう予定だったのか。桑の木に命じて海に根を下ろさせうる（ルカ17,6）のなら、そういうことも可能だったであろう。自然物へはそういう支配的力を発揮しえたであろう[54]。霊は自然の上に立つのだから。人は堕罪で自然の上に立つ力を失った。逆に自然の力の下への服従を余儀なくされた。それ以後歴史が生まれ、自然の脅威の前に脅えての暮らしが始まった。同様に神から給わる力で時折自然の力、法則を破った業、奇跡を起こしうるようになった。堕罪なくばいわば当然のことが逆に奇跡として受け取られることとなった。堕罪によって天地という区分ができてしまった。天が地と対立し、地は天に背くこととなった。堕罪とはそれほどのことである。死が入ってきたこともそれほどのことである。生が死になり、天地対立になってしまった。堕罪前の世界では生活の糧を得るのに苦はなかったであろう。エデンの園追放後初めて生活の資のための苦ということが記されているからである。

注

1) かくて無の境地とキリストへの信仰が霊として入ってきている心境との間にいつも心は存している。前者にあっても後者にあっても、両者間にあっても心は平静を維持しうる。無の理解が深化するほどキリスト信仰も深化する。双方は平行する。一方のみの深化はありえない。だがこういう深化を導くのはどこまでもキリスト信仰の方である。より深く信じたいという思いが無の理解を深化させる動因である。ただしこれはエックハルトの神秘

主義とは異なる。彼では今現在において彼のいう神性に達しており、いわゆる神秘主義である。禅でいう無に至ってはいない。今現在としては神からの究極的啓示との一を目指し、そこへ至ったという自覚が不可欠となる。神秘主義的方向への逃避はキリスト信仰の弱さ露呈と考えるほかない。弱さの反映であり、弱さに比例している。

2) イエスを自然科学的観点からも見うる。この場合人間のうちの一人として見るのみである。だがそれではイエスの啓示という在り方は全く度外視される。自然科学的見方とキリスト信仰的見方とが出会わないのはイエスを見る観点の相違による。だがイエスが地上の存在たる点は双方に共通である。ただ前者的観点からのイエスについての具体的数値は後者的観点からは無意味である。例えばイエスの身長とか、どこの生まれか、誰の子かなど。一方、前者的観点からはイエスが救い主か否かなどの信仰的事柄はそういう見方の対象にはなりえない。かくて出会わないのは見方そのものが出会わないから。そもそも生ける神という存在は科学の対象にはなりえない。科学は何を観察するにもその対象を固定する。だがそういう固定は生ける神には全く不可能である。固定する、即ち対象を殺すことが不可欠である。死んだ状況にない限り観察しえない。生きたままではどういう動きをするか全く分からない。そういうものを客観的に観察はできない。たとえしてもそのたびに結果は異なろう。それでは科学的には何らの結論をも出しえない。生ける神の受肉たるイエスもそういう存在である。生ける神を人はいかなる手段を使っても捕らええない。反対に人がそういう神によって捕らえられるのがキリスト信仰である。こういう神による人の捕捉性と人の側での開放性とが一になっている。この時には人は今既に神の許にキリストと共に帰った存在である。当人にとり地は究極的には意味なきものになっている。そういう世界に対して積極的に関わるのは不可能であろう。人が世界に積極的に関わらない態度が自然をそれ自体として尊重する結果にもなるのである。そういう関わりは結局人間にとり好都合な仕方で自然に関わり、公害などを引き起こしてきた。「共にうめき」（ローマ 8,22）という言葉は人が関わっていない自然のありのままの姿を現している。自然は自然に任せるのである。アダムとエバの話をみても、人が自然に関わり始めたのはエデンの園追放後、汗して生活の資を得るようになってからである。神は六日働いて七日目に休まれた。だが人には罪があるので、原則的には毎日がいわば安息日でなくてはならない。人が働くことはかえって罪の拡大再生産を避けがたいから。毎日が安息日ということは常時人の心が天にある生ける神、キリストの許に帰っていることを意味する。こういう心境では世、自然に積極的には関わらないであろう。往相があれば還相もあるという意味では積極的になれようが、それ自体を目的にした仕方で歴史や自然に対して関わる心境にはなれまい。だがこういう心境へ一旦達すると、ここで反転が起こる。「信仰と、希望と、愛、…その中で最も大いなるものは、愛である。」（1 コリント 13,13）とある。生きとし生きるものへの愛が生まれてくる。世からの自由は世への自由（愛）へと反転する。ここでは人の行動は自分の行動指針を立てて、それに従って行為するのとは異な

る。自ら立てたプログラムはない。生ける神への応答あるのみだから。基本的にはそういう形で生活の隅々までが成立している。かくて終末までの救済史的な一定の見方を立ててそれに則って行為するのではない。終末はいつ来るかわからない。そこで今の一瞬一瞬が終末の時である。そこで終末までの救済史というような間延びした発想は出てきようがない。既に今天の神、キリストの許に帰っているという点からも、"救済史"を思い描くという事態は生じまい。世への自由（愛）へと反転した人の在り方は持続する。毎日、毎日、一瞬、一瞬が終末である。世への自由と終末の到来とは一つの出来事である。人間的なプログラム—たとえそれがどんなものであれ—があると、人がそれを心に保持していると、それが人の自由な、世への自由（愛）による行いを妨げることも生じる。船頭多くして船山に登るというたとえもある。このようにキリスト者としてはいかなるプログラムも持たないこととそういう仕方での自由な行いが神の救済史に役立つ結果になることとが一である。人は元来無なので自分の中から一定のプログラムは生み出しえない。そういう能力を失っている。世への自由をただ生きるのみである。今既に終末は来ている。自己内でも、外的世界でも、そして人間同志の関係でも。人が生きるあらゆる局面で今既に終末は到来している。こういう態度は「ユダヤ人はしるしを求め」（1コリント 1,22）という姿勢とも一である。なぜなら両者共に人間の側での積極的な全ては断たれているから。そういう点で共通である。こうであって初めて霊の宿る存在となりうる。

3) J. ポーキングホーン 『自然科学とキリスト教』 本多峰子訳 2003 44頁

また科学と神学との相互独立という考えに関してこれら二つのことが挙げられている（42頁以下）。

4) 聖書では古代の世界観と信仰とがいわば一体である。そこで現代の我々は双方が本来別ものと分かりつつ、なおかつ無意識の内に双方を結び付けている。現代的世界観になじんでいる我々は例えばキリストの復活と現代の世界観とは矛盾するかのように思いなしてしまう。もしキリスト信仰が古代の世界観の中で表されていなければ、現代的世界観の中に生きていても、例えばキリストの復活を素直に受け取りえたのではあるまいか。

キリストは人間イエスとしては科学的法則の支配する世界に入った。だが霊の人、神の子としてはそういう世界から全く出ている。つまり入ることと出ることとが矛盾的一体をなしており、しかもその出ている部面は目で見て科学的に確認はできない。ただ復活においてそのことが顕わになったとはいえる。復活したキリストには釘の跡があった（ヨハネ 20,25 以下）。肉の体が霊の体へ復活しても肉の体として生きていたときの傷の跡を残さなくてはならないのかと思う。これはしかし弟子たちを納得させるのに必要でもあろう。霊の体へ復活するとはいえ、地上での肉の体での生と無関係のものへと復活するのではない。そこで肉の体で生きていたときの証し、何らかのしるしが必要でもあろう。キリストの場合は釘の跡がそれを示す。各人には各人のそれに当たるようなものがあるであろう。

5) 岩波講座　宗教と科学　4　宗教と自然科学　1992　140頁　泉美治「科学者の宗教心」

序　論　科学対宗教　45

一般に科学者の神は理神論的である。宗教的次元の神とは異なっている。
6)　同上書　61頁　木村敏「真理・ニヒリズム・主体」
7)　同上書　294頁　田中裕「現代宇宙論と宗教」　神、宇宙、人間の三つの存在領域を主客未分の徹底した具体的、直接的な経験の現場で展開するものである。
8)　西田幾多郎全集　第一巻　1978　292頁
9)　岩波講座　宗教と科学　4　宗教と自然科学　1992　150頁　泉美治　同上論文　こういう点については契約宗教においても仏教においても変わりはないともいう。
10)　同上書　141頁　泉美治　同上論文
11)　気賀、熊野、松村編　現代キリスト教講座　第五巻　キリスト教と現代思想　昭31　167頁以下　西川哲治「自然科学とキリスト教」
12)　岩波講座　宗教と科学　7　死の科学と宗教　1993　139頁　間瀬敬允「生命倫理とエコロジー」
13)　同上講座　宗教と科学　4　宗教と自然科学　1992　149頁　泉美治　同上論文
14)　同上講座　宗教と科学　9　新しいコスモロジー　1993　173頁以下　松下正明「ペガサスに跨がったガル―「心の座」を求めて―」　心の働きを細胞に還元させえないという見通しが見られる。また高度に進化して知性を持つ生物の生きている星に重きを置く、進化に比例した宇宙の地図を描くとそういう観点を度外視した地図とは大いに異なる地図ができようという。星の数と脳の神経細胞の数のどちらが多いか分からないという事実は人間の脳の中に宇宙全体が収まると転釈もできよう。
15)　同上講座　宗教と科学　7　死の科学と宗教　1993　81頁　大崎節郎「超越と無」
16)　Robert M. Grant; Miracle and Natural Laws in Graeco-Roman and early Christian Thought 1952　153頁　ヨシュア記10;14、列王記下 20;10 などがこのことを示している。
17)　河合隼雄著作集　11　宗教と科学　1998　21頁
18)　西谷啓治著作集　11　1993　260頁
19)　岩波講座　宗教と科学　1　宗教と科学の対話　1992　91頁　谷泰「宗教と科学―分岐の界面を探る」　現代人は宗教的虚構を虚構と知りつつその世界に住み、その外に出る科学という回路を持つ。双方の異なる視点は生物的存在、言語を語る人間存在などの理解により視点を分け合いつつ相互に道明けあうという。ただ宗教を虚構としてしまっては既に宗教理解は脱落している。
20)　同上講座　宗教と科学　6　生命と科学　1993　190頁以下　和田博「細胞生物学の最前線」
21)　同上講座　宗教と科学　2　歴史のなかの宗教と科学　1993　60頁以下　伊藤俊太郎「歴史の教訓と未来の展望」
22)　同上書　58頁以下　伊藤俊太郎　同上論文
23)　同上講座　宗教と科学　3　科学時代の神々　1992　318頁　大塚和夫「ファンダメン

46

　　タリズムの問題―イスラムの事例を中心に―」
24) A. E. マクグラス 『科学と宗教』 稲垣、倉沢、山林 訳 2003 45頁
25) S・W・ホーキング 『ホーキングの最新宇宙論 ブラックホールからベビーユニバースへ』 佐藤勝彦監訳 1990 78頁
26) 岩波講座 宗教と科学 2 歴史のなかの宗教と科学 1993 236頁 吉本秀之「ニュートンとライプニッツ」
　　さらに、同書の中（216頁以下）で次のことが示されている。即ち世界が神の自由意志で創造、維持されると考える神学的主意主義は科学における経験主義であり、神の知性をその意志の前に置き、自然にはロゴス的なものが内在すると考える神学的主知主義は科学における合理主義であるという図式になるという。だがどちらも人間の自律性の立場に立つ。キリストの啓示とかイスラエル的思考とは異質で西洋的思惟といえよう。
27) 鈴木大拙全集 第23巻 昭44 105頁
28) 岩波講座 宗教と科学 2 歴史のなかの宗教と科学 1993 64頁以下 伊藤俊太郎　同上論文 これらの考えは共に人と自然を分け、自然を人間の対立者とし、これを征服しようとして世界から聖性が失われた（68頁）。
29) 同上書 201頁以下 渡辺正雄 「宗教時代の科学」
30) 岩波講座 宗教と科学 4 宗教と自然科学 1992 88頁 小川圭治「弁証法神学と科学」
31) René Latourelle; The Miracles of Jesus and the Theology of Miracles 1988 319頁
32) キリストの復活を信じたら、それに多くの奇跡がついてくる。だが必ずしもそう考えなくてもよい。そういう見方はそれ自体が科学的見地に立っている。全ての奇跡を同じ地平で見ているから。聖書は決して科学の書でも考古学の書でもない。信仰の書である。かくて当時の人々が信じ表現したのと同価値的な信じ方の立場から見なくてはならない。信仰的観点を優先せねばならない。キリストの復活は終末論的出来事である以上、不可欠である。だが他の奇跡はそうではなく不可欠ではない。神の力の表現に過ぎない。科学的法則を破る意味はあろう。当時は科学と宗教は未分化で、奇跡についても現代人が感じるほどそうという感覚はなかったであろう。そもそも世界、自然が固定的な法則によって動くとは見ていないであろう。このことは神が光あれというと光があった（創世記1,3）という言葉にも感じうる。硬い世界ではなく軟らかい世界なのである。「神はこんな石からでも、アブラハムの子たちを造り出すことがおできになる。」（マタイ3,9）という感覚とも軌を一にする。最初は世界、自然は硬い状況にある。隅々まで法則で運行され変ええない。しかし神、キリストを信じて事情は変わる。キリストの復活を信じて、硬い世界に穴があけられ蟻の一穴から山が崩れるの譬えのようになる。科学的法則で固められた山が一気に崩れる。こういう立体的構造を見失ってはならない。また信仰的見地からは全ての奇跡が決して同じ価値を有してはいない。キリストの復活のように神の受肉自体を反映するものもあれば

そうでないものもある。かくて奇跡の位階秩序ともいうべきものが考えられ、ただそのことを余りにも窮屈に考えると、それこそ西洋的な論理的閉鎖性の世界へ陥る。それは是非避けねばならない。神を、その実自己を殺すことだから。生ける神は文字どおり生きており、人の論理の牢獄へ入るごとき存在ではない。キリストの復活の奇跡は終末論的という意味で他の奇跡を無化しうるごとき力と性格を兼ね備えている。他の奇跡は終末論的ではない点で世界の中での奇跡であり、キリストの復活は単にそういうものではなく、世界から出ている、また人を世界から出させる奇跡といえよう。他の奇跡はむしろ反対に人を世界の中へ入り込ませるごとき性格を持ちはしないか。その奇跡により人は世にあっての救いを体験するから。キリストの行いであればこそまさに人を世にあらせるようにしていく、少なくともそういう一面を有していよう。かくて科学的法則は信仰の法則によっていわば寸断されているといってよい。決して自力で自己の法則を貫いているのではなく、信仰の法則の下での有用性、あるいは無用性であるに過ぎないのである。

33) R・オークローズ　G・スタンチュー　『新・進化論』渡辺政隆訳　1992　29頁には現代物理学では人の行動の原因である心と選択権は物質的力に還元しえないという。人は自由な選択権に基づいて行為している。ここにはまさに倫理的、宗教的次元のことが背景にある。

　　さらに、J.ポーキングホーン　同上書　17頁には世界のあり様を問う基礎科学と神と人との関わりを探求する神学とは理解可能性を共通の基礎として持つという。共通性があるのである。

34)　S・W・ホーキング　同上書　169頁以下

35)　同上書　168頁以下

36)　広大な宇宙は地球の世界とは無縁のように見える。だがそういう宇宙が存して初めて地球も存しえている。つまり宇宙は地球の存立のために不可欠的である。その意味では全宇宙が地球のため、我々一人ひとりのために存している。それほどまでに一人の人間は重い。今自分がここでこうであるために広大な宇宙の存在が不可欠なのである。両者は文字どおり直結している。百億光年先の、また百億年前の宇宙は今のこの地球という存在にとって不可欠的存在である。

　　広大な宇宙と我々人間の矮小な存在との矛盾、つまり我々人間が神の似姿として神に近い存在であることと宇宙に比すれば無に近いこと——これら二つの事柄の間の矛盾は人が罪により本来の在り方を失った結果である。人は本来の在り方の喪失で宇宙と自己の存在との関わりについて矛盾を感じざるをえない。人は今現在いわば異郷に暮らしている。この点は極めて大切である。終末ではこういう矛盾も解消されるのである。矮小な存在たる人間が神の似姿であるとか終末では文字どおり神の子となるという不可思議な感覚とかが除去される。しかも終末到来後の事柄について今現在において思弁的なことを考える必要もない。罪によって落ちた結果は他にも多くある。例えば戦争もそうであろう。倫理的にも

知的にも矛盾、違和感を持たざるをえない状況である。倫理面で矛盾を感じ、知的面で感じないということはない。全存在としてそう感じざるをえない。それでこそ釣り合いがとれているのである。

37) 気賀、熊野、松村編　同上書　160頁以下　西川哲治　同上論文

　　ただ、岩波講座　宗教と科学　1　宗教と科学の対話　1992　101頁　村上陽一郎「科学の言葉・宗教の言葉」によると、ガリレオとその対立者の関係を宗教と科学の対立と捉えるのは時代錯誤で彼は自然に書き込まれた神の言葉は神自身の法を伝えているのだから、それと一致するように聖書を読むべきだと主張するという。

38) 宇宙の状態は未分化の時代でも客観的には今の宇宙観でのようであった。未分化の状態とは子供が何かを信じ中へ没入している状態にもたとえられる。知的な面では自我の自覚以前ともいえる。もっとも倫理的側面については話は別だが。分化していわば夢が覚めたのである。宇宙観が障害で信じきれないのは倫理的に可視的世界に心が引っかかっているからであろう。例えばどこかへ旅行したいとか、何かを食べたいとかのように。その結果可視的世界全体、宇宙に心が引きとめられる。そういう心である限り心はこの世界から離れえない。キリストの啓示による神への全的信頼が困難になる。かくて「右の目があなたをつまずかせるなら、えぐり出して捨ててしまいなさい。」（マタイ 5,29）ということになる。断ち切ることが天国へ入るのに不可欠の条件である。人間生物として地上に生きている以上、あれをしたい、これが欲しいと思うことの一つ、二つあることはきわめて自然である。そこでキリストへの全的信頼が困難たることも自然であろう。未分化の時代では預言者も示すように倫理面に諸問題が生じる。一方、現代ではそれのみではなく知的面にも生じる。倫理面での罪も知的面で信仰に引っかかるのも共に世への心の囚われからである。根は同じところにある。未分化が分化したため問題が複雑化したのである。問題が一（次）元から二（次）元へと変化した。一方の問題が解決する時には他方も解決する。二元連立方程式を解くように。二つの問題は連動している。例えば人がまずいものよりはうまいものを食べたり飲んだりしたいと思う欲求と宇宙の果ての天体の存在とは不可分に結びついている。これらは罪の重しともいえる。世にあっては旅人であり、巡礼である。終末という聖地へ向かっている。人にそういう欲求のある限り霊への完全帰一は不可能であろう。その限り知的問題の完全解決も世に生きる間は不可能であろう。何か一つしたいと思うことがある限りその一つは全宇宙と連なっており、知的問題は不可避的に生じる。そういう何かがあって初めて人として生きているといえるから。たとえそれが宗教的なことの追求でも、知的問題が生じる点では同じである。世からの解脱を目指すこと自体まだ世に属すことだから。三階層的世界観のような信仰問題も未分化由来の話なので倫理的問題に比すれば知的性格が強い。当時は知的次元固有の問題は現代に比すればなかったともいえよう。

　　古代人でもいかに神話科学未分化の時代に生きていても、アレオパゴスでの話（使徒言

行録17,16以下)でも分かるように現代人同様の問題を抱えていた。そこで両者とも信仰の原点に返って考えることが大切である。人の側にある種々の条件を全て外してイエスを神の子と信じることである。その一点で人の側の全条件を外すことに時代の相違はない。そういう相違自体も外されている。彼を救い主と信じて可視的世界は超えられる。終末で初めてそうなるのではない。イエスを信じた時点でそうであることが改めて再認識されるのである。要は宇宙の創造にも匹敵することなのである。

　不可思議な出来事、神話科学未分化でのものの受け取り方、神への誠実な信仰という三者から旧、新約での奇跡的表現が生まれている。誠実さから判断して作り話をしているとはおよそ考えられない。各々の奇跡ではそうとしか表現しえない何かが生じたのであろう。そういう理解をしたのである。各表現から元の事実自体を解明はできない。何か特別の現実的出来事があったのであろう。少なくともそう体験されている。それなしでのそういう表現は反信仰的行為であろう。このことは全ての奇跡についていえる。

39)　西田幾多郎全集　第一巻　1978　82頁
40)　西谷啓治著作集　第十一巻　1993　237頁以下　さらに、第六巻 1995　348頁以下では科学の立場には含まれていない死の克服が父母未生以前からの呼びかけで生死即涅槃という形で達成されるという。
41)　宇宙の広大さと人の矮小さとの矛盾は最終的には終末において「顔と顔とを合わせて見ることになる。」(1コリント13,12)という仕方で解明されようが、差し当たり少しは分かる必要があろう。詩編の言葉が手がかりとなる。「あなたの天を、あなたの指の業をわたしは仰ぎます。」(詩編8,4)とある。当時の人は星空を見てそう思った。現代人は広大な宇宙を知って神の叡智の巨大さ、不可思議さを実感できる。人の知がいかに進んでも解明しえないほどに神の知恵は大きく、深く、高い。人の存在も知も神のそれに比すればゼロに近い。それを宇宙は人に知らせる。もし宇宙が人の知で究明しうれば、人は自己の知に魅せられ、傲慢の罪に陥ろう。人が自己の空しさ、知の有限さを知るためにも宇宙はこれほどに大きいのである。今現在での宇宙の果てのある状況を少し変えようと思えば、ビッグバンの時点の直後に変えなくてはなるまい。するとそれは太陽系を含め宇宙全体に少なからぬ影響を与えよう。今地球上に現生人類は生息していないかもしれない。宇宙誕生真近での少しの相違は百何十億年先には大変な相違になろうから。人は今既に宇宙の果てまでは約百四十億光年、端は光より早く遠ざかっていることなどを知っている。そこでもし今より小さい宇宙であれば人はその構造を解明してしまい神の偉大さに思いを致しえないであろう。そこで宇宙はやはり今位の大きさが必要であろう。人の科学の発達を見越しての宇宙の広大さであろうか。

　三階層的世界観でも人の存在の矮小さと天地の大きさとの不釣合いという感覚はあった。だが地の広がりと天のそれとは釣り合っていたであろう。いわば同じであった。だが現代ではまったく異なる。宇宙から見れば無にも等しい地球の上に地は限定される。一方、天、

宇宙は人間的世界を超えて無限大である。こういう感覚は古代人にはなかった。現代特有である。古代では天、地、地下──全宇宙が同時に人間的世界でもあった。現代では人間的世界はせいぜい太陽系ぐらいであり、もう少し広く考えても銀河系ぐらいである。他の天体は人間とは無縁といってよい。この無縁の世界がどう人間的世界に関わるかを考えねばならない。太陽系がもし宇宙から抜けたら宇宙に大異変が起こるのなら、宇宙全体が人間に関わりのある世界といえる。だがそういうことがあろうか。太陽系のようなものは今現在でも宇宙のあちこちで生成されたり、消滅したりしている。宇宙全体から見れば無に等しい。人が自己の矮小さを知るために広大な宇宙を神は造ったという考えも成立しなくはない。だがそれで十分か。次のことも考えられる。つまり地球が今この状態で人類が、自己がここにこういう姿で生きていることと全宇宙がこのような状況にあることとは一対一で対応している。もし宇宙の一部が今と異なれば地球の状況も今とは異なろう。人類が発生するとしても現状とは異なった状況であろう。すると他の全ても異なってこよう。かくて物理学的にも、人間的意味でも全宇宙が現状であることと人が今ここに生息していることとは不可分であろう。こうして古代人と同様な状況にあることが少しは理解できる。宇宙の果てのどこかで今とは異なっていることは少なくともその周辺の状況が今とは異なることを意味する。するとそれは全宇宙的に何らかの、またいくつかの要因が異なることを意味する。宇宙は例えばビッグバンによって一元的に創造されたのだから。かくてそのことは太陽系自体の誕生とも大いに関係しよう。宇宙の果ての天体の異質性が直接に銀河系に影響はしないが、間接的には全宇宙にその異質性は波及しよう。かくて「天にあるものも地にあるものもキリストのもとに一つにまとめられるのです。」（エフェソ1,10）という言葉を思い出させる。宇宙の果ての一点一画が現状と少しでも変われば地球も現状どおりでは存しえまい。かくて宇宙の果てまで一点一画まで無視はできない。例えば五十億光年先の恒星からの光の到達が仮に一秒遅いだけでも宇宙全体の異質性のために地球の現状は大きく変わる可能性があろう。だが自然は一部を変えてもそこから遠くへ離れるほど、その影響は小さくなろう。十分離れていれば、一部の変更は影響しないことも考えられないか。例えば人体でも小腸が少し短くなるよう設定したければ、大腸とか胃は大いに影響しようが、肺には余り影響しないかもしれない。同様に地球が十分離れていればそこでの変更は地球に影響しないかもしれない。かくてそういう仕方で変更が第一義的に問題になるというよりも、今現在宇宙が一定に設定されていること自体が大切になろう。現実に全体としてそうであるという事実がである。

42) 朝日新聞　平成19.12.20日版　ブラジル人ジュセリーノが9.11テロを予言していたという記事が出ている。本人は九歳でそういう才能に気づいたという。
43) 岩波講座　宗教と科学　4　宗教と自然科学　1992　149頁　泉美治　同上論文
44) 西谷啓治著作集　第十一巻　1993　228頁以下
45) 岩波講座　宗教と科学　4　宗教と自然科学　1992　286頁　田中裕　同上論文　さら

に、298頁（同上論文）では現代宇宙論の自然科学的考察は有を原理とする存在論的神学ではなく、時間、空間、物質よりもなお根源的な無の場所を原理とせねばならないという。
46) 西谷啓治著作集　第十一巻　1993　231、234、258頁
47) たとえ人が堕罪しなくても霊の人として自己の被造性認識に当たり宇宙の広大さという要因は重要であったであろう。堕罪後は肉の人として自己の矮小さを感じ、霊の人としてもその点を感じることであろう。だが宇宙の広大さはそういう目的だけのためにあるのか。むしろ宇宙全体が神の栄光を現すために造られたと積極的に考えるべきであろう。ただその全貌は今はまだ知らされてはいない。ちょうどパウロが「今は、鏡におぼろに映ったものを見ている。」（1コリント13,12）というように、今現在の状況の究極的次元という側面は創造や終末の状況と同様に今の人には隠されている。
48) 岩波講座　宗教と科学　4　宗教と自然科学　1992　136頁以下　泉美治　同上論文　さらに、河合隼雄著作集　同上書　23頁では十九世紀後半から二十世紀にかけての肥大化した自我による自然科学的発見はキリスト教の教義と矛盾し、矛盾するものを自我のシステム外へ追い出すしかないという。
49) R. H. フラー　早川良躬訳　『奇跡の解釈』　1978　70頁以下
50) 気賀、熊野、松村編　現代キリスト教講座　同上書　164頁以下　西川哲治　同上論文
51) 岩波講座　宗教と科学　3　1992　140頁　高橋巌「神智学の系譜」　また、岩波講座　宗教と科学　4　宗教と自然科学　1992　250頁　上田紀行「ドラッグとトランス」ではアウグスティヌスでは因果関係は神に帰され、現代科学では科学的法則に帰され、どちらでもその基準から外れたものは偽りであり、根拠を欠き非科学的とされるという。彼の反魔術的姿勢と現代科学のそれとが類似するという。ルネサンス期ではむしろこれとは違って魔術全般が復権したという。
52) もしアダムの堕罪がなければ今までとは異なった宇宙の経過があったであろう。かくて堕罪からキリストでの贖い、そして終末まではいわば修正の過程ともいえよう。だからといってそれはどうでもよい過程なのではない。霊的世界実現のために不可欠な過程であるから。ヨハネでのようにキリストにおいて realized eschatology があるのだが、eschaton（終り）は同時に新たな始まりである。アダムの堕罪により、イエスの受肉となった。これはアダムに始まり、イエスで eschaton に達した、人の霊的創造の第一幕と見うる。イエスは同時に霊的創造の第二幕の始まりである。序論と本論とも考えられる。
　二千年前では人中心的考えと自然全体を考えることとは矛盾なく一体化しえた。つまり人間中心的考え（例えばキリストでの神の受肉）を三階層的世界観の中に調和的に取り入れえた。だが今はこの点が簡単ではない。だがこの点の達成なしではキリストの啓示中心の考えは破綻する。キリストでの神の受肉は神自身の選択であり、人間の目で見て宇宙中で人が神に最も近いからではない。二千年前では人間的目で見ることと神の側からの選択とは一となりえていた。だが今現在の宇宙の状況（例えば人のような高度知性生物がほ

かにもいるかもしれない）といかに矛盾的に感じられても、キリストの啓示中心の考えを維持しうるのか。それには人間的目で見、考えることから、キリストの啓示中心、神中心に考えることへの転換が不可欠であろう。だが信仰とはそもそもそういうことではないのか。人間的目で見るとは罪の目で見ることの持続を意味する。それとの決別は即ち神中心に見、考えることを意味する。この点の明確化こそ信仰への決断であり、要求されている。この意味では二千年前より信仰の決断への敷居が高くなっている。これは「狭い門から入りなさい。」（マタイ7,13）の内実である。信仰のための条件は「狭い門」化でより厳しく、即ちよくなった。信仰への門が低く、狭くなるほど、より純粋な信仰が求められるから。ローマ帝国時代には迫害があった。当時はそういう仕方で門が狭くなっていた。現代では別の意味で門が狭くなった。知的次元から狭くなった。二千年前は倫理的に狭かった。これら二種の狭さを同一次元的に扱ってよいのか。知的と倫理的とは切り離せない。知で問題を抱えると、それは生きる面（倫理）へ影響する。反対も事実であろう。現代の知的疑問のある状況では信じて生きる面に影響が出る。反対に二千年前のように迫害があり信仰生活へ疑問を持たされると、必然的に信仰についての知的疑問へと追いやられる。例えばキリストは本当に神の子なのかとか。かくて知的と倫理的という双方の疑問は相互に影響しあう。これは人が知的生物であり生きることと知ることとが一体という基本的事態の反映である。二千年前での倫理的問題が今は知的問題へ入れ替わっている。時代により信仰上の問題はその主要な性格を変えて現れる。

53) 岩波講座　宗教と科学　1　宗教と科学との対話　1992　128頁　門脇佳吉「宗教者から科学者へ―危機意識の覚醒を訴える―」では創世記は旧約の中ではもっとも遅く第一章は紀元前六世紀のバビロン捕囚によって神学的思索を深めた祭司集団によって書かれたという。

54) 岩波講座　宗教と科学　9　新しいコスモロジー　1993　50頁　近藤勝彦「黙示文学的終末論の可能性」ではモルトマンについて万物に及ぶ宇宙的広がりにおいて生命、神の国の到来を解し、宇宙が歴史的になるという。確かにキリストの復活は歴史的出来事であるのみではなくて、宇宙的出来事である。人間の歴史が自然の中へ統合されなくてはならない。ただそこには立体的構造とでもいうべきものがあるであろう。二つの世界は基本的にいって異質であろうからである。自然はキリストを信じたり、罪を犯したりはできないからである。この点を見失うとキリスト信仰ではなくなる。人間による自然破壊などのためにキリストの出来事を宇宙的次元で受け取るだけではいけない。一方、仏教は神を信じてはいないので、歴史と自然とをもともと区別していないし、その必要もない。かくてこういう具合に考えていくとその分仏教に近づくと共に離れよう。

第1章　創造と終末

第1節　創　　造

（1）

　まず宇宙創造について科学的観点からの見解を参照しておきたい。
　さて、宇宙の果て、端に近いところからの光を今現在観測して宇宙誕生の頃の状況をいくらか知りうることは全宇宙が人類にとり無縁な世界でないことを意味する。宇宙がビッグバンで始まったことは常識である。全く何もないところで起こるのだから、起こる空間が先在してはいない。また宇宙のさらに外側はありえない。我々は何を考えるにも一定の空間を前提とする。そこで宇宙全体を考える場合考え方を改めねばならない。量子論の帰結としては開闢時に全物質、時空の初期値が設定されても、確率的予言だけが未来については可能である[1]。同じ個所で、にもかかわらず世界を動かすのはやはり物理法則で、量子的状態の発展は微分方程式で確定的に定まっているという。かくて宇宙の果てのことも現在の地球の成り立ちと、一対一の対応ではなくても、深く関わっている。宗教的観点からはそれだけ分かれば十分であろう。遠い天体も地球も現在のようになる前は確率的問題があったにしろ、現在のようであるという点で共通である。その限り連帯的要因が何か働いていると思う。
　宇宙に初めあり―有神論支持、宇宙は永遠―無神論支持、こういう考えを中世以来の神学者も唯物論者も共有していたが、今ではそういう考え方自体克服されるべきだ[2]。現在では脈動宇宙論にしろ、それへの反対にしろ宇宙内部の星の生成、崩壊の循環つまり輪廻という点で全宇宙論学者が一致している[3]。

こういう考えは仏教の考え方とも合致する。また基本的な物理定数が実際と異なり、例えば原子核で陽子と中性子との結合力が実際より弱すぎても、強すぎても安定な元素は存在せず生命は誕生しなかったであろう[4]。多くの物理定数が一定であって初めて生命が誕生しうる。もっとも宇宙には太陽系のようなシステムは百億以上あり、他の天体の生命体の胚子が何らかの方法で地球に送られたという説もある[5]。量子論を基礎とした無からの創造は創造は偶然性の所産であり、創造主なき創造で創造的であるのは何らかの有ではなく、有無の対立を超えた真空である[6]。無からの創造は偶然性の所産とされる。唯一の絶対的創造主は存在しない。だが創造者について人は何も知らず、こういう創造観はかえって創造者なる神という啓示と合致しはしないか。

　次に、仏教の宇宙論をも参照しよう。大略次のようである[7]。世界は成立（成却）、存続（住却）、崩壊（壊却）、空無（空却）という四期をへて循環する。一期は20却という長さである。現在の宇宙論は地球成立から崩壊までを約100億年としており、80却を100億年と推定しうる。空却の終わりに他の世界から地球に来る生命体に共通する行為の余力により微風と共に大気が起こる。ここから地球の成却に入る。上空の空間にある色界の三つの天界が形成。地球にもっと近い欲界の六つの天界が成立。やがて大気層が作られ、その内側に水の層、鉱物層が作られ、その上に須弥山などの山脈などができる。こうして自然界ができた後、天界の神々が上界から下の天界にかけて生じ、次に人間界、動物、餓鬼、地獄の世界に衆生が生まれて成却の20却が終わる。成却について。最初、人は無量の寿命を持つ。植物などの地味や米が生じて、人はそれに執着し、人の光明は消え、寿命も8万才まで短縮する。ここに人間社会が生じる。徳望のある人を国王とするが、なお悪事がはびこり、寿命は平均100才となる。その後戦争などがおこる。生き残った人々が善人を起こし道徳の復興に努め、寿命は8万才まで回復する。この寿命の減少と増加を18回繰り返す。住却の最後で寿命が8万才に延びている時に壊却が始まる。ただしこれは人にとって悩みを伴わない。大乗仏教では全衆生が空によって救われるという形で仏の神変が語られる。以上である。キリスト教的観点から興味深い諸点を挙げてみたい。第一にこれだと、固有な人格は成立しえない。第二にストア思

想に似ている。第三に寿命の短縮は旧約での、アダムから離れるにつれての寿命の短縮の傾向（創世記５章）に似ている。

　総じて、他の一切を撥無してキリストの啓示から全宇宙をも包摂する宇宙救済史ともいいうる壮大な信仰体系が要請される。それにはキリストの啓示と可視的世界の無という二即一の信仰が不可欠であろう。そうして初めて宇宙について科学的観点からの暫定的事実をそのまま受け入れうるから。もし自己が無でなくて自我の場にあれば神、キリストへの信仰と科学的観点からの事実とが一体化しえず、信仰に基づいた救済史的体系の中へ科学的な宇宙的次元のことを包摂しようとして両者の軋轢に苦しむこととなろう。

（２）

　次に、創造をもう少し細かく考えたい。知的生命が進化するには約百億年前のビッグバンが必要であった[8]。これは弱い人間原理の応用例とされている。基本的な定数が生命発展を可能とするよう調整されているように見える。また生物の進化について大略次のようである[9]。二十億年前に頂点に達した生物の光合成による酸素の放出は地球史上最大の環境破壊だった。これに対抗して原始生命はDNAを酸素から守るため膜で包み真核細胞へ進化。また酸素エネルギーを有効に扱うミトコンドリアを細胞内へ取り込んだ。十五億年前ぐらいまでにこうなった。それ以後の進化上の大事件は二つ。六億年前の多細胞生物の出現。四億年前の海から陸への進出である。以上である。酸素放出という危機から進化したことは大いに考えられる。こういう進化の始まる前の生命誕生からの二十億年は大腸菌などの細菌の時代で無性生殖により殖える生物の世界、子は親とまったく同じでその意味では死はない[10]。こういう進化の状況は次のことを考えさせる。自分が造った秩序を内から壊してカオスを生み出すエネルギーを発生し、型にはまるのを拒み続けるのは創造の出発点に絶えず自己を置くためだという理解[11]がある。生き物の生への意志とはこういう性格であり、常に最初へ立ち返っていくことが必要である。宗教的なことの思索も同じ状況におかれている。

　ここで過去の宇宙論を振り返っておこう。ユダヤの文献で無からの創造を最

初にいうのは『マカベウス書』第二巻である[12]。ユダヤでも無からの創造という考えが表明されている。旧約ではまったくの無からの創造ではないが。宗教的には創造の頂点は人の創造ではなく、神が創造の業を終えて安息されたことである[13]。確かに神の安息は創造の終結を意味するから。創世記1章では神の光あれという言葉に応じて光ができたが、ガモフは宇宙の初めには光（放射）が満ちその重要性を指摘した[14]。宇宙物理学的発見と旧約の記述とを対応させての考察は異種のものを同次元で見ることで正しくはない。次に、パウロが「万物はこの神から出」（1コリント8,6）という際のギリシャ語のexはoriginとcauseとに使われるが、流出ではない[15]。流出は創造と矛盾するので、これは当然である。アウグスティヌスの創造理解は創造と共に時間も始まったという考え方であり、近代の宇宙論に照らして正当である[16]。ビッグバン論によるとそれと共に時間も始まった。エックハルト異端の理由に世界の永遠性と魂の非被造性との主張がある[17]。創世記に神が創造されたとあるので、異端とされて不思議はない。無からの創造は量子力学と相対性理論双方に立脚した物理学では自然な形で表現される[18]。たとえこれが事実としても、そういう一致は偶然であろう。そういう点を過大評価してはならない。かえって危険である。物理学的な発見、解明をそのまま受容するには無とキリストとへ同時に至るというキリスト信仰の立場にあるほかない。そのとき初めて無においてそういうものを全ていかなる付加もなく受容しうるから。それには聖書については、個人および人類についての"実存的"自己理解であることを徹底しなくてはならない。イスラエル民族としての歴史が始まってから以後の記述は大体史実に沿っているが、それ以前は実存の信仰告白としての神話として扱うべきである。科学と競合するような次元で受け取ってはならない。

　最初の創造で自然がまず造られ、最後に人が造られる。終末でも自然的宇宙が神の栄光を現すものへ変えられよう。その中で人は神の似姿としての在り方へ高められよう。だが真にそう信じうるにはパウロでいえばダマスコ途上でのキリスト顕現という体験に匹敵した個人的体験が不可欠であろう。そういう体験により自己がキリストと一になり、自己の感じることを不動のものとして受け取りうるから。反対にそういう体験なしでは自分の感じることは単なる一

つの考えに留まってしまう。思想より存在が先であろう。前者が後者を支えるのでなく、逆である。体験により存在がキリストと一となる。そこより生まれ出る思想なればこそ、それがまたキリストと一であると自ら確証できるのである。

　創造物語は信仰告白である。現代の考古学的に発掘された事実との関連で考える必要はない。人の現状が神自身からでなく、人の責任によるとの告白である。その責任についての「何」が大切なのであって、「いかに」ではない。聖書は信仰告白の書であり、前者についての書であり、後者についての書ではない。アダムとエバの話はそれの一つの表現に過ぎない。人の罪の「いかに」であれば無数の可能性が考えうる。考古学的発掘における事実の人に対する信仰的意味での堅牢さの喪失と共に「いかに」という問題が全体的に消える。「何」ということのみが残る。人の認識を超えた部分を含む領域について「いかに」を考えることは不可能である。

　まず物質的世界が造られ、次いで霊的世界が創造されたのであろう。前者の宇宙創造に百何十億年かかったが、キリストの出来事を霊的創造の始まりと理解できよう。霊的創造はまだ始まってから二千年ほどしか経っておらず、前途遼遠である。キリストの出来事は宇宙の霊的創造のビッグバンである。

　創造の「いかに」を問うことは人の論理へ堕すことである。だが現実に人の誕生は考古学、人類学、自然科学などにより解明されている。かくてアダムへの霊の授与もいつ、どこでという点は具体的にイメージする必要がある。一方、霊の授与の具体的仕方、即ちペンテコステのときの"舌のように"とかの具体的様相は不問に付さねばならない。かくて「いかに」についても、いつ、どこでということと"舌のように"というような次元のこととは区別して考えるべきだ。この点は救い主はイエスという歴史上の具体的な一人の人ということで明確だが、霊の体への復活の「仕方」は人の論理、理解を超えており、不問に付すしかないことと呼応する。そこで「いつ、どこで」かだが、ヘブル人が不作のためパレスティナからエジプトへ移住したが、移住前の彼らに対して霊は与えられた、あるいは与えられようとしていたと考えてはどうか。こういう点で救済史の神学でおおむねそうであるようにただ単に人類の始祖だけでは

観念的になってしまう。具体的に考えると、救済史的考えとの印象もあるが、実は逆である。イエスへの自己実存的信仰からの放射としてそう考え、信じることが不可欠である。救済史の神学でアダムが歴史上具体的でなく、観念的にしか考えられていないことは、その神学の考え方全体が観念的たることの反映である。逆にいえばアダムを歴史的、具体的に考えているか、否かが考え方全体が観念的か、現実的かの試金石であろう。霊の授与は人の理解を超えているが、アダムという人の存在自体は決して超自然的次元には属さない。そこでさしあたり地上のどこかへ位置づけることが必要である。さもなくばそれは知性の怠慢であろう。

終末後の具体的イメージ同様創造の過程のイメージは描けない。創造やそれ以前について人は知りえないから。こういう事態はキリストの啓示をさらに引き立てる。もし創造や終末後についてイメージできると、救済史という平板なものができ上がる。そしてキリストの啓示はその中へ埋没してしまう。これでは本末転倒となる。やはり啓示は"点"的であるほかない。人の勝手による点の線化は許されない。それでは点の力を去勢してしまう。神は線化、平板化できないよう創造と終末については人を無知のままにしておかれたのであろう。最初と最後が分からない以上、途中を線でつないでみても意味はない。その点からは創世記の物語を旧約の最初に収めたことは啓示という意味はあろうが、点の線化への第一歩ともいえ、少なくともそういう観点からは全く問題なしとはいえまい。そこにこそ不分明な創造の積極的意味を見いだしうるであろう。創造の具体的経過が分かるのが信仰上望ましいのなら、神はそうされたであろう。啓示は点として闇の中へ射し込む一条の光である。点と点との間には必ずしも明確な関連はなく、またその必要もあるまい。時間的、場所的にいかに近接していても各々が点的であることは変わらない。これは各人に対するキリスト信仰の授与と呼応する。信仰とはどこまでも個に対して個的、点的に与えられるものである。与える側も与えられる側も共に点的である。啓示を受ける人間はどこまでも個としての存在である。イスラエルが神の民として選ばれたのもモーセという個を通してであった。もとより堕罪の前後という重大な相違はあるが、現実的に考えれば、地上のどこかで一人の人アダムが選ばれたという

よりは、むしろちょうどイスラエルが選ばれたように一つの民族が選ばれたと考えられようか。神は一なる存在ゆえ一ヶ所、一時期、一民族、（一個人）を選んでも当然であろう。多くが同時に選ばれたら、それこそ神の本性と矛盾しよう。

そこで二つの点で反省しておきたい。第一には、創造主の目的達成には二段階の過程が必要で、死が経費として必要な、神と離れた創造があり、その次に新しい創造があるとの考え[19]。こういう二段階創造論は聖書的根拠がない。罪から死がきたという考えが消える。かくてキリストの贖罪の必要性も受肉のそれも基本的にいって消える。死はぜひ人の罪からとせねばならない。これは不可欠である。次に、創造の教義は時間的始原ではなく、存在論的始原についてだとの考え[20]。創世記を読んでいると、少なくとも書かれた時点では双方の始原が念頭にあると思う。こういう考えに対応して「存在論的崩壊から被造物を救う無からの創造が宇宙を超越した神の働き」という考えも見られるが、創世記での創造はこういうことか。聖書の現実的発想からしてこういう意味での存在論的次元のことではなかろう。ホロコーストのような出来事を思うと、辻褄合わせの理屈は出てこよう。だが人の知では理解を超えるとしておく方がよほど、創造の神秘性の深い受け止めができよう。今は神の英知の中に隠され、終わりの日に全てを知るのである。先の考えでは人間的世界と神的世界との一体的見方が大前提である。そのこと自体が問題であろう。

（3）

アダムへの霊の授与のようなことは神が意志すれば、いつ、いかなるところでも、しかも何回あっても支障はない。そのアダムに対比すべきキリストが人類全体の罪の贖いであることは人が全体として連帯的たるを示す。このことは逆にアダムという始祖により罪が入ってきたと考えることと呼応する。だが個がなくなるのではない。たとえ祖先から引き継いだ罪とはいえ、人が自己の責任を感じる点にこそ人類全体の連帯性[21]が現れている。アダムの罪の犯し方を考えた時、人は元来連帯的に生きている。そこで罪を犯すと、そのうちの一人だけがということはない。個が堕罪すると、同時に連帯としても罪を犯

す。アダムにエバという助け手が造られたことからも、仙人のような生き方は元来人たる生き方から外れている。アダムとエバが一つの肉となったように複数の個体が一つの存在としても生きている。人はアダムとエバという夫妻として初めてそれ相応の存在となった。アダムの堕罪の際もエバのいうことを聞いてアダムが堕罪した。二人同時に連帯的に堕罪した。少なくとも神に対しては人はこのように連帯的在り方で生きている。アダムの堕罪を作り話のように感じるのは、それはひとえに自己自身の罪をリアルに感じていないという事実からである。また一回的に堕罪し、そこから救われることをうまい話と感じることも。

　キリストでの罪の贖いを信じるには人の堕罪は不可欠だ。ただし歴史上のどこかへのこの事実の位置づけは先には必要であるとしたが、不可能であろう。堕罪という出来事は人類の記憶から完全に消えているから。罪の状態という結果だけが残っている。このようにキリストの出来事から過去へ向かって逆に考えていきうる。キリストが考えの起点である。アダムとエバの物語などは西洋神学的、直線時間的に、あるいはユダヤ思想的にも解しうるが、キリストへの信仰を起点にして考えるべきである。霊的事柄は身体的事柄のように化石として残り現代に生きる我々に過去の由来を告知はできない。パウロはアダムの罪から死がきたというが、これはキリスト信仰の地平、キリストとの関係でのことである。これをそういう地平から独立させて信仰から独立の歴史的事実であるかのように考えるのは誤りである。あくまでその時の実存的現在に立ってのことである。パウロはキリストから過去へ向けて考えているので、そう考えている。現在から過去へ向け考える過程の中での過去から現在へである。かくて事実としてアダムの堕罪で子孫に死が入ってきたというのではない。もし事実自体としてであれば、端的に過去から現在へでなくてはならない。信仰とはあくまで現時点のことなので、過去のこと自体として取り上げはしない。しかも当時としてそう考えることは自然科学的の知識とも何ら矛盾はなかったであろう。だが現在では事情が異なる。そこでパウロ同様に考えるのは現代では決して同価値的ではない。そうであるには現代の知的状況との関連でキリスト信仰の原初へ立ち返って新たなる考え方を生み出すしかない。その場合通常は罪から死

とされるが、旧約自体は内容的には罪というより善悪の知から死といっていることは重要である。パウロがいかに偉大とはいえ時代が異なる。そこで彼をも超えていかねばならない。彼をも我々は偶像崇拝してはならない。キリスト信仰なのである。キリスト「教」でもなく、パウロ「教」でもない。キリストをさえ偶像にしてはならない。否、その危険がもっとも高い。つまり人の側に立った、人の都合による、人のための、人による、人の解釈をしてはならない。アダムの神話を史実と受け取り、それと関連した救済史を考えることは頽落態の上に頽落態を重ねるようなものである。頽落態の二乗である。創造に際し善悪を知る木の実を食べたら死ぬようになるとされている（創世記2,17）。その時点では確かに永遠の生命は与えられていない。だがもし木の実を食べねば与えられる可能性はあった。かくて今現在の状況を本来の場から落ちていると考えることは間違いではなかろう。

　さて、アダムの原罪について次のような見解[22]が見られる。即ちアウグスティヌスによるアダムの原罪を父祖の文字どおりの不服従とする理解について今日では歴史的叙述とは見られない。なぜなら地震、火山、動物の死は人の出現以前にあったから。また原初の無垢は子供時代のそれで、人の発達は今後到達すべき成熟への成長という点から見られるというエイレナイオスの説明は先の原初破局理論より地上生命の進化論的理解に合う。以上である。だがそうとばかりもいえない。人が霊的存在となり、周囲に霊を放射し、そこに霊的世界が実現し、死はなかったとも考えうる。時間的順序よりも本質的順位の方が大切である。動物の死が先にあったとしてもそれは問題ではない。後の考えは一人の人間の成長の過程の中においてであろう。罪の方向への文化的遺伝を一つの決定的行為に帰す必要はなく、死ではなく人の有限性の自覚の意味での死の不可避性が堕罪で初めて世界に入ってきたという著者自身の見解も述べる。遺伝という以上、アウグスティヌス的に考えているのか。また、有限性の自覚を死の不可避性とする発想自体が人の論理を超えていない。文字どおり死が入ってきたのではないのか。これらの疑問が生じる。始祖の堕罪はキリストへの信仰から過去を振り返っての信仰告白である。堕罪の事実が確認されたわけではない。そこでそういう事実が過去に生じたかのように思い、その時期を思い測

るのは堕罪という信仰告白が正確に理解できていないことを告白している。さらに信仰告白と考古学を含む自然科学とを明確に区別しえないことは信仰の何たるかが分かっていないことの反映である。これは反信仰的行いである。告白の根底には人の罪という現実、キリストの聖なること、キリスト復活への信仰がある。堕罪を事実として時期を考えたりせず、信仰告白として宙に浮いたままにしておくことと終末をも時期を固定せずに信じることとは対応する。この対応が明確に認識しえないことは当人の心が可視的世界に引っかかっていることを現す。キリスト復活の信仰も可視的世界からの心の離脱と一のことである。キリストを神の子として信じることが全てであり、他の一切は消えている。パウロでいえばダマスコ途上でのキリストとの出会いで全ては消え、全てが改めて生み出された。可視的世界の中へ突入してきたいわば紅一点である。逆に考えればアダムの堕罪への引っかかりが現代人にとりキリスト信仰が真に純粋か否かの試金石である[23]。こういう事態は信仰の歴史は本来は点の集合であり、それがあたかも線のように見えるという状況とも呼応する。過去のある場所でアダムの話のように表現されるほかない事態が生じたと信じることはキリスト復活の信仰と一である。

　こうして全宇宙が一体的に救済史の中に包摂されよう。どれほど広大でも宇宙はアダム一人の存在に及ぶべくもない。非人格と人格の相違があるから。非人格的全宇宙も人一人に及ばず、人間全部を合わせても神には及ばない。そこで神の意に反した人の罪は全宇宙の改悪に十分だった。キリスト再臨でそういう宇宙が元へ回復されるのみでなく、そこを過ぎて完成へともたらされる。宇宙論的終末である。人の堕罪を基軸に考える限り旧約時代も現代も基本的に変わらない。かくて初めて「一切はあなたがたのもの」（1コリント 3,22）という言葉がリアルになる。こう考えて全宇宙が今自分のものだと実感しうる。自己は宇宙から孤立しておらず、宇宙と一である。宇宙と共に神の御手の中にある。自己―宇宙―神は一つの世界に共存する。近代的実存の立場ではこの条件は満たされない。実存として宇宙から離脱しているから。実存は潰れねばならない。ダビデの神への直接的信頼もここに淵源がある。アダム堕罪の具体的「いかに」は終末のそれ同様今知る必要はない。自己による所有の喪失と引換

えに全宇宙を受け取る。死で塵に返っても神ある限りそのことは変わらない。こう理解すれば自分個人の復活には無頓着でありうる。人のみでなく、宇宙も甦る。人の堕罪で宇宙も死の状態に落ちた。自己を含む全宇宙についての真実に達した。ここで初めて安きに至る。激動の収束である。世での悪行へは神の裁きがあると信じうる。狂った基軸が戻される。神なればこそ実行可能である。真実はそういう力を有する。それは神に直結するから。というより神と一であるから。さらにいえば神自身である。なぜなら神以外のところに真実はないから。こういう境地は禅的な無の立場とも相通じていよう。「いつまでも主と共にいることになります。」（1テサロニケ 4,17）はキリスト信仰を、「キリストから離され」（ローマ 9,3）は無を表す。「離され」というとき、根拠はどこまでもキリスト信仰にある。キリストという色で染め抜かれている。

　アダムのような古代イスラエル民族の中の特定の人への霊の授与はいかにも不可思議である。だがこれは広大な宇宙の中で今ここで地球上の知的生物である我々が神の特別の恵みの対象であることと同じ趣旨であろう。神の恵みは基本的には全て不可思議な構成である。ただ、今の誰かある人への霊の授与はイエスへのそれと同様の事態であり、何ら不可思議ではない。今現在の可視的世界の中でのことであるから。創造の時には霊の授与が真の意味で実現する前に破綻した。鼻から息が吹き入れられ生きた者とされた後で園から追放され死が入ってきた。かくて霊的世界の実現前に破綻した。実現はほんの緒についたばかりだった。そこでそういう世界と終末での世界とは様相が異なる。全宇宙の物的創造は約百何十億年前、その霊的創造はまだ二千年、文字どおり前途遼遠である。「一日は千年のようで、千年は一日のようです。」（2ペテロ 3,8）という。二千年ぐらいは問題ではなかろう。「百何十億年は一日のごとく、一日は百何十億年のごとし」といえよう。さらには「永遠は一日のごとく、一日は永遠のごとし」となろう。

　結局、現在の自己の罪の告白の一部としてアダムの堕罪もいわれている。現在から過去を見ている。かくてこれの過去から現在へという方向での受け取りは間違いとなろう。平板化してしまうから。現在から過去、未来を見るのが実存的信仰である。過去から現在を経て未来へという直線的見方は既に実存的

信仰から離れている。旧約では善悪を知る木から取って食べると死ぬという比喩的表現はあるが、アダムの堕罪から死が来たと明言されてはいない。またパウロもアダムと各人双方の罪を挙げる。どちらも罪の由来については未知である。開かれたままである。アダム、各人の双方の列挙は「罪から死」の解明不十分たるを示す。知の環は閉じられていない。

（4）

アダム堕罪の話は人の理、知性の及ばない、神の英知の中に隠された事柄である。かくてアダムはホモ・サピエンスの中のどこの人かと地に下ろしては考えられない。同時にアダムの堕罪以前の状況についても、創世記の記事を直解して具体的にこういう状況だったと人の知のレベルへ下ろしてはならない。アダムの物語全体が一種の比喩である。アダムは人類の始祖なので過去のことである。そこで今では種々明らかになった考古学的事実との関連で始祖のことを考えたくなる誘惑に駆られるのは避けがたい。だがそれに負けてはならない。今現在の、罪になじんだ現状を有する人は全く知りえないのである。終末と違い、創造は過去のことなので人に近いように感じるところに落とし穴がある。終末は未来のことなので元来知りえない。知りうるとは最初から期待しない。こういう感じ方の背後には地的な知り方がある。パウロが「肉に従ってキリストを…知ろうとはしません。」（2コリント5,16）というときの、肉によって知る知り方であろう。「そのときには、顔と顔とを合わせて」（1コリント13,12）という知り方とは異なる。地的な知り方になっているから過去は分かりやすく、未来は分からないのが当然となるのであろう。天的な知り方では過去（創造）も未来（終末）も共に神の英知の中に隠されており、今の人の知性では知りえない。そういう点では何ら差異はないのである。

神の姿が描かれていない創世記2,4～15は第二戒の神の無像性を示すと同時に、ユダヤ人が神の本質を知ろうとはせず、その行為から神が誰かを知ろうとすることを示す[24]。ユダヤ人は神自身を知ろうとはしない。これは極めて大切である。元来、人は神を知りえないのだから。魂の特異性は超自然的な精神創造によっており、個々の魂は受精から出産までのある時点で胎児に付与さ

れる、神の新たな創造物である[25]。魂は神によって造られるという。さらに、アダムの骨からエバをという話をフィロンとオリゲネスとはたとえ話（アレゴリー）として扱う[26]。西洋的世界での聖書の神話の受け取り方の一例である。事実としてみるのではない。ただ実存的告白ということはたとえ話とは異なろう。罪の告白を通して、当人は無からの創造というときの無というところに実存的に至っているから。アダムの創造をこの地上で考えると、どうしてもクロマニヨン人からか、ホモ・サピエンスからかというような考えが自ずから生じる。だがこういう思いは異なる二つの事柄の混同より由来する。なぜならアダムの創造は単に地上の人間のではなく、霊的人間としての創造をいう。一方、先の択一的考えはこの地上の人間の創造を考えている。二つの事柄は異種である。そこで結合させるのは無理で区別せねばならない。では地上での霊的人間の創造はいつ、どのようにして行われたのか。地上の人間の創造と平行して考えられる。残念ながら当人がその霊的能力を罪によって失った。かくてそれがいつだったか、どこでであったかは今の人には永遠に分からない。霊的人間が一人世に誕生すればそれを契機に全ての人が霊的存在へ変えられる可能性もあった。これはちょうどキリストが霊の体へ甦り、終末では我々も霊の体を受けるという信仰とも呼応する。アダムは一人の人間として書かれている。自然科学的にはむしろ集団的在り方になっていたと考える方が理にかなう。かくて霊も集団的に与えられると考える方が。だが初めは一人が対象とも考えられる。かくて一人にか集団的にかは不明である。こういう点をも含めて霊の授与の仕方は今の時点からは判断しかねる。多くの民族の中からユダヤ民族が選ばれ、またその中にキリストが受肉した。それらの出来事の前にある民族のある特定の人に霊が与えられるという特別の恵みがあった——これがアダムという名で呼ばれている人だ。ここから神の恵みの歴史が始まる予定であった。ところが、その人が神の意志に背いて霊を失った。そして死が入ってきた。ただそういうアダムをアブラハムより前に位置づける必要はあろうが、ホモ・サピエンス以前に位置づける必要はなかろう。それになってからの、しかも比較的アブラハムに近い位置で考えたらよい。事実がいつかは人には永久に分からないので、現実的にその出来事を受け取りうるような仕方で考えればよい。

キリストを通してアダムを見るということが不徹底で、キリストから離してアダムを考えようとして平板な見方に陥ると、アダムへの霊の授与が奇妙に思えてくる。かくてキリストとアダムとを二重写しにして見なくてはならない。アダムを見、考える時はいつも実はキリストを見、考えているのでなくてはならない。キリストとアダムとをいわば一人の人であるかのように見、考えなくてはならない。決して二人の別個の存在として見てはならない。いわば二即一の存在と見なくてはならない。神の霊を受けた存在として同一的性格を持っているから。アダムはそれを失ったとしても、一度は受けたのだから。我々一般人とは明らかに異質であろう。キリスト、アダム、救済史を平板にではなく、立体的に考えるとはそういうことである。このことは終末についても同様である。旧約でも出エジプトの出来事などがあって創世記も書かれている。その出来事を通して、それと二即一のものとして創世記も見られ、考えられている。キリストの中へアダムをも終末をも取り込んで理解することが必要である。さらに救済史上の全ての事柄をキリストとの二即一の事象として解することが必要であろう。アダムの話はあくまで神話であり、こだわらないことこそ大切である。キリストの出来事から反省する限り、神の創造された世界自体に死があったとは考えにくい。罪に対する実存的理解を物語で表現してあのような形になったのであろう。分からないということが現実的なことなのであり、物語はそれの表現形態であろう。字句表現にこだわらないこと。「文字は殺します」（2コリント 3,6）こととなろうから。今の人には理解を超えた領域（創造や終末）の内実は大切だが、表現形態は無視してよい。アダムが一人でなく集団であっても支障はない。当時の人には自然的知性という点からも、アダムという形で人類の祖を考えることに何ら抵抗はなかったであろう。同価値的なことを現代において考えれば、当時の字句表現は無視して内実のみを取り出して尊重する以外にない。当時と現代とに共通の内実とは人への神の愛から考えて、死が最初から存在したとは考えられず、人の罪から由来したであろうという反省である。かくてエデンの園と同価値的な物語を考えうればそれで代替しうる。アダムという一人に代わり集団を考えるのも、一つの代替的考え方といえよう。他にもありうるであろう。だが複数案の可能性はいずれもが事実自体

ではないことを同時に意味する。それもそのはずである。元来そういう次元のことは今の人の理、知性には理解を超えているから。

「その鼻に命の息を吹き入れられた。」(創世記2,7) という。このことはキリストの呼びかけに応じて、わたしは信じますと答える、そういう答えに対応する。そこにおいて人は自然的生き物から人格へと生まれ出る、生まれ上がるのである。それ以前にどういう遺伝子で個々人が形成されようと、それは重要ではない。アダムの物語は人知には量りがたい部分を人知に分かるように考えている。本来は罪の由来は分かってはいない。不分明な領域は分明な領域を包摂できるが、反対は不可能である。後者は明確なので、不分明な領域を容れえない。反対に分明ではない信仰告白的領域は自然科学的に発見された領域を容れうる。不分明な領域は立体的で、一方分明な領域は平面的とも考えられる。平面は立体を受容できないが、後者は前者を受容できる。信仰告白は立体的であり、自然科学的世界観は平面的ともたとえられよう。アダムへの霊の授与はキリストの復活、終末での全被造物の再興などと同様人知を超えた領域に属す。かくてキリストの復活を信じるのなら、アダムの出来事も、そういうことがあったと信じるほかない。それらの出来事の「いかにして」は人の現在の知性では理解しきれない。だからこそあのような神話で表現されている。いかにしての探求は人の論理への頽落を意味する。つまり本来論理的解明のかなたにある事柄へそういう仕方で迫ることは誤った対処の仕方であろう。頽落態から原信仰への回帰がアダムの物語の扱い方の問題をも解決する。アダムに与えられた霊が終末時に与えられるのと同じ永遠の生命か否かは別問題であろう。生きたものになったとされているだけだから。もっとも堕罪後に塵に返ると記述されており、堕罪後死が存したことは間違いない。だが逆に考えて、それまでは全く死がなかったとは明言されていない。死が入ってくる以前の状況と終末での永遠の生命との間には今現在とは異なる多様な生命の形態があったかもしれない。罪によってそれらの形態は実現しなかったのであろう。また霊が与えられ生きたものになったという際の霊だが、キリスト昇天後に信者に送られるそれと同じと考える必要はなかろう。人を人格として生かす程度のこととして考えればよかろう。ただし人には神の意志に従うか、自己の意志決定を取るかと

いう選択の自由は最小限必要であろう。

　アダムの堕罪により第二世代以降にも死が入ってきたことについて。神に対しては人は人類全体として、つまり一人の人として考えられている。だからこそキリストによる罪の贖いもありうる。アダムにしろ、アダムへの霊の授与にしろ、死が入ったことにしろ、それらを何か特別のこととして考える必要はないように思われる。アダムへの授与だが、神との人格としての対話が主要であろう。死がない状況はアダムに与えられたというよりまだ神の中に保持されていたであろう。かくてアダムは生命を失ったというより与えられないままであろう。しかもこういう過程がアダム本人には知られないままという点が重要である。神と対話しうるが、不死の命はまだであるという独特の境位はきわめて固有な人の存立形態である。ただこういう霊的次元のことは人の自然的在り方とは異次元なので、人のそういう在り方には関わりのない事柄である。かくてそういう在り方の人間としては堕罪のため、同じ状態が続いている。ただし堕罪がなければいずれは死のない状況も出現したであろう。かくて第三者が外から見る限り人としての在り方は何ら変わってはいない。神とアダムとの間でのいわば秘密の出来事ともいうべきであろう。アダムの周辺、彼を中心としたイスラエル民族と他民族との間の差異はアダムの堕罪で消失した。全人類が共に死の淵に沈んだのである。もしアダムの堕罪なくば、イスラエルと他民族とでは差し当たり差異が生じたであろう。もっともそれがいつまでも続くかは別問題である。ただアダムの物語はいわゆる神話であって事実か否かは分からない。最初から人が罪ある仕方で造られていては神の本性と矛盾するという素朴な気持ちがあのような形で結晶している。これを不可思議として受容し耐えることこそ真の信仰といえよう。要点は人の罪である。これはパウロによるアダムの罪と我々の罪の並列とも呼応する。イエスにおける受肉も不可思議といえる。なぜそれほど神は人を思うのか。アダムの物語での不可思議は性格が異なる。神の愛の不可思議といわば正反対の人の罪の深さである。両不可思議さは内容が正反対であり、プラス、マイナスとして釣りあっている。宇宙の存在自体が不可思議である。人が罪を避けえないという判断には人が今現在の在り方で完成されているという前提があるように思われる。もし未完成で今の人間

は肉的創造だけで、霊的創造はキリストの出来事から始まったばかりと考えれば、事情は大いに変わる。罪が不可避であってもそれが理不尽とか不合理ではなくなろう。このように考えても創世記のアダムの話とは矛盾はしないであろう。人の存在の罪の不可思議さをあのような神話で表しており、未完の存在ゆえ、人が神を信じる限り、罪は不可思議であるほかないといえるから。この場合、キリストの罪の贖いは人が自分で犯した罪についてとなろう。パウロもいうようにアダムが犯すと共に各人が犯したから。かくてこのうちの少なくとも各人が犯した罪についての贖いは不可欠だから。いずれにしろ人の罪の不可思議を対象化してアダムの物語が作られたのだから、そういうアダムを実在化して考えるのは誤りといえよう。人が不完全ではその責任は神にあることになり、それは困るので不完全の責任を人にということでアダムの堕罪が描き出されたのであろう。だがこういう問題には神が関わっており、その事情の全貌を今の人の知性で解明しきることは残念ながらできない。もし可能ならいわば神を見ることを意味するであろう。あの物語での描出は極めて便宜的で暫定的であり、パウロ的にいうと「一部」(1コリント13,12)なものにすぎず、全てが明らかになる時には廃れるものでしかないであろう。神が関わる領域は、今はまだ明らかにされていないとしてそのままにしておかなくてはならない。

　アダムの創造については例えば次のような見解が見られる。人が神に似ているのは神の創造の業にならい魚、鳥、地を這う生物を治めることと男女として造られ神にならい互いに愛し合い、子孫をつくることである[27]。かくて霊魂(精神)は人のもつ神の似姿ではない(同31頁)。また当時の生存地平では人は自然の一部、宇宙は生物の宿る家であって、従わせよとは農地耕作の認可、支配せよとは地球上の生物の争いは人が裁断するという意味である[28]。このように人と自然との関係は西洋的発想よりも東洋的発想に近いと思う。悠久な地球の上で人は他の生物と共に神によって生かされている。この状況を今の宇宙観の中で実現しなくてはならない。アダムをもしイスラエル民族形成の初め頃に設定しすれば、そこからイエスまで例えば三千年としよう。そうとしても肉的な人の誕生までの宇宙の歴史、百何十億年に比すればほんの一瞬である。霊的創造という観点からは、アダムとイエスとの間は一つの点と見うるほどに

短い。かくてアダム・イエスという一点を始まりとして霊的創造は始まったのである。そういう観点からはアダムとイエスを別個の存在と見る必要さえもない。イエスの中のアダムであり、アダムの中のイエスである。イエス以後本来の霊的創造の時期に入ったのである。アダム・イエスというようにいわば一体化して考えれば、アダムからイエスまでを霊的創造のための準備期と解しうる。かくてパウロのようにアダムが罪を犯したので死が入ったのか、その後の人々の罪からかについて明言しないのも頷ける。アダムからイエスまではひと括りの事実として受け取りうるから。一人の人間が堕罪し、その一人の人間が罪の贖いをしていることにもなろう。参考としてこのように考えるのも興味深いのではないか。キリストにおいて全てが総括されているが、アダムからイエスまでの霊的創造においてそうであるといえよう。それにはキリストが霊的存在であるように、人も「肉に従ってキリストを…知ろうとはしません。」（2コリント 5,16）を実行して霊的存在となり、可視的世界の一括超えが不可欠であろう。こういう境地は禅での悟りと一脈通じていよう。

　アダムの話はあくまで神話であり、いわば頭の中にあるリアリティである。それを現実の歴史の中へ入れて考えようとするのは正しくない。それでは神話的次元のことと現実の歴史の中での事象とを同一視することとなろう。そうとはいえ堕罪を現実の歴史と完全に切り離して考えうるのかとの逆の疑問が生じる。かくて堕罪という事柄は終末後と同じ次元に属す。終末では終末後のことが分かるように堕罪のことも分かるであろう。そういう点ではキリストの出来事を中心としてその前後については対照的に構成されている。その点ではアダムの堕罪の物語はパウロが終末について「いつまでも主と共にいることになります。」（1テサロニケ 4,17）ということと対応する。かくて終末のことを考えるときには同時に創造、堕罪のことを考え、また逆のこともいえる。そうして全宇宙の歴史が同時に視界に入ってくる。始まりは終わりを含み、終わりは始まりを含む。このことはキリストへの信仰から過去へ向かっても、未来へ向かっても地平が開かれることとも呼応する。そもそもキリストを神の子と信じることは未来や過去の地上の歴史とは無関係のことである。人の罪ある現状は人の神への背反からという考え自体人間的理屈である。それに基づいてアダム

の堕罪という物語が考え出されたが、人間的辻褄合わせであり、単なる仮説に過ぎない。人の罪という不可思議への辻褄合わせなしに、キリストへの信仰を生きるのが本来的信仰であろう。イスラエル的思考は西洋的思考に比べれば開放性があるが、こういう点にはその不十分性がのぞいている。人の知性による辻褄合わせをすればするほど信仰は低い次元へと落ちる。そして最後にはカテキスムとなってしまう。かくてアダムの物語のような辻褄合わせはすべきではなかった。一種の頽落態とさえもなろう。原信仰からの二次的案出であろう。事実、歴史的にも出エジプトの出来事が先である。創造、堕罪などは終末同様に人には隠された領域に属す。終末で明確になる事柄である。今は部分的にしか知りえないというが、そういう部分に属す。知りえている部分は堕罪後の事柄である。罪のない状態を堕罪前のにしろ、終末後のにしろ人は知りえない。アダムの物語[29]はちょうど終末後について具体的イメージを描くのと同じといえる。あのようなものを書くのはいわゆる神秘主義へ堕すのと同じであり、本来なら書くべきではなかったであろう。そこであの物語作成は仮にキリスト啓示後なら神秘主義へ堕するのと同種の誤りを犯すこととなったであろう。

（5）

　自然の法則にも蓋然性が付きまとう。例えば陽子と中性子とが衝突した時、左右へ何％ずつが飛ぶかについても。決して厳格に隅から隅まで事前に決まってはいない。実際以上に決まっているかのように我々が思っているのである。この点についてスティーブン・グールドのいう、進化論が全てではなく偶然という要素が大きいという考えも大切であろう。大略次のようである[30]。人間という到達点へと生命は進歩してきたとの西洋的偏見は打破せねばならない。あらゆる方向への試行錯誤の間にたまたま複雑な形態や仕組みのものも登場したのである。自然選択というダーウィン理論による環境への適応は進歩を意味しない。ただ全てが偶然の結果ではない。長い時間尺度では予想外の方向へ環境は変化し生命の歴史は予測不能である。六千五百万年前の恐竜絶滅は隕石衝突によるとの説は一例である。哺乳類が生き延びたのは優れていたからではなく、単に運良くある種の特徴を有していたからだ。進化理論からは人間行動

のどんな道徳規範も引き出せない。人間は戦争する能力も平和でいる能力も持つ。どんな状況にも対応できる柔軟性ある生物種である。人口増加率は落ちており百二十億ほどで安定して、何とかやっていけそうである。二十一世紀の予測は難しい。人間の脳や身体は十万年前登場して以来変化なく、今後百年間に遺伝子工学による身体変化はありうる。結局人間の生物学的性質がどう変わるか決めるのは人間の文化である。以上である。人は決まっていると思うと、安心できるのではないか。一方、不確定要素の多い世界では不安が付きまとう。かくて世界、自然をあたかも決定済みかのように人に思いなさしめるのは罪という契機ではないか。長期で見るか短期で見るかによって変わってくる。長期で見ると短期と違い全く決まっていないこともあろう。現在では人類は二十万年前アフリカで誕生して世界へ広まったとされる[31]。また、ジャワ原人、ネアンデルタール人はホモ・サピエンス直系の祖先ではなく、独自に進化した絶滅種である[32]。さて、進化の過程で単細胞生物は分裂によって無限に殖え続けるので死はないが、多細胞化は種々の環境に適応する大きな生物の進化を可能とする一方で個体に死を運命づけた[33]。人間も自然の生物としては死の定めにある。このこととアダムの堕罪の告白とは矛盾はしない。双方は異次元のことだから。生物にはアポトーシスという現象がある。細胞の縮小と核のDNAの凝縮、これら二つの変化による細胞の死が自死、己死によるそれである[34]。自然の生物にも死を選ぶという現象が見られるのであろう。また生物学的観点からの死の必然性について、受精卵が不良ならアポトーシスのスイッチが入り消滅し、遺伝子安定化のための二倍体化と有性生殖への変換と引き換えに死が必要になった[35]。こういう見方を知ると死を全く別の観点から見うる。これはしかし不良である場合の話。今では全ての個体は死ぬ。そこでこういう事実は別の扱いが必要であろう。また、有性生殖と寿命による死との間には密接な関係があり、生あるところに必ず死があるのでなく、性あるところに死がある、生と死は共存し、性と死が裏腹の関係にある[36]。以上のような過程での偶然性の大切さについては次のようである[37]。社会も生物同様にカオス装置を持たない社会には発展が望めず、創造の道とはカオスを用いた探索の道である。健常者の小脳ではたえずカオス信号が発信されており、病者の小脳

では規則正しい信号が発せられている。以上である。社会と生物との関連が興味深い。生とカオスとは不可分である。地球の創造にも偶然的要因が絡んでいたであろう。

次に、宇宙について。NASAの発表では大略次のとおりである[38]。宇宙の年齢は百三十七億年と確定された。宇宙定数（ダークエネルギー）は銀河やガスが互いの重力で縮まぬようにする反発力であり、これは宇宙の膨張を加速させる力として働く。また宇宙が平らなことが確実となった。以上である。さらに、宇宙は一つではないとの次のような見解もある[39]。銀河系も特別ではない。その上、我々の宇宙もたくさんある宇宙の一つに過ぎない。なぜ人が生まれるべくして生まれるように精密デザインされたように見えるかとの難問を理解しやすくするのがマルチバースの最大の利点だ。マルチバース同士の因果関係は切れ、相互観測、相互通信はできない。NASAの人工衛星による宇宙背景放射の観測結果はインフレイション理論を支持、マルチバースの存在を間接的に示唆した。その観測から我々の宇宙は半径百四十億光年ほどで終わらず、より広いと分かってきた。以上である。かくて常識的考え以上に、生物も宇宙も硬くはなく、柔軟であると分かる。このことはキリスト信仰と無関係ではない。可視的なものは硬くはなく、基本的には創造前の材料たる混沌である地（創世記1,2）のように何にでもなりうる存在である。キリスト信仰は被造的世界の形なしという理解と対応する。そういう世界を霊により超えている。キリスト信仰が可視的世界の軟化を要求する。硬いものの存在は許さない。霊的世界にしか硬いもの（確固たるもの）はないから。マルチバースという宇宙観は宇宙の無限を連想させ、かえって神による創造とも和合しやすくする。創世記当時の宇宙観に生きる人間と今現在の人間の置かれた境位とがかえって類似化する。今現在の人はこうして旧約時代さながらに再び宇宙（被造物）の不可思議の真っ只中へと投げ出されていることを発見する。

さらに、進化論への次のような否定的見解が見られる[40]。人間は原因ではなく、生命や心は遺伝子がもたらす結果だ。人間の赤ん坊は永続する物体という概念をまだ形成していない。哺乳類の放散は約五千万年前の新生代初期に生じ、突如二十四の目に分岐した。カンブリア紀での無脊椎動物の瞬時の多様化

はダーウィン説と一致しない。彼が進化論のモデルとした動物育種の実験で新種が作り出されたことはない。進化は種が抱えている発現されない余計な遺伝子において個々の生物体や現存する集団を変えないままで生じ、その結果が停滞である。一個の調節遺伝子が一連の構造遺伝子全体のスイッチのオン・オフであり、種分化の跳躍的特徴が説明される。適応能力、個体変異、多型現象などは種の境界を乗り越えさせない。近代生物学の平等主義的傾向の背景には、何ものも他に従属させられないという目的の否定、自然淘汰は動物、植物、人間を分け隔てしない、漸進説に含意される種の否定の三つの根拠がある。宇宙は生命を育むためにあるという学者もいる。人の知性は自然の進化的跳躍で生じたのでなく、神の介在が必要である。以上である。まず、ダーウィンの進化論は現在では承認されていない。特に、放散という現象は自然現象の突如性を意味し、自然は人の理屈とは異質たることを例証する。だが進化が余計な遺伝子で生じたり、調節遺伝子が作用すると種分化が生じるとの事実も自然を自然的何かが導いていることを思わせる。また平等主義的考えは人が創造の頂点という考えと相容れないとも限らない。結果として人間が出てきたのであるから。赤ん坊は永続物体との概念を未形成という事実も人の成長発達を現しており、目的論的見方を補佐する。そこで一方では自然は目的に満ちとか、宇宙は生命誕生のためとか、人の知性は神により瞬時に造られたなどの考えも生まれる。このように相反する二様の考えの可能性は益々深く宇宙の不可思議へと人の思いを導く。ただ進化論を押し詰めれば神の存在の否定に達する[41]。だが聖書は考古学、古生物学の書物ではなく、進化論と神の存在とは何ら矛盾しない。神が進化を創造の手段とされたとも論じられ（同267頁）ダーウィニズムと宗教との相克は見られない。確かにそうであろう。進化論、マルキシズム、フロイトの精神分析なども広い視野ではユダヤ＝キリスト教の一神教的考えの延長線上にある[42]。論理的整合性を持った唯一つの統合的システムにより自然現象を理解できるはずという意図にそれが現れているからだという。確かに西洋人はキリスト教のため無意識の内にそうなっている面を有するであろう。生物進化の原理として多くの個体死を犠牲とした適切な変異種の選択のほかに生物内部での死を伴わない自律的選択がある[43]。無限定な環境に生きる

生物には内部にある自己不完結性が必要である（同 20 頁以下）。これは多様性という事情とも一体であろう。個としてのこういう不完結性は精神面でもいいうる。このことは啓示受容へも繋がっていくのであろう。

（6）

　人の進化を時代順に振り返ってみよう。人類がアフリカ大陸の草原で発生し全世界に広がったことは今ではよく知られている。核遺伝子とアダムとの関わりについて大略次のようである[44]。ミトコンドリア遺伝子は母系遺伝なので一女性が共通祖先遺伝子を持っていた。だがこの女性を創世記の全人類の先祖のエバになぞらえるのは誤りである。核遺伝子のアダムとエバは様々の時代に数万人が散らばっている。特定男女が全人類の共通祖先ではない。遺伝子浮動によりたまたま一つの遺伝子の子孫が殖えていった。以上である。かくて一人の人の堕罪から全人類に死が入ってきたとは信じえない。旧約の記事は罪と死についての宗教的解釈となる。これを歴史的事実の上での史実と整合的に考えなくてはという拘束から人は解放される。自由に考えればよい。実存的解釈が正しいのである。人類はエネルギーの秩序ある形態たる食物を消費してそれをエネルギーの無秩序な形態たる熱に変化させているので、宇宙の膨張期にしか存しえない[45]。秩序から無秩序へと変化させているのでそうとされる。五百万年以上前に人の祖先の脳は拡大をはじめホモ・ハビリスの時代―約二百五十万年前―に増大の速度が急に上がった[46]。アウストラロピテクス、ルーシーの類は四百万年前に遡り、それ以前ではアルディピテクスの存在が知られるようになった[47]。三百六十万年前のアファール猿人より百万年古いラミダス猿人がエティオピアで発見されたが、現代人と同じホモ属の祖先、ホモ・ハビリスが二百四十万年前に登場、この系統から百五十万年前前後にいわゆる原人として知られるホモ・エレクトスが進化してきた[48]。その後、ジャワ原人（百～六十万年前）、北京原人（六十～二十五万年前）などまずアジアへ向けて出アフリカを果たした。そして古代型ホモ・サピエンス、現代型ホモ・サピエンスとなっていく。アフリカで二百万年前にホモ・エレクトスが出現、一部地域では五十万年前には姿を消したが、僅かの地域では二十五万年前

頃まで生き延びていた[49)]。ホモ・エレクトスからホモ・サピエンスが十数万年前に誕生したが、この時期には人間の心の基本デザインはかなり完成し、少なくとも三〜五万年前の分化のビッグバンと呼ばれる時代の出土品は石器人と現代人の精神世界の連続を示す[50)]。死海地溝を通ってヨーロッパへの二度目の出アフリカがあり、現代型ホモ・サピエンスが現在のヨーロッパ人の祖先になった可能性が高い[51)]。ホモ・サピエンスについては大略次のようである[52)]。十〜十五万年前にアフリカで誕生し、約五万年前から地球上に急速に広まった。それ以前にそこを中心に暮らしていたネアンデルタール人はサピエンスと入れ替わるように約三万年前に姿を消した。今の我々の心は狩猟採取社会時代の適応の産物たることがうかがわれる。以上である。今の人間の心も過去の時代の生活を反映する。ヒトとチンパンジーの関わりについて、両者のDNAの塩基配列の相違は1.23%に過ぎず、両者が共通祖先から分岐したのは約六百万年前である[53)]。解剖学的に見れば人以外の霊長類が言葉を話せないという証拠はないので科学者達はチンパンジーに言葉を教えようとし始めた[54)]。たとえ部分的に言葉を話せてもその内容を十分理解して話すことができるのかという疑問を感じるのである。

(7)

生物にも言語、文法があり、そのシステムも内在的原理により広範に前以って決定され、自然は一種の意味形成であるとの見解がある[55)]。かくて科学は過程の解明とばかりはいえない。同時に意味をも明らかにする。だが究極的意味はどこまでも分からない。宇宙の全過程が解明されても意味は不明であろう。啓示によるしかあるまい。究極的意味は生物学的次元での意味とは異なる。前者は後者の意味を意味たらしめる意味であろう。次元が一つ上であろう。過程としての意味を横のそれとすると究極的意味は縦の意味、縦からの意味と考えられよう。動物の発生は原初の一般的構想と内的鋳型の二種の情報からとの考えは生物秩序が神の創造によるとの考えに異を唱える[56)]。こういう状況は先の横の意味と縦のそれとの混同と無関係ではないであろう。生物での栄養摂取と成長は自発的で自己決定的変化であり、この点が機械と異なる[57)]。

第1章 創造と終末 77

さらに、植物に比し、感覚知覚、情動は動物の体外では再現できない、植物以上の統一性、協同性、自己調節性を有するの二点で動物はより上位に位置する[58]。要は動物は植物より優れた主体者である（同頁）。結局、次のようなことになる[59]。宇宙は被造物が種々の可能性を模索し、自己自身を作るのを許された即興の舞台である。進化の過程での犠牲、行き止まりは開放的模索での創造に必要な代価である。以上である。そのとおりであろう。これが事実として、"科学は形而上学的理解に影響を及ぼすが、決定はしない。最終的にはその方面での答えはそこでの根拠から出される。"（同141頁）。つまり先のような状況について無神論者、有神論者は各々の立場から見解を出すが、その前提である各々の立場は科学的事実以外の、形而上学的根拠から由来する。即ち罪とか死への自己実存的関わりからである。

同一場所に生息の似た種は生息環境を生態的地位に分割して競争を避ける[60]。そこで次のようになる[61]。自然は最も効率的で経済的な仕方で作動する。自然界での種間関係は非競争的である。祖先と競争せずに新種を生むには即座の跳躍が最効率的やり方である。以上である。これに比しダーウィンのモデルは競争、非能率、漸進説という三つの概念で要約されるが、事実に合致しない（同296頁）。化石記録によれば確立後の新種は驚くほどの安定性を示す[62]。もっとも今までに地球上に生息した種は絶滅種も入れれば二十億は下らず、自然は芸術家の仕事をしている[63]。過去六億年の間に六回の大量絶滅があったが、特に二畳紀の終わりのそれは生息していた動物の90％が絶滅したが、大規模無差別絶滅では競争、適応度の相違などは無関係である[64]。

こういう絶滅がある一方で、次のように目的もある[65]。目的は生命の全側面に充満。自然は精妙さと経済性で手段を目的に従わせる。自然物を先入観なしに見れば鉱物、植物、動物、人間という下位から上位へという明快な順序がある。移動能力は動けないより明らかによりよい。生命を生み出すにはあれほどの年齢と巨大さが必要である。以上である。自然はいわば目的の連鎖なのである。しかも階層がはっきりしている。一つの惑星で生物が進化するのに今の宇宙の広大さと150億年とが必要であった[66]。ただ異なった宇宙があるとは科学的保証を得た思索で、ビッグクランチのたびにビッグバンがあり異なる物

理的法則の世界を生み出すとの仮説はある（同72頁）。

　このような連続性を遺伝子というレベルで考えてみよう。遺伝子レベルでは全生物は連続的であり、ここから欧米で東洋思想への関心が生まれたり、ディープエコロジーという全存在を平等視する運動が生まれたりした[67]。遺伝子の基本的分子構造は地球上の生物では同一で、ただ長さが異なる[68]。地球上の全生物の連続性を示す最も著しい証拠は遺伝暗号の普遍性で、DNAの三個の塩基の組とアミノ酸との対応は微生物から人間まで全く同一である[69]。

　かくてとてつもない広さの中で、気の遠くなるような時間をかけて、しかも紆余曲折を経て現在の人間へ至ったのである。目的があるようでない、ないようであるような不可思議がここには存する。特に精神、魂は物質的過程からは生まれず、神からという見解もあった。これなどは宗教へ通じる要因を示す。「人間は何ものなのでしょう。」（詩編8,5）という告白が心に浮かぶ。不可思議さを知るほど、神という人が考えた概念ではなく、啓示の方へと心は傾く。啓示も不可思議である。不可思議と不可思議との呼応である。双方は相互に呼び合う。

注
1）　岩波講座　宗教と科学　9　新しいコスモロジー　1993　64頁　佐藤勝彦「現代物理学の宇宙観」　次に、同講座　宗教と科学　4　宗教と自然科学　1992　32頁　中村雄二郎「序論　科学の体系と宗教」では宇宙創成の理論的モデルが確認できるのは創成後約百分の一秒経った時点で、それ以前は推測しかないという。また、280頁　田中裕「現代宇宙論と宗教」では創造後10のマイナス36乗秒の時点では半径一センチ以内の微小領域に収まっていたという。宇宙はこれほどに小さかったのである。さらに、P・M・ドーバー他『宇宙で起こった三つの大爆発』　磯部琇三訳　1997　231頁以下、244頁ではビッグバンより一秒後の宇宙での放射は反物質の対消滅によっており、空間は光速より早く膨張するので宇宙の地平線までの何倍も離れた部分が存在しうるという。
2）　同上書　288頁　田中裕　同上論文　こういう考えは独断的な神学の名残りだという。
3）　藤本浄彦編　『死生の課題』　1996　78頁　梶山雄一「仏教と現代物理学」さらに、77頁（同上論文）では今の太陽はビッグバンからは第二、あるいは第三世代の星で五十億年ほど昔に超新星の残骸を含んだガス雲から生まれたという。
4）　R・オークローズ　G・スタンチュー　『新・進化論』　渡辺政隆訳　1992　369頁　また、J.ポーキングホーン　『自然科学とキリスト教』　本多峰子　訳　2003　68頁では重力、電磁気など世界の物理的構造を決める量が少しでも変わっていたら宇宙の歴史は退屈不毛

であり、炭素を基礎とした生命の進化しうる宇宙は特殊な宇宙だという。また、A・E・マクグラス『科学と宗教』稲垣、倉沢、山林訳 2003 178頁以下では「人間原理」として、電磁微細構造定数、電子陽子質量比などが少しでも異なっていたらヒトのような存在は進化、出現しなかったであろうという。ただこういう次元のことはキリストへの信仰とは異次元であろう。なぜなら罪とか死に端を発する実存的問が根本にあって初めてキリスト信仰へ人は導かれるから。それに対して、もし先の物理学的なことに基づいて神を信じたら、物理学がそれと反対のことをいい出したら信仰は一気に崩壊する。99%そうであろうということと100%との間には無限の開きがある。地球から宇宙の果てまで以上の開きである。科学的知識からは100%のところへは届かない。実存的方向からのみそこへ道が通じる。

5) 岩波講座 宗教と科学 6 生命と科学 1993 172頁 和田博「細胞生物学の最前線」
6) 岩波講座 宗教と科学 4 宗教と自然科学 1992 298頁 田中裕 同上論文
7) 藤本浄彦編 同上書 79頁以下～84頁以下 梶山雄一 同上論文
8) S・W・ホーキング 『ホーキングの最新宇宙論』 佐藤勝彦監訳 1990 166頁
9) 海部宣男 『宇宙史の中の人間』 1993 104頁以下
10) 田沼靖一 『アポトーシスとは何か』 1996 226頁
11) 岩波講座 宗教と科学 6 生命と科学 1993 40頁 清水博「序論 生命科学から見た生命」
12) C・ブラッカー M・ローウェ編 『古代の宇宙論』矢島裕利、矢島文雄訳 1980 68頁 ラビ・ルイス・ジェイコブス「ユダヤの宇宙論」
13) 岩波講座 宗教と科学 1 宗教と科学との対話 1992 130頁 門脇佳吉「宗教者から科学者へ」
14) 伊藤直紀 『宇宙の時、人間の時』2000 52頁 さらに、53頁では宇宙初期では放射のエネルギーが物質のそれよりけた違いに大きく、放射優勢であり、創世記の世の初めに光が満ちていたという表現と符合しているという。
15) R. M. Grant; Miracle and Natural Law in Graeco-Roman and early Christian Thought 1952 139頁
16) A・E・マクグラス 同上書 120頁
17) 岩波講座 宗教と科学 4 宗教と自然科学 1992 289頁 田中裕 同上論文
18) 同上書 281頁 同上論文
19) J・ポーキングホーン 同上書 203頁
20) 同上書 141頁以下
21) 東大公開講座 『ヒト、人、人間』 2002 169頁以下 ではヒトと他の類人猿との相違は共同で狩猟採取を行い食物を分配し合いというように、仲間がいて安心できる社会性を有している点であることが指摘されている。
22) J・ポーキングホーン 同上書 116頁以下 さらに、岩波講座 宗教と科学 8 身体・

宗教・性 1993 93頁以下　山形孝夫「病と癒し―傷ついたシャーマン―」では創世記4,14にあるように祝福の地を追われた者が彷徨うのが呪詛の地である砂漠、荒野であるという。
23) かくていかにキリストを信じるかより、アダムをどう解するかがより大切ともいえる。実存的、実存論的神学の立場からの聖書解釈に留まる限り、このようにはなれない。実存とはどこまでも宇宙から遊離したままであり、実存が実存から解脱して初めて宇宙と一体となる。アダムの堕罪は例えば進化の過程で多くの種が滅んだことと対比して考えられよう。カンブリア紀での進化の大爆発で発生した、例えばアノマロカリス（Anomalocaris）という生物の末裔は今はもう生存していない。さらにネアンデルタール人の絶滅をもこういう視野で解しもできよう。人はその自由意志のゆえに神に背きえた。これらは何らかの意味で平行的に考ええよう。神からは人は罪を犯さない可能性があると見える。例えばイエスは「この山に向い、『立ち上がって、海に飛び込め』と言っても、そのとおりになる。」（マタイ 21,21）という。ここまで人は信じえないが、人にはそう信じうる可能性があるとイエスは考えている。このように人の目と神の目とでは人を見る目が異なる。このこと自体が人の罪を現している。人が自分は罪を避けえないと思いつつ、それを自己に帰さず祖先へ付け回したり、神の責任とすればなおさら自己の責任回避である。全てを自己の責任とする方が自己を直視している。そしてイエスによる罪の贖いは各人が犯した、また犯しつつある、さらには犯すであろう全ての罪を贖うのである。アダムは一旦霊を受け生きた者となった後で、霊を罪で失った。だがまず自然的生き物として人ができて、彼に（さらに集団に対して）霊を神が与えようとしたが、アダムが受け取らなかったとも考えられよう。そこで人は永遠の生を生きる力を受け取り損ねたのである。一旦受領後に失ったと考えても、受領前に人が自己の意志により受領を拒んだと考えても結果は同じである。神の申し出拒否は即ち罪を犯すことだから。霊がアダムに対してその意志と無関係に与えられたと考えるよりも、このように考える方が理にかなう。本人の意志と無関係な霊の授与は人の意志無視という点で神の専横となろう。かくて過去のある時、場所で霊的人間が生きていたと考える必要はなくなる。霊が与えられ完全な者になるはずだった。一旦与えられ完全な者になった後で失ったと考えるより、むしろこの方が人の意志の尊重という点ではよいであろう。こういう考えはアダムが罪を犯し我々が罪を犯したので死が入ってきた（ローマ 5,12 以下）という考えより受け入れやすかろう。人の論理に合う考えが一概に正しくはないが、この場合はこう考えるのが適切ではないか。今現在生きている人々のうちからでも霊の人の始まりはありえよう。それには海に飛び込めというばそうなる（マタイ 21,21）というが、本当にそう信じることが条件である。これを真に信じうれば霊の人は今ここからでも始まりうる。このイエスの言葉とも先のような考えは符合しよう。神を完全な者とすると、ぜひ一度は霊を受け入れ、アダムは全き者となったと考えたくなろう。だがそういう考えは人の論理であろう。論理的には授与前に受領を拒んだと考える方に比し頽落態としては同じであろう。このことの内容が善悪を知ることとも考えられよう。

アダムに霊が与えられ、そこからの霊的世界の実現を考えるに当たり、宇宙全体がそうなると考える必要はなかろう。ブラックホールのような小型のビッグクランチの宇宙での点在を考えると、全く異次元の世界がこの宇宙の中にあっても不思議はない。だがこの場合は確率的にそうだというに過ぎない。信じるとは百％でなくてはならないので、科学的推論からは生じえない。事実イエスは霊の体へ復活したが、そのとき宇宙がそれまでと変わったわけではなかった。このように考えてみると、アダムと第二世代以後の人々との差異も基本的にはなくなる。そうとしてもキリストの罪の贖いが人類全体に及ぶという点は何ら変わらない。アダムの堕罪によって人類全体が罪の中に陥った。霊を失って人は他の生物同様単なる自然的生き物となった。誕生以来の生活習慣によって、例えばイエスのいうように「山に向かい海に飛び込め」云々と真に信じることなどできなくなった。最初の刷り込み以来の広い意味での教育効果である。こういう仕方で神は人類全体を罪の中へ閉じ込めたのである。ただ最初に霊の受容を拒んだ人の記憶は人類の記憶から今では完全に消えている。詳細な事情は分からない。かくて旧約にあるような、一旦霊を与えられた後堕罪するという形で考えるのが唯一許される堕罪の表明のパターンでもなかろう。禅ではないが、字句拘泥の解釈をして文字について回っていてはならない。「文字は殺しますが、霊は生かします。」(2コリント 3,6) という。イエスの先の言葉は本当にそう信じる人がいると予想したからと考える必要はない。仮定の話としても考えうる。どちらかはイエス自身に聞いてみなくては分からない。二つの可能性がある。終末には全てを知るのである。

アダムはイスラエル民族の最初の方に設定しうるが、他の民族の人とも考えうる。後者と考える方がむしろよいのではないか。拒んだので今度は他の民族、つまりイスラエルの人々であるモーセなどを選んだのである。いずれにしても人の推測に過ぎずどちらともいえない。だが啓示の一貫性を考えるとイスラエルの最初の方にアダムを設定するのがよい。ペンテコステの際には炎のような舌が各人の上に留まったとあり (使徒言行録2,3)、それを無条件に受け入れたが、アダムは拒んだ。そこで神の決断によって人は罪の下に閉じ込められた。神の決断と人の決断とは絶対的存在と相対的存在という相違があり矛盾はしない。人の自由な決断は神の決断でもある。具体的仕方はモーセには燃える柴の葉の中から語ったように、各々の場合に異なっている。アダムの場合はこうであったと推測しても意味はない。アダム自身啓示をそれ相応に受け取らなかった以上、拒んだ記憶はなかろう。あるようなら拒んだりしなかったであろう。最初ではあるし、およそ人には見当さえつきかねる仕方においてであったかもしれない。自然科学的に考えても、まだ大脳も十分発達していない、例えばネアンデルタール人に対して霊の授与を神が行うとは考えにくい。今から五千年ほど前のイスラエルの民の人 (人々) に与えようとされたと考えるのがふさわしい。かくてある程度人間の文化が始まった後で霊の授与の可能性もあったこととなる。余りにも文化の存しない段階では人の知的能力も未熟で神からの霊の授与を云々できる状

態ではなかろうから。やはり知的能力が自然史的に見てある程度進展した状況においてであったであろう。まさかアウストラロピテクスの段階で神からの霊というわけにはいくまい。かくて霊が授与される状況ではある程度知的発達が進み、文化も発展していると考えられる。ただネアンデルタール人はホモ・サピエンスとは別種とされており、除いて考えねばならない。例えば神という観念を頭の中で形成しうる程度の知的発達が必要であろう。そもそも一旦与えられて失ったのと与えられるとき拒んだのとどう異なるのか。前者を後者の一特殊ケースと解しもできよう。旧約の記事では、与えられたとはいえ人として活動はしていない。次の世代も誕生していない。かくて与えられていないも同然である。この点からも、一旦与えられ失ったことと授与を拒んだこととの相違は考慮しなくてもよかろう。

24) 岩波講座　宗教と科学　8　身体・宗教・性　1993　35頁　門脇佳吉「序論　宗教と身体」
25) R・オークローズほか　同上書　374頁
26) Robert M. Grant; ibid　164頁
27) 岩波講座　宗教と科学　8　身体・宗教・性　1993　31頁　門脇佳吉　同上論文
28) 同講座　宗教と科学　1　宗教と科学の対話　1992　130頁以下　門脇佳吉　同上論文
29) エデンの園の話は神話である。かくてあれ以外にも人の罪、神の愛、業についての告白の仕方はあったであろう。ただ当時のユダヤ人にとってはあのような形での告白が最も彼らの精神性に合った仕方であったのであろう。要は人が罪ある存在たること (1)。出エジプトの出来事を通して分かったことは神は義であり愛であること (2)。かくて人の死、罪などは何らかの仕方で人の側に責任あってのこと (3) である。かくてアダムとエバの話にある仕方以外にもいくつもの堕罪の仕方が現実にはあった可能性は否定できない。かくて我々としては人類の始祖アダムの堕罪が現実にあったかのように思わなくてよい。アダムの堕罪も終末後の状況同様に今の人には理解しがたいことが分かる。左右対称ならざる過去未来対象ともいうべき事態である。キリストにおける啓示という事態が信仰においては震源地である。キリストの出来事という地震の波動が伝わっていくに当たっては過去へも未来へも同じ波の輪が広がっていく。いわば同心円状に。過去、未来へ、そして現在においても、平面に二次元的にだけではなくて三次元的に天国へ向けても地獄へ向けても。かくて過去とか未来へと四次元的に見てもいけよう。創造時のアダムを現実の歴史の中のどこかに位置づけようとするのでややこしくなる。そういうことはすべきではない。メタバシス・エイス・アロ・ゲノスとなろう。神話である以上、地上にはなく、いわば空中に浮いている存在である。このことは神、キリストへの信仰により人の心が地から浮いていることとも呼応する。いわば論理的に開かれた状態である。このことは信仰が元来人間的論理を破棄した開かれた状態にあることと呼応する。アダムという名の人がいたのではない。イエスへの信仰より過去へそれを及ぼした結果に過ぎない。罪ゆえ人は今の状況に落ちた

との告白である。事実がどうだったかをいおうとしてはいない。事実としては人は死すべき存在であるということのみである。罪なき状態は罪に落ちた状況を全く知らないし、反対に一旦罪に落ちたら罪なき状態の記憶は全く消える。そこで罪なき状態と罪に落ちたそれとの間は全く断絶して何らの連続性もない。今現在の人はかくて罪なき状況を全く知りえない。だからこそアダムとエバという神話で表現するしかない。そこでその話を実在のように考えるのは全くの間違いである。仮に事実がそうであってもそれがそうであったと知ることは今現在の人間には不可能である。神話と事実とを明確に区別しなくてはならない。その話が神話とは人類の祖が男女一人ずつということも神話と考えてよい。つまり最初がどうだったかは不明である。終末と同様である。旧約時代当時だから創世記でアダムとエバの話を歴史化して考えたとはいえない。なぜならその話を以後の旧約の中であまり使っていないから。やはりキリスト教がヨーロッパに入ってギリシャ思想と一体化して以後のことである。つまり当時だからという理由ではなくてギリシャ思想と一体化したからだといえる。時間的、歴史的理由からではなく、思想的、実存的理由からである。

30) 平成12年7月31日　朝日新聞朝刊
31) 平成15年6月12日　朝日新聞朝刊
32) 平成15年2月28日　朝日新聞朝刊
33) 藤本浄彦編『死生の課題』1996　26頁　宮田隆「進化から見た"死と生"」
34) 田沼靖一『アポトーシスとは何か』1996　27頁　さらに、個体の寿命に直結する非細胞再生系の細胞に付与された個体消去の機能をアポビオーシスというが、これによって親個体が消去される仕組みになっている（同90頁）。
35) 同上書　170頁以下
36) 同上書　228頁　さらに、遺伝子というカードの配り直しは性によってのみ可能で、死で完結する（同230頁）。受精卵は異常遺伝子をもアポトーシスを起こして死なせ、有害遺伝子を種から排除、逆に有用な突然変異を起こした遺伝子は種に取り込まれる（同229頁）。
37) 岩波講座　宗教と科学　9　新しいコスモロジー　1993　148頁　山口昌哉「フラクタルとカオス」
38) 平成15年2月19日　朝日新聞朝刊
39) 平成15年12月7日　朝日新聞朝刊
40) R・オークローズほか　同上書　20,119以下, 291,291以下, 295,304,305,327, 361,370,374各頁　さらに、フランソワ・ジャコブ『可能世界と現実世界―進化論をめぐって―』田村俊英、安田純一訳　1994　ではペイリー対ダーウィンの議論、種の創造と自然淘汰の対立は機会主義と選択主義の間の論争である（18頁以下）。これによると種の創造について神を考える立場もある。自然淘汰は人間活動とは類似点を持たず、ティンカリングになぞらえられ、最終的結果は偶然による（同45頁以下）。A・E・マクグラス　同上書ではダーウィンの自然選択という類比の考えは自然が目的的、合理的に意図的目標を持つかのよう

に誤解される（156頁以下）。E・モーガン『人は海辺で進化した』望月弘子訳 1998 では類人猿から人間への進化は連続的に起こったが、それについてサバンナ説、ネオテリー説、アクア説の三つの仮説がある（13頁以下）。

41） 岩波講座　宗教と科学　2　歴史のなかの宗教と科学　1993　258頁　八木龍一「ダーウィニズムの周辺」
42） 河合隼雄著作集11　宗教と科学　1998　9頁
43） 岩波講座　宗教と科学　6　生命と科学　1993 22頁　清水博「序論　生命科学から見た生命」
44） 斎藤成也　『遺伝子は35億年の夢を見る』2001　65頁以下
45） S・W・ホーキング　同上書　140頁
46） E・モーガン『進化の傷あと』望月弘子訳　1999　230頁
47） 東京大学公開講座　75　東京大学総合研究会編　『ヒト、人、人間』2002 42頁　諏訪元「化石から解き明かす人類の起源」
48） 科学朝日編　『モンゴロイドの道』1995 14頁　第一章　人類、アジアへ旅立つ　「出アフリカ」
49） A・ウォーカー　P・シップマン『人類進化の空白を探る』河合信和訳　2000　103頁
50） 東京大学公開講座　同上書　167頁　長谷川寿一「人間性の起源」
51） 科学朝日編　同上書　23頁　赤沢威「新人の誕生をめぐる二大仮説」
52） 東京大学公開講座　同上書　166頁　長谷川寿一　同上論文
53） 同上書　159頁　さらに、斎藤成也　同上書　167頁では大略次のようにいわれている。両者は五百万年前に共通祖先から分かれた。ゲノム全体で約1.4％の相違がある。共通祖先からヒトまでの道筋だけならその半分の約0.7％である。総塩基数三十億個のうち二千百万個である。以上である。
54） E・モーガン　『人は海辺で進化した』116頁
55） 岩波講座　宗教と科学 6　生命と科学　1993　314頁以下　高橋義人「生物の情報と意味―「自然という書物」は解読できるか―」
56） 同上書　319頁　同上論文
57） R・オークローズほか　同上書　56頁
58） 同上書　91頁
59） J．ポーキングホーン　同上書　140頁
60） R・オークローズほか　同上書　157頁以下　また、生息環境に適合するにあたり、最小の努力で済ませている（同236頁）。
61） 同上書　298頁
62） 同上書　285頁　また、一旦できた新種は環境適合能力を備え、多型現象は種内変異として種に柔軟性を付与、環境変化は種の絶滅を意味しない（同298頁以下）。

63) 同上書　260頁　だが現在動物界に生息している種は数百万程度で、絶滅した種の数は約五億ほどという説（フランソワ・ジャコブ　同上書　45頁）も見られる。ただこれは動物についてのことであろう。
64) 同上書　325頁
65) 同上書　357頁以下、364頁以下、376頁
66) J. ポーキングホーン　同上書　69頁
67) 岩波講座　宗教と科学　6　生命と科学　1993　281頁　中村桂子「物語としての生命」基本は同じでも多種多様たることが、三十五億年生物界が続いた秘密だ（同上頁）。遺伝子分析によって系統樹を見ると異種細菌間の距離の方がヒトとウシ、時にはヒトとトウモロコシとの違いより大きい場合さえある（同297頁）。
68) 同講座　宗教と科学　1　宗教と科学の対話　1992　247頁　武藤義一「仏教徒の場合」
69) 同講座　宗教と科学　3　科学時代の神々　1992　126頁　小柳義夫「コンピューターの開く世界」

第2節　終　　末

（1）

　自然科学的には地球の終末として小惑星の衝突がまず考えられる。この点について大略次のようにいわれている[1]。1994年7月16日から数日間、21個の彗星破片が毎秒60キロメートルの速度で木星へ次々衝突した。次々起こる衝突の大きさは地球に落ちれば人類を含め大部分の生命を絶滅さすのに十分だった。ユカタン半島には地球上で最大の170kmのクレーターがあり、六千五百万年前の生成である。小惑星の衝突では地球も標的である。1989年に直径1kmの地球交差小惑星が地球を掠めた。もし衝突していれば、百万メガトンのエネルギーが解放され人類文明を破壊したであろう。1km以上の小惑星が地球と衝突する確率は25万年に一回から二百万年に一回の範囲とされている。この割合はあなたの保険会社が危険率を計算する時、無視しえない大きさだ。200kmのクレーター形成の大量絶滅破壊は一億年に一回の確率で、100kmのクレーター形成の破壊は二千万年に一回の確率で起こる。以上である。そういう確率での衝突で人類が絶滅するより人類自身の相互の争いで絶滅

する危険の方が大きくはないのか。
　　地球の今後の運命は大略次のようである[2]。約五十億年後太陽は赤色巨星となり、地球はそういう太陽に飲み込まれよう。その前に人類は地球を脱出せねばならない。仏教では弥勒菩薩が五十六億七千万年の未来に兜卒天からこの世に下って衆生済度する。太陽が中心部で水素を使い果たすのもこの頃である。偶然では済まされぬ深遠さをインド仏教、哲学は抱かせる。以上である。自然科学的判断と仏教哲学の思想との一致は興味深い。ただ共通なのは人間の活動から由来する点である。そこでそれは形があらざるをえない。形あるものは全て崩壊する。かくて宇宙の不可思議に対してそれを嘆賞するのが人間の取りうる最後の対応であろう。不可思議に対応できるのは不可思議のみである。相互に支えあう。形あるものは形なきものを支ええない。後者こそ前者を支えうる。形なき神こそ形ある全てを支えている。無が有を支えているのと同様である。また、宇宙は十億年ごとに5〜10％の割合で膨張しており、再崩壊へ向かうとしても百億年先だが、人類はその頃までに太陽系外へ殖民せねばなるまい[3]。人類も永存しはしない。人はニヒリズムに帰着する。こういう自然科学的見通しの下で信仰的終末を考えてみたい。
　　パウロは終末について「顔と顔とを合わせて」（1コリント13,12）という。にもかかわらずそれ以後については何もいわない。それ以後について何も問わず、疑わず、いわずにおきうることは自我崩壊の反映である。自己完結的思索はそれにより捨てられている。そういう事態が目に見える形で現れている。だが知性は常時自我崩壊下につなぎとめられてはいない。知性の一人歩きという事態が生じうる。その場合、終末ではキリスト再臨時にどうなるのかという素朴な疑問が生じる。答えを今は求めえないのでそれに耐えるしかないのか。例えば宇宙の果てはどうなっているのかとの思いも一人歩きの知性であろう。考えても分かるはずのないことを考えている。かくて人の実存的、倫理的状況から遊離した知性が何を考え、何に疑問を持っていようと、頓着することはないのか。例えば神など本当にいるのかと疑う。このように今の知性で考えても分からないことはいくらもあろう。にもかかわらず終末後のことに引っかかっているとすれば、ただ単に知性の問題ではなかろう。もしそうなら放置もできよ

う。宇宙の果てのことは放置しうるのに、なぜ終末後のことは放置しておく気になれないのか。神信仰に双方とも無関係ではないと思うが。しかも双方共に終末後にどうなるのかとの問題には関わりがあるのだが。どうなるかが既に決まってはいない。霊的存在にとっては外的、物質的世界はどうであってもよい。そのときにきまることであり、今考えても分かるはずはない。例えば「この山に向かい、『立ち上がって、海に飛び込め』と言っても、そのとおりになる。」(マタイ 21,21) というのが霊的世界であろう。今の外的世界のようにある一定の固定した姿形である必要もなく、したがってそういう形をとらないであろう。終末後については今の外的、可視的世界を基準にしてどうなるのかと推論してはならない。今の世界についての常識的観念を全て捨てなくてはならない。根本が変わってしまうのだから。

　山が海へ入るという話からも分かることは、外的世界が硬から軟へその性質を変えることである。軟になると分かっただけで今既に外的世界がそういう性格をあたかも持ってきたかのごとくに感じられてくる。何もかも軟かくなる。人の頭の中にある観念もフニャフニャになる。外的世界の軟と内的世界の軟とが呼応する。自我崩壊は内的世界の硬の軟への変化である。それに伴い外的世界も軟となる。このことは人が外的世界の中のものにも内的世界の中のものにもこだわらなくなることと対応する。このことは禅で柳不緑花不紅、橋流水不流などというのと類似の消息を現す。生死に対し執着がなくなることも自分の身体が軟となったことの反映であろう。誕生から死までにのみ自分の身体があって、その前後にはまだ、既にないという観念は消えている。「生きるにも死ぬにも、わたしの身によってキリストが公然とあがめられるように」(フィリピ 1,20) とはこのことに対応した告白である。"主"ということが念頭にある。決して神というような観念ではない。観念では人の方が主である。だから観念は徹頭徹尾捨てねばならない。逆転が不可欠である。そういう意味では神と主キリストとは二律背反である。さらに、終末後の状況を神が一方的に決めるのではなかろう。固定しないと考ええないので今から決めてかかること自体が、物事を全て固定して考えようとする肉的世界での基準に則っての考えであろう。終末では固定したものは何もなくなろう。それが事実に合致するであろ

う。姿形は固定的でももはや今現在のように変ええない状況にあるのではなかろう。どのようにも変わりうるのである。海も山も地も天も全ていわば暫定的な姿形のものになっている。キリスト再臨のときについて「雲に乗って…」（ルカ 21,27）というが、極めて自然なことであろう。"雲"とあるが、天は地となり、雲は水になりということもありえよう。ちょうど山が海へ入るように。天という観念も、雲という観念も終末時には有形無実であろう。その時には形を取っているものよりも、むしろ言葉の方が大切となる。神が光あれといった、すると光があった（創世記 1,3）という具合である。神の言葉は全てを造るのであるから。形以前のものの方がリアリティをもつ。今の世界では外的形をもつことがリアリティを持つことだが、終末では言葉と外的形とはその地位、価値を逆転させる。このことは人が外的世界から離れてより根源的存在へと立ち返ったことを意味する。同時により根源的存在になったことを意味する。それだけ神に近づいた、近づくことを許されたことを意味する。

　このように固定観念の固定性の総崩れと罪から死がきたことについてパウロがアダムと我々との双方をあげている（ローマ 5,12）こととは関係している。総崩れによって、例えば禅で柳不緑花不紅というが、そのように正反対のことさえいいうるほどに固定性から自由なのである。こういう総崩れの事態をアダムの堕罪の件へも適用しうるであろう。元来アダムは神話上の人物で固定観念的固定性を持ってはいないのだから。そこでなおさら固定性を失うのである。そうなると自己の罪（パウロならキリスト者迫害）の現実が反対に自己の意識へより明確に浮かび上がってくる。そこでアダムと我々とが罪を犯した結果死が入ってきたというとき、現実には自己の罪がより強く意識されている。それにしても罪から死ということは変わらない。アダムは霊的にも生きたものであったが、それを後に失い肉体的にも死ぬ、いわば元の状態に戻った。それ以後も預言者などへ部分的には霊が与えられたが、それはしかし直ちに永生を約束するのではなく、少なくとも肉体的には皆死んでいった。キリストだけは勿論例外である。キリストを信じる人々にも霊[4]は与えられる。ただ即永生を意味しないので、肉体的死は避けえない。死を霊的次元のそれと肉体的次元のそれとに区別してはどうか。アダムはもし堕罪がなければ、霊的にも肉体的

にも永生たりえたであろう。それ以後はキリスト以外は霊的には永生がありえても肉体的には一度の死は避けえない。だが観念の総崩れの前ではそういう一種の概念的構成も硬から軟へと変わり、人の心を縛る力を失う。その結果、罪を犯した、それが避けえない現実とキリストの啓示の出来事という現実とが観念の総崩れの状況の中で際立ったリアリティを持つこととなる。こうしてキリスト信仰は成立している。要は人間は最初から神の意志への背きを避けえず、死を招いている。ただこういう反省はどこまでも自己の罪的在り方への反省から生まれている。観念の固定性の総崩れはこういう最も根底的、基本的な事態を顕わにする。人は最初から罪を犯し続けてきたし、その何よりの証拠が自分自身であるとの告白以外の何ものでもない。このことはローマ7章を見ても分かる。かくてアダムを我々とは別格の特別の人間と考える必要はない。自己自身の今現在に立脚した発想になっている。自己がアダムであり、アダムが自己である。両者を別個の独立した人格と考えなくてよい。アダムという存在が神話なら、なおのことである。二即一である。アダムという存在は自己に霊が与えられた体験から放射されたものに過ぎない。実体はない。では人は最初から罪を犯すようにできていたのかとの疑問が生じる。だがどんなに小さい罪でも死に値する。当人の責に帰せられる罪の一つぐらいはどの人も犯していよう。しかも現実にその罪を自己に責任ありと感じている。この事実が罪の責任が人にか、神にかという議論を超えて罪が人に起因することを雄弁に物語る。にもかかわらずその責任を神へと回すのはまさに人の無責任であろう。人の罪に対して神が死の罰を下したことで分かるように、その事実は罪の責任が人にあることを顕わにする。そのように神は人の心を人の堕罪後に調節されたのであろう。

　自分が終末を信じているという心理状態にあるともはや感じないほどに、終末信仰[5]と自己とが一である。そういう心理を強くとか必要とかと感じることはまだ両者が真に一でないことを逆に示す。一方でしかし一という事態を前提として終末へ向けて強い感情を持つことはありえよう。"主よ、とく来たりませ"という具合に。特に余りにも状況が切迫した時などには。かくて一を前提として、パウロもいうように、部分が全体となるように望むことは生じよ

う。ただこの場合、基本は部分対部分の対立があるとの意ではない。部分とそうでない部分との関係というより、全体が部分、部分が全体ともいうべき部分対全体の関係といえる。そういう全体が全体的に変わるのである。彼が「空中で主と出会うために…引き上げられます。」（1 テサロニケ 4,17）というが、これは遠い未来と考えていうのではない。そういう時間史的次元のことではない。自分の存命中に再臨があるかもと信じていたこともあるが、たとえそう信じてなくても先のことは変わらない。今現在使徒として務めを果たしているという霊的現実からの放射である。これは実存的次元からのもので、無を前提としそれと一体であるから、大小関係ではこちらの方が全世界史、全宇宙史を包摂しうるほど大きい。「引き上げられます。」（同上）ということと「同胞のためならば、キリストから離され」（ローマ 9,3）ということとが真に一体となっているところに彼の信仰は存する。どちらか一方が究極的なのではない。なぜなら霊は神が生きているように生きている。かくて例えば先の二つの聖句のうちの前者という一つの命題の中へ閉じ込めうるようなものではない。生きているものに対してはいかなる命題も概念も定義も無駄である。ガラスの窓枠へのはめ殺しのようなものであろう。「引き上げられ…いつまでも」（同上）と「キリストから離され…」（ローマ 9,3）との二即一に関連して「主の霊のおられるところに自由があります。」（2 コリント 3,17）ということが深く関わる。「離され」は霊は霊の根拠であるキリストからさえ自由たることを示唆する。霊は霊自身からさえ自由である。つまり文字どおり一切から自由である。霊は神、キリストの霊であるから、必然的にそうである。これは人の神・キリスト一元的世界への帰一をも意味する。「空中で主と出会うために…」（1 テサロニケ 4,17）とパウロはいう。こういえるとはそれが全てということだ。キリストという存在がそれほどまでに大きい。出会いで人の側での全ての事柄が停止する。全てを断ってしまう。人の思いの根を断ち切る。人を人ではなくしてしまう。人である限り種々の思いがあろうが、肉の人が霊の人へと変えられる瞬間なのである。だから彼の表明は何か具体的でないとか、詳細でないとかという批評は的外れである。彼のように思えたら既にそうなっている。単に将来的にではなく、現在的な事柄でもある。可視的世界は既に彼にとっては消えてい

る。だが反対に終末後のことはまだ知らされていないので、それ以上のことは考えられない。いわばゼロ地点に彼はそのとき存していた。彼のように感じえないのは当人の可視的世界に生きている部分の残存の反映である。世に思いを残していないことと終末後の世界の内容を今は知らされていないこととが釣り合っている。ゼロとゼロとが釣り合っている。先の告白はちょうど天秤の支柱のような位置にあるといえる。

　「いつまでも主と共に…」（1 テサロニケ 4,17）とは新しい世界の敷居の上に立つことでもある。無意識の内に新しい世界への展望が開かれている心境であろう。だがその世界の具体的なことは何も述べていない。このことは無限性を意味する。今現在の人には予想すらできないほどの内容である。地に属す今の人に予想しうる範囲の事柄は所詮地であり、肉である。描けないし、描かない。だが単にそうなのではない。今の能力で描きうる範囲をはるかに超えており、描きえないのである。だがここに思索が留まっていて、それで完結的であるのか。その先がありはしないのか。彼には伝道が第一なのでそれ以上、以降のことには触れていないが。いわば既に宇宙大に拡大したイエスの内へ入り込み、その中に入ってしまう。自然的世界としての宇宙に代わって、イエス・キリストが終末信仰の時点では既に存している。一人ひとりに話し掛けるキリストと、その背後にそういう働きを超えているキリストが存している。一即多のキリストである。三位一体ではなく、多位一体のキリストである。そういう心境では今現在の自己にはまだ終末は現実には到来していないが、終末時で文字どおり体験するであろう世界の中へ既に移されているといえよう。そういう状況の実現以前に今既に心の中では実現している。時間的に先に心の中で実現したことが終末で外の世界へ実現される。このことは元来神の許で生まれた人の魂が元のところに帰る出来事である。だからこそ「いつまでも主と共に…」（同上）という告白に留まりうるのであろう。そこが人の魂にとってふるさとだからこそ、そこへ到着した暁にはもはや他のいかなるところへも赴くことはない。人の魂は本來神の許にあった。地における誕生と同時に神の許で生まれたのである。地に生まれた魂が天へ帰っていく過程の一小間として終末の出来事を見られよう。人の歴史と宇宙の歴史とはこういう仕方でも結びついている。

「いつまでも主と共に…」(同上) というと、何もしない印象である。確かに地上で人が忙しく動き回るような事態はなくなろう。そういう行いは全て罪に源を発するから。その制約を脱した行いはもはや行いとして意識されはしないであろう。このことは、アダムが堕罪後初めて自己の裸に気付き葉を腰に巻いたような、自己が意識対象となる、自己分裂的状況の克服に呼応する。こういう心境、状況では、どんなに忙しく動き回っても、そういう意識はないであろう。何もしないのではない。むしろ反対に大いに行いはあろう。どういう行いがありうるかはその時を待つしかない。キリスト再臨時について「いつまでも主と共に…」(同上) という以上のイメージは不要である。人の動きは不満あればこそ。再臨では人は主の力によりそういう要因を除去されており、もはや"動"は必要ではない。"静"が支配する世界が基本的には実現する。先の告白は彼と天的世界との心での結合の強さを示す。そこが究極的な、いわばテロスになっているのだから。その内容はそのとき実現するというより、むしろ現在の告白の時点での彼の心境をいっている。そう告白しうることは今既に何もいうことも、考えることもないごとき心であることを示す。これはアウグスティヌスが「あなたの内に憩うまではやすきをえない。」(『告白』 I-1-1) というときの心境に類似する。終末では人には霊の体が与えられるように物質的世界にも、アンドロメダ星雲にもブラックホールにもその他全ての天体に霊的在り方が付与されるであろう。

(2)

終末が不可思議との思いは、我々の通常の意識の在り方が可視的世界の現象、形而下的世界に対応しているからであろう。かくて終末的出来事の受容はその内容の受容のみではない。それを受容するように意識の在り方を変えている。もっともたとえそうでも終末的出来事が不可思議なことは変わらない。終末を不可思議と思うのは人の目がある一定の波長の光にしか反応しないのと同じであろう。身心共に一定範囲内のことにしか反応しえないように人はできているという根本事態が存する。終末後の具体的イメージを描こうとすると、終末自体を信じにくくなる。罪も死もなく、義と愛が支配する神の栄光が端的に

現れた世界が実現するのだから、もはや人は基本的には何もすることはない。今の世界で人が忙しいのは罪と死があるからだ。それらにより人は駆り立てられ動き回る。「空中で主と出会うために…」（1テサロニケ4,17）ということが終末での人の在り方のテロスといえよう。現在の世界ではある人には罪と死が直接の動因であり、ある人にはそれらの克服がそうであろう。欠陥があるので、あるいはそう感じるので人は動き回る。しかるにそこではもはや欠如はいかなる人にもない。かくて人は動く必要はない。たとえ人が何かをしても、右手のしていることを左手に知らせる（マタイ6,3）ことがない。そこで動いているとの自覚なしに動くこととなろう。動いていても静が支配する。静とは何もないのではなく、あってもないという世界である。動がありつつ静が支配する。人は善悪を知ることはなく、自己反省もまた生じない。かくて有ではなくて無が支配するともいえよう。

　このように考えても、なおかつ終末は不可思議という印象が残る。この点はキリストの啓示へ目と心を向けて解決しうる。人が創造、終末などの本来、人の知を超えた事柄を現在の人間の理、知性で理解しきろうとしても元来無理である。こういうやり方は人が下から上へ向かう方向である。そこで反対に下へ降ってきたキリストへ目を向けての解決しかない。神はそういう道を備えられたのである。事実キリストは「わたしは道であり」（ヨハネ14,6）という。イエスを神を具現した存在として受容することだ。こういう信仰では終末などへの不可思議という感覚も含めて人の全存在がキリストという啓示の中へ吸収される。かくて人がキリストから離れて自己自身で考えると、例えば終末ではどうなるのかとの疑問に直面する。だがそこから再びキリストへ目を転じるとそういう疑問は雲散霧消する。そこでキリスト者の心はキリストへ目を向けた状態と人としての自律的な状態との間を揺れ動くのは自然である。こういう不統一な心境は終末での霊の体が与えられて解決されよう。そういう心境に耐えるのも信仰における忍耐の一環であろう。下から上に向かう時は人知で解決不能の問により押し戻され反転して上から下にあるキリストの啓示へ差し向けられる。疑問を感じてキリストへ向かってもそれが直接的に答えられはしない。イエスをキリストとして信じてその疑問の根が抜かれるのである。堕罪で生を失

い、死が入り人は自力では這い上がれない深い穴の中へ落ちたのである。穴の上、外がどうになっているか人には分からない。むしろ穴の中に降ってきてくれたキリストを信じて、いずれは穴の上、外の世界（罪と死のない世界）を見せてもらえると信じて待つしかない。終末のかなた、創造のかなたへと人が進み行く"道"はイエスをキリストとして信じるという方法以外にはない[6]。なぜなら終末、創造などのことは今現在の人の知性には何ら確認のしようのないことだから。キリストは人の知性に向かって現在的存在として現れたのである。知性で確認できたものを罪と死がない世界から到来した存在として理性で受容するのである。知性による確認と理性による受容との一体化で確かにせられる。理性が知性を刺激して知性がイエスを道として発見するように導き、また理性によるキリスト確認が知性を刺激して知性が罪、死のない世界の到来、存在を信じるようにさせる。こうしてキリスト確認はさらに確固となる。ここには理性、知性相互の相乗効果を見うる。こういう働きの根底には罪なき者は死なないという事態への信頼がある。

　いわゆる終末か現世でのイエスの再臨かという問題はいわば形式的次元に属す。義の実現こそその内容である。義―内容、終末[7]云々―形式と区別するのがふさわしい。形式より内容が大切である。形式はどちらでもよい。かくて終末云々は義実現のための枠組みといえる。枠組みに二通りある。義さえ実現しさえすれば、いわゆる終末などは来なくて何ら支障はない。かくてたとえ死があるまま[8]でも義が実現していれば、それでよい。これはあくまでそういうことがありうると仮定しての話である。このことは「キリストから離され…」（ローマ 9,3）という心情とも一連のものであろう。しかも義の実現は愛の実現と一である。愛なしに義はない。反対に義なしに愛はない。愛は義への愛であり、義は愛によって貫かれた義である。神は義、愛一如の存在である。キリストにおいて受肉した神は必ずその義、愛一如を現実化すると信じる。キリストにおける受肉を我々は知っているのだから、イザヤのように創造へ立ち返って神を信じることはあえて必要ではない。キリストにおいて総括されている。キリスト信仰とは義の実現への信仰と言い換えてもよい。いつか必ず義を実現してくださると信じている。義と愛との相互透入がここにはある。

旧約ではバビロン捕囚までは来世にまで生を延長して考えておらず、例えばヨブ記も現生で神はヨブの幸福を元に戻したと記している。だが新約では死が終わりではなく、必ずしもそうでなくてよい。死は何ら特別の意味を持ってはいない。そこで死の前にしろ後にしろ神が人の生き方に対して報いてくだされば、それでよい。現生利益ではなくて来世利益であろうか。来世利益を否定する必要はない。現生利益と来世利益とは異なる。死の突破がないと、来世利益を信じえないから。神は他に対して存在、繁栄を与える存在だから、神を信じれば現世でなければ来世で栄えると信じるのは当然である。そうでなければならない。最後の審判にもそういう意味合いがある。こういう場合には来世利益という言葉は当たらない。絶対者たる神の具現者であるイエスがそのことを肯定するのだから。人が勝手に是認しているのではない。それを現世利益とか来世利益とかと否定的に見るのはそう見る人の心に人間主義的考えのリアリティがまだ生きているからであろう。人間の自主的判断を入れずに神を信じるとはこういうことであろう。このように考えることは心が既に全体として現世を離れていることを現す。というより神の真実を証するために一旦現世を離れ、再び現世に戻ってきているのである。禅などはこれに比すれば世を離れてはいるが、離れっぱなしといえはしないかと思う。義が抜けているからである。

（3）

　黙示文学的方向へ進み終末後を思い描く代わりに、終末について主と共にいるであろうと考えるに留めて、世にあっての務めの方へ赴く。かくて終末後の世界を思い描く代わりにこの世での行い、倫理が入ってくる。終末の到来を信じ、それを例えば「雲に乗って」（ルカ 21,27）というようにイメージすることは共通である。終末後をイメージすることは当人の生命がそういう場にあることを意味する。このことは即ちこの世での生の重視とは相反することを意味する。この世に命がないこと、終末を信じること、終末後が存すること、これらに基づいてこの世を生きること――これらがキリスト信仰として一体である。

　実存にとって今現在の状況が耐えがたいので終末待望があるのだから、自

我崩壊して実存的に終末がきていれば、もはや未来的終末を待つ必要はない。こういう必要のなさから愛も生まれる。かくて「最も大いなるものは、愛である。」（1コリント13,13）となろう。何かを待つ必要がなくなって初めて神のための、他のための存在になりうるから。愛は自足的存在からして初めて生じうる。神はそういう存在の最たるものである。人もそういう状況に近くなるほど愛をより多く持ちうるであろう。以上のように終末とはあくまで現在的終末という意味である。今既に神的、神中心的世界の中に生きている。かくて未来的終末はさほど重要な要因ではないエピローグのようなものであろう。現在的終末が現成したら後は一挙手一投足において神の意志に沿って生きることが唯一大切である。自己に関して憂いが消えれば、信仰以外のことが関心事であるとの事態から解放される。このことはまさに永遠の相の下に今を生きることである。関心は自ずから過去や未来のことから現在へと移る。このことと「信仰と、希望と、愛、…その中で最も大いなるものは、愛である。」（1コリント13,13）こととは呼応する。人が生きるとはどこまでも現在的なことである。未来や過去はどこまでも現在を生きるための、それを目的としたものである。徹頭徹尾現在的である。現在を真に生きるために過去や未来も現在として生きられている。自己が現在において生きるとは、自己が現在的終末に達していることを思うとき、現在が生きているといってもよい。ここでの現在とは一般的意味でのそれではなく、当人にとっての固有な現在である。普通の現在は客観化、対象化されており、真の現在ではない。真の現在は個々に固有である。決して無色透明ではない。各々固有な色彩がついている。現在とは別の未来もなく、過去もない。未来も過去も現在へ向かっていわば流れ込み逆に現在から未来と過去へ向かって発している。

　こういう立場は同時に自分の良心に従う行為をも意味する。律法の要求が心に記されていることを良心も証しする（ローマ2,15）という聖句内容が示す。良心と霊との一体が分かる。良心に従った判断は自ずから神の意志に合致した判断になる。"自ずから"という点が大切である。努力をしたり、我慢したり、無理をして何らかの自己以外の他のものに合わそうとしてはいない。もとより人は終末まで罪を犯すことは不幸にして避けがたい。そういう場合は悔

い改めが良心に従うことであろう。要は良心に従うことが大切だ。神を畏れるといっても、信頼が先行しての畏れである。そこでルターでのように良心が恐れの前で萎縮する事態にはならない。ここでは恐れが信頼より先行する。かくて良心は信頼以前に恐れによって満たされる。恐れが先行する事態が生じることは自我が生きていることを現す。いつ、いかなる場合にも信頼が先行していることは自我崩壊を現す。自我が生きていると、自己以外の何ものにも信頼しようとはしない。そこで神のような聖なる絶対者の前では恐れることになるほかない。先のような場合の良心はもはや一個人の良心というには尽きない。いわば宇宙大の良心であろう。全宇宙をいわば飲み込み、宇宙の果てをも動かしうるから。現実に動かせるわけではないが、心の中では動かせている。あらゆるものをどのようにでも動かしうる。心は既に全宇宙を征服しているから。終末では文字どおりどのようにでも動かしうることが現実となる。今現在はそのことが心の中で実現している。先取りしている。担保が与えられている。「最初の天と最初の地は去って行き、もはや海もなくなった。」（ヨハネの黙示録21,1）という状況はそのときになって初めて実現する。人の世は生老病死や愛憎があり、生自体が苦であり人間の世界は人のふるさとではない[9]。人の世界は人にとり最後の拠り所ではない。

　広大な宇宙と矮小な人の存在との間の矛盾という感覚は人の堕罪からの不可避的結果の一つである。そういう感覚は現代人には罪の発現そのものである。これは終末での罪や死の解消まで解決はしない。これを人知動員で解消させようと思うのは不可能中の不可能事である。神秘主義的体験による解決は一時的である。持続的に解決してはいない。終末描写で「雲に乗って」（マルコ13,26）という。終末『後』の世界の具体的姿は書いていないが、その来るという出来事については具体的である。来る来方について具体的にイメージできれば、それ以後の世界は具体的に描かずともリアルに信じている。かくて無からキリスト信仰にかけての境地のうち後者にあるときには、終末のイメージが自ずからさけ難く生まれることとなろう。今度は隠れた姿でということは不必要であろう。そのときは天地の終わりであると同時に新しい天地の始まりである。そこでイエスが生前に姿が変わりモーセ、エリヤと語ったという記事（マ

タイ 17,2 以下）があるが、そのように現れることも考えられる。だが"考えられる"という可能性としての話ではまったく不十分である。どこまで明確になるかはどこまで自己がキリストに近づくかで決まる。自己の在り方が世から離れてキリストに近づくほどこのイメージははっきりしてこよう。世から離れることとキリストに近づくこととは一である。世へ近ければキリストには遠い。逆にいえばイメージが具体的に描けないことはキリストにまだ真には近づいていないことである。ただ終末後のイメージとは区別する必要がある。これを思い描かないことは自我崩壊と呼応する。

　ただこの世、可視的世界はそれ自体として積極的意味のあるものではない。ちょうど創造のとき光あれといえば光があった（創世記 1,3）ように、創造される前には形あるものは何もなかった。そのように全ては一旦は消えるべき定めの下にある。神から離れた世界には何の意味もない。消えて当然である。再臨では例えばイスラエルに現れるとはいえ、そこにいる人々にしか見られえないかどうかは別問題であろう。日本にいてもキリストを見られよう。パウロも「霊ではそこにいて……既に裁いてしまっています。」（1 コリント 5,3）という。彼でさえ今身体のないところに居るのだからキリストはなおさらであろう。もはや場所や時間という時空、四次元的仕方に制約される在り方ではないであろう。この世から心が離れると、この世に意味を置いたイメージは描けない。この世は消えるというイメージを描くこととなろう。真にイエスをキリストとして信じたときには終末が今来ている。実存的終末の到来である。こういう状況では可視的世界が全体としてその存在意義を失う。新しい世界の誕生への希望が既に芽生えている。だがその具体的姿形が今既に見えてきたのではない。そういう事態は人がこの世に生きている限りないであろう。パウロも「霊の体もあるわけです。」（1 コリント 15,44）とはいうが、その具体的姿は述べていない。こういう実存的終末の到来の状況では、宇宙の果てまでがたとえ百何十億光年かかろうと、そんなことはどうでもよい。キリストの霊がわたしの内で生きているのである。今自己がいわば天国にあるともいえる。あるいは逆に天国がここに下ってきているともいえる。「わたしを見た者は、父を見たのだ。」（ヨハネ 14,9）というが、そういう見るという出来事が成就したといえよう。例え

ば旧約でイスラエルを救うときアッシリアを滅ぼすというのみで具体的「いかに」は述べていない（ゼファニヤ 2,13）。いわんや終末についてはなおさらであろう。いわゆる終末としてではなく、旧約によくあるように世界内のこととして主が現われるのでもよい。これら二つを二者択一に考える必要はなく、世の歪みを正すために必ず出現すると信じれば十分である。

（4）

　キリストが再臨のときモーセ、エリヤと生前に語り合ったとき（マタイ 17,2 以下）のような姿で現れるとした場合、不可思議さが消えるわけではない。どこまでも不可思議さは残ったままである。不可思議なものとして不可思議ではなくなる。つまり確信されている。このことは今は部分的に知っているが、そのときには完全に知るということと呼応する。部分的に知るとは不可思議なものとして信じていることであり、部分的ということが不可思議に当たり、再臨時にはキリストの姿はモーセ、エリヤと語り合った時のように姿が変わろう。これは霊の姿である。大工の子イエスのように肉の体をまとった姿ではないであろう。場所は当然イスラエルであろう。最初の受肉がユダヤ人の大工の子イエスとして肉の体を取ったのだから。再臨も同じ民族、同じ場所が選ばれるであろう。しかし今度は女性の胎を借りることは不要であろう。霊の体をとっての出現だから。再臨も復活同様それだけ取り上げると不可解な印象もあろう。だが山上の垂訓のような説教の内容、罪なき聖とは不死と一たることなどを考え合わせると、復活、再臨も何ら不可思議ではない。罪なきとは不死に究極するという人格的内容と一である。復活せねばならない。イエスが存命中に体が変わってモーセ、エリヤと山上で語り合った場合をみても、霊的在り方で今度現れる時は地上に足をつけている必要はなかろう。終末ではキリストは霊の体でイスラエルに、例えばエルサレムに現れると信じれば、その結果今の世界を科学的自然法則が厳格に決定しているとの感覚も同時に消える。神の意志は全てをどのようにも変えうるとの心情の発露といえよう。これは「この山に向かい、『立ち上がって、海に飛び込め』と言っても、そのとおりになる。」（マタイ 21,21）とイエスのいうことと呼応している。イエスはユダヤ人として生

まれた。またヤハウェはイスラエルの民を選んだ。そこで終末でもイスラエルにイエスは再臨するであろう。神に反する世の種々の勢力やそれを支配する人々、それに従う人々を滅ぼすであろう。神の国にふさわしい状態を造るであろう。今度は多くのユダヤ人が悔改めイエスを信じよう。そういう意味でもイエスのイスラエル内での再臨は極めて適切であろう。そこにはもはや時間は存しない。持続という観念もなく、新しい世界が持続してもそういう受け取り方はないであろう。持続・不持続の対立は消えている。時間消滅は空間の消滅をも意味する。三次元の世界の存在は不可避的に時間の契機を生む。反対に時間の存在には三次元世界が不可欠であろう。かくてここでは時空の克服がなされている。イスラエルにイエス再臨ありとはいえ具体的様態は今の人には分からない。この点は旧約で預言者が未来の出来事の生起は預言してもそれの「いかに」は述べないのと同様であろう。「いかに」は神がそのときに決め給う。起こる事柄は前以って告げ給う。こうして時空が内面的に止揚され、そのことは必然的に外界へも波及する。広大無辺な宇宙全体から時空という次元が剥奪される。いわば電波のように波及する。キリストを信じたとき霊の光が外界へ目から放射されるように。平素の状態での我々の時空意識自体が堕罪と同時の時空世界への転落の反映である。時空世界へ落ちていないのなら時空意識も生じまい。このように終末[10]をイメージすると、死の障壁を突破できたとさえ感じられる。この突破により生死間のいわば自由な行き来となる。生きたまま死んでおり、死んだまま生きているのである。

　終末ではまず天にキリストが現れる。次に全宇宙の崩壊もありえよう。地上では神の意に添わないものは一切滅ぼされる。さらにその後にそれまで神の意にかなって生きた人々が甦えらされる。こうして霊による共同体が形成される。イエスやパウロに相見えて当人の望みの全てが叶えられるのだから、それ以後どうなるか、どうするかなどと今ここで考えておく必要もなく、事実そういうことは生じない。彼らに会って人は自己の人格の全面的実現を実感する。イエスを信じることが人生の全てであり、その模範をパウロに見てきた。かくてその二人に会えることで人生の全てが満たされる。そうなったら後はもはや何も考えることもない。キリストが全てなので、そのキリストに相見える

のだから、他の全ては脱落する。心では世に生きている間に既に他の全ては脱落し、主イエスが全てとなっている。そこでこういう事態となる。心の中で既に実現したことが外の世界において実現される。終末とはそういうことである。内の世界と外の世界との一致実現である。終末までは内外の間には乖離がある。だからこそ人は種々の苦悩を抱えて生きざるをえない。終末では霊的世界が実現するのだからそういう点から見て意味のないものは全て崩壊しよう。さもないと霊的世界は不完全なものに留まってしまうから。もっとも物質的ということが直ちに霊的と対立するわけではない。ただキリストの受肉を重く受け取れば宇宙の果てまでの世界に意味があるわけではない。そこで崩壊は当然でもあろう。広大な宇宙もこの地球上に神と対話しうる人間を生み出すためであったとキリストの啓示の出来事から逆に推断される。この推断は恣意的に響くかもしれないが、少なくとも人格的観点に立てば決してそうではなく、極めて理にかなっていよう。現代での科学的知識を持ちつつもこの推断についてわだかまりは感じない。人格的観点からキリストという存在が当人にとり全てであるから。自分にとり地上の可視的なものが脱落していれば、宇宙の果てまでの全てが脱落しているのである。

　宇宙は銀河系のため、銀河系は太陽系のため、太陽系は地球のため、地球は生物のため、生物は高等生物のため、高等生物は人間のためという循環となろう。神の受肉が人のためである以上、人の存在はそれだけの重みを持つ。これは人間の自分勝手な考えに基づいてのことではない。キリストの啓示からはそう考えるほかないのである。銀河宇宙中心主義、太陽系中心主義、生物中心主義、高等生物中心主義、人間中心主義となる。そしてこのことは神中心主義といわば逆説的に一体である。一方で人間中心主義ということが他方では神中心主義なのである。神中心主義と人間中心主義とはいわば背中合わせに一体である。宇宙から人間へと次第に小さくなっていきその最小の人間という点が神中心主義へと逆転していく転換点になっている。そこで永遠の生命を考える場合でも、それについて特別な違和感は生じない。不可思議ではあるが、不可思議ではなくなる。先述した受肉の重みはキリストの復活が霊の体へのそれであるという事実に呼応する。受肉の一回性に応じて霊の体への復活もまた一回的で

ある。ほかに例はない。肉の体への蘇生ならほかにもいくらも例があろう。マリアが霊によって身ごもったのに対応して、霊の体へと復活した。双方とも霊によって執り行われている。霊が主体である。霊で始まり霊に終わる。アルファからオメガまで霊である。十字架の死においていわば肉の体を脱いだ。元来自己にとっては異質なものだから。霊で始まったものを肉で仕上げるわけにはいくまい。霊は霊に、肉は肉に応じるのがふさわしい。キリストにおける神の受肉からの発想ではこのようになろう。

　神の受肉は神の一人子の受肉と考えられている。だが神自身が受肉したと考えてはどうか。その方が一段と受肉の重みが出てこよう。聖書の言葉とは異なるが、受肉の重みを一層増すためには神の一人子ではなくて神自身の受肉が必要であろう。終末で宇宙の果てまでの全てが崩壊すると考える場合でも、人の重みはそれほどであるのである。それとの関連でも神自身の受肉がふさわしい。一人子と神自身とではその重みが異なる。古今の宇宙全体をも視野に入れるとき一人子ではなく自身ということが必要ではないかと思われる。人のような永遠、神を考えうる存在は地上の人間しか考ええない状況と古今の宇宙においてはそういう存在はほかにもありえた、ありうるという状況とが各々、神自身の受肉と一人子のそれとに対応する。ほかにも存しうる知的存在の啓示の対象としての排除と神自身の受肉とが対応する。聖書はどこまでも三階層的世界観の時代に書かれており、それなりの限界があろう。神自身ということなら文字どおり一回限りとなるが、一人子ならそのとき一人子であってもそれより先、あるいは後で別の子を生んでその子がということもありうる。少なくとも子は絶対的に一人ということではない。生もうと思えば何人でも生みうる。人間的目には、自身が死ぬより一人子を死なせる方が苦悩は深い。だがこれは人間的感情であり、神に適用してよいものか。人間的感情を抜けば、純粋に論理的には自身が受肉する、死ぬのなら代わりはなく、より徹底する。神自身か一人子かはこのように二様に考えられる。だが聖書によれば一人子が受肉し、死に、復活したと示されており、そう信じるのが人として我意を捨てることである。終末[11]での宇宙の果てまでの崩壊は人格的、霊的なこと以外は関心対象外たることの反映といえよう。

（5）

　イエスが究極的存在を現す以上、人としてそれ以上のものを見ないし、見もできないし、望みもしない。後は神自身の力によるその栄光の現れた世界の到来を待つのみである。人の創造のように段階的に低いものから順番に造るような仕方ででではなかろう。霊的創造は突如として実現される。漸進線的に少しずつ近づくのではない。ヨハネの黙示録にあるようにサタン的なものの隆盛の只中で終末の実現があるかもしれない。しかもその出来事は人の望みとしてではなく、神自身の栄光のためである。人はキリストにおいて究極のものを見て知っており、それ以上知りたいものはもはや何一つない。かくて人として終末が来るように望む必要はない。霊的創造は線で表せば垂直の線だ。肉的創造は同じ地の中で高度化していくのだから右肩上がりの線で表されよう。

　終末では神の愛と義という神の本質を端的に現した世界が実現しよう。ここではアダム以来の霊肉分裂が克服された世界が出現しよう。今の地は有限で死があるが、そこでは永遠の地、有限でない地、罪のない地が現れよう。これはしかし単に現状の裏返しではない。今の死、有限、罪が克服され、霊と一体化した新しい天地となることを意味する。アダムで現される人の罪による霊的世界と地的世界との分裂が神の力により克服され、愛と義によって貫かれた、霊と地とが一となった世界が実現するのである。いつか分からない終末を信じて現在と終末との間の時間はいわば捨象される。時はパウロのいうとおり文字どおり縮まる。それによって今既に終末が来ている。今現在と終末とが一枚となる。それにより同時に創造も今現在と一枚となる。時というオーダーがいわば消える。時空は可視的世界では一体なので、時が消えて空間もまた消える。かくて過去、現在、未来の区別のない現在（絶対的現在）を生きることとなる。現在即永遠の現在を生きるのである。終末信仰の成立時には自己としての人の側でも、またその人間の活動の対象としての自然の側でも、双方が共に脱落している。そこにはもはや何も存在していない。目に見えているものは存在するが、存在していないのである。というより存在するとかしないとかが問題外となっている。それ以後は目に見えている世界自体を目的とする行為は原則的にはなくなる。神への信仰を目的とした行い以外はないといってよい。それ以外

に真の意味で価値を置きうるようなものは何もない。

　今既に来た終末と来るべき終末という二つの局面[12]が存する。人は二つの終末に挟まれて生きている。終末によってサンドイッチにされている。既に来た終末により来るべき終末を見据えるべく方向づけられる。両終末間には電波が通っているようなものである。ちょうど磁石のプラスとマイナスのように。また陽画と陰画との関係にも似ている。可視的世界全体が既に来た終末の後ろに去っている。そして来るべき終末を待望している。そこには新しい世界が出現するから。かくて両終末間には何も存していないとも考えられる。神自身を人は知りえないように終末後のことは神の専決事項に属すので今現在の人には知りえない。

　終末で今の世界が一変して神の国が実現されるか、あるいは義の実現を現在の世界が持続した中で期待するかは二次的なことであろう。要は神の国である義が実現されることである。義が実現されれば、今の世界が一変しようと、すまいとどちらでもよい。義の実現が希望なのである。それは人自身の力だけでは不可能だから。義の実現が「ということ」に当たり、いわゆる終末においてか、あるいはこの世の中でかは「いかに」に当たるとも考えられよう。義の実現を重視するとこういう考え方になろう。さらに義の実現は自己の全人格の実現と同然だから、その場に自己が復活しようとすまいと問題外となる。義の実現が第一のことである。義の実現への期待が大きいほど、今現在とは反対の状況の中での実現への期待が強くなり、いわゆる終末への期待が強くなろう。だが義さえ実現すれば終末云々はどちらでもよい。柳緑花紅という現実が変わることが要請される。あくまで現実の変化が大切である。基本は心の中での変更という問題ではない。そうであってはならないし、そこで終ってはならない。柳不緑花不紅、橋流水不流と現実が変わる。即ち罪の世界の義、聖の世界への変換である。

　パウロは現時点で知的に完全無欠に信仰、ないし神、キリストを理解してはいない。にもかかわらず「信仰と、希望と、愛…その中で最も大いなるものは、愛である。」（1 コリント 13,13）とか、「なぜ、むしろ不義を甘んじて受けないのです。」（1 コリント 6,7）などという。それは彼では「世はわたしに対し、

わたしは世に対してはりつけにされているのです。」（ガラテヤ6,14）ということが現実であるからである。知的理解が完全たりえないことは終末まで変わらない。そういう事実とは別にこの世への死は実現可能と判断しうる。彼ではそういう仕方で実現し、彼自身がそのように表明しているから。救い主としてイエスを信じれば、イエスは今生きている存在だから、それで十分である。人がやれ終末においてだとか、否、この世の中での出現だのと先に決めてかかる必要はない。またそうすることはイエスの自主性を損なう。生けるイエスを殺すことであろう。イエスの自主性を信じることが大切である。今生きているイエスを信じることである。イエスという存在を全的に信じ、信頼することを意味する。無条件に。無前提に。イエスを信じることが先にある。終末云々はその次である。全宇宙をその手中に収めることはイエスへの信頼からだ。イエスへの信頼が先にあってこそ百億光年先の天体をも視野に入れて考えうる。イエスを経由して遠い天体をもいわば入手しうる。結局イエスという人格的存在を聖書に基づいて信じることに尽きる。自己の一切を賭けて神の受肉した存在として信じることだ。

　パウロは「空中で主と出会うために、彼らと一緒に雲に包まれて引き上げられます。」（1テサロニケ4,17）という。現代でもそのままいいうるのではないか。時空を超えていいうる真実ではあるまいか。「顔と顔とを合わせて」（1コリント13,12）と同様な事態である。終末において主と出会う出来事の現実的表明である。出会いに全てが飲み込まれて終結している。それまで感じている疑問、苦悩、不可思議、それまで負ってきた十字架、それ以外の種々の課題などがそのときに全て解消、氷解する。絶対の静である。禅でよくいわれる動を超えた静という性格を持つ。何も残っていない。余りもない。過不足がない。「いつまでも主と共に」（1テサロニケ4,17）とは第一に終末があること。第二に必ず到来することへの確信の表明である。決して終末後の世界が同一状態として続くことを第一次的に表明してはいない。必ず来るとの確信がいわば時空間内の出来事として「いつまでも」という表現で結実している。それもそのはずである。終末の来方の「いかに」は分からないのだから。「ということ」を信じるまでが人のできる最大のことである。字句表現へのこだわりは不適切で

あろう。神を求め、キリストを信じようと努力した各人にタラントンを給わって神が報いてくださることへの確信である。パウロは「見えないものに目を注ぎます。」（2コリント4,18）という。まさにこれはこのことに当たろう。そういう信じ方に応じて見える物事は関心の外へと去っていく。見えているものは一時的であり、見えないものは永遠的である。こういう心境で初めて可視的世界の中のものについて神に対して感謝の気持ちを持ちうる。世との自由な関係になってかえって感謝の心が生じる。つながりが切れていない状況では、神に対してよりは与えられたもの自体に対しての感謝に終始するであろう。真の意味では神のような不可視な存在は見えてはおらず感謝しようにもできないから。不可視のものを見ることと可視のものを見ることとは二律背反である。これは人は二人の主人にかね仕ええないことと一である。見えない世界やことのための貢献などできよう筈もないが、不可視のものを真に信じえたときは世から離れていわば宙に浮いているので別である。離れれば宇宙の形状などに煩わされないでキリストを信じうるのである。

　こういう心境では終末は実存論的終末として到来しており、世にあるもの—それが何であれ—を捨てることをいとうことはあるまい。ただ良心—このことと信仰とは一である—的判断が関わることについては捨てえまい。また捨てるべきではなかろう。さもなくば信仰自体を捨てることとなろう。禅の悟りではないが、可視的なものが今までとは異なって見えてくることとなる。全く同じだが全く異なる。それ自体のものとしては同じだが、心の在り方が異なるので全く異なって見えるのである。ものを写し取る網膜が異なったものになっている。霊の目でものを見ており、そういう目はもののところでは止まらない。その向こうにまで届く。霊の目、視線を留め、さえぎるものは世にはもはや存しない。不可視のものを信じえたことは可視のもの全てを霊の視線が刺し貫いたことを意味する。いわば穴が開けられて全てのものが無効となった。キリストさえももはや地上に現れた限りでのイエスに依存した信じ方になってはいない。地上のイエスを超えている。パウロも「肉に従ってキリストを知っていたとしても、今はもうそのように知ろうとはしません。」（2コリント5,16）という。その意味では地上のイエスに留められている信仰は十分ではない。まだ地

上のもの（イエス・キリストも入らざるをえない）に依存した信じ方になっているから。超えてこそ彼もいうように「主の憐れみにより信任を得ている者として」（1コリント7,25）といいうるであろう。地上のイエスに依存した信じ方ではそういうことはいえない。地上のイエスから自由になって初めていわばイエス・キリスト者ではなく、端的にキリスト者といいうる。こういう心境ではもはや信仰を言葉に表すという事態は必要ではないという契機も同時に存している。地上に生きつつ既に地上には生きてはいないという一面が生起しているから。地上に生きると同時に天上に生きている。あるいは天上の世界がごっそり丸ごと地上へ下りてきているともいえよう。あるいは天上の世界が地上の世界を飲み込んでいるとも。終末でのキリスト再臨を信じて、人の側での理論的思考などは一切捨てられている。例えば終末になると今の世界との関わりはどうなるのか。終末が来た後どうなるのか。こういう類の人の自然的理、知性から必然的に生じる一切の疑問、それの背景にある論理的思考などは全て捨てられている。こうして人の心は世から聖別される。当人の生命は世を超えたところに移されている。つまり天に今既にある。そして今そこにいる天より世に下って生きることとなる。

(6)

全宇宙的規模で終末論を考えねばならないのは真実であろう。ただ人間的論理でそのように考えるのであってはならない。論理を捨ててそうでなくてはならない。論理の残存は人が神の意志を通り越して勝手に決める結果を招くから。かくて今の宇宙がそのまま終末の世界へ入り込むのではないし、その必要もないであろう。仮に自然的世界は存在しない新しい天地が実現しても何ら矛盾はあるまい。「先走って何も裁いてはいけません。」（1コリント4,5）というように、人が勝手に先回りして決めてはならない。開放性、未決定性がイスラエル的思考の特質であろう。論理的思考に依存している限り黙示文学的終末論、世界観の信仰的意義は評価されないままであろう[13]。終末が心の中で近く、親しく感じられてくると、終末が遠い先のことではなく、いつでも心は終末にあるという心境になってくる。現在にあることが同時に終末にあることで

ある。彼岸と此岸とが一になったのである。その限り今終末にあって生きている。死して甦って生きている。これは単に比喩ではなくて現実的である。パウロは終末では「いつまでも…」（1 テサロニケ 4,17）という。これは単に終末が来た時初めてそうなるのではなく、今既に「いつまでも主と共にいることになります。」という事態[14]を生きていることを意味する。

　復活の生が信じがたいのは永遠、無限などが日常慣れ親しんだ可視的世界の有限と矛盾するからである。だが物理学でも物質界に対して反物質界とか、世界に対して反世界があるといわれる。こういう点から見ても、有限な世界に対して無限な世界があっても不思議はない。だが神への信仰はそういう次元のことではない。要は神が無限、永遠な存在たることが信じにくいのである。つまり永遠な存在一般が信じがたいのである。ところで、宇宙の中の個々のもの、さらには宇宙全体も有限かもしれない。だがその宇宙を存在せしめるところの何かは有限ではなかろう。宇宙を超えた何かが存在してはいないのか。カントではないが、無限に遡ることはできない。だが現代ではビッグバンは通説である。するとそれの起動因が何かあるであろう。それが神であっても少しも不思議ではなかろう。そういう神は永遠である。そしてその神がキリストにおいて受肉した、我々に汝として語りかけた。そのキリストを通して我々に永遠の生命を約束された。かくてその約束は信頼に値する。こう考えても神の存在の不可思議は変わらない。無限な存在を人は直接には知りえないから。宇宙の存在自体が神のごとき無限な存在を予感させるではないか。これはちょうど詩編に「人の子は何ものなのでしょう　あなたが顧みてくださるとは。」（詩編 8,5）というような宇宙の広大さと人の矮小さとを比較している言葉と類比的な感情の表明である。宇宙に関する自然科学的知識が拡大するほど宇宙の背後に何らかの永遠の存在を感じさせるのではないか。これはニーチェが背後の世界が崩壊したと感じたのとちょうど逆ではある。当時は自然科学が現代ほど発達しておらず、背後の世界の崩壊と共に神の存在を否定する結果となったのであろう。現代ではむしろその逆が結果するのではないか。だがそういう予感と神の存在を理神論的にではなく実存的、人格的に信じることとの間にはいわば無限の開きがある。ここに信仰への決断が求められる契機が存している。

終末も根源的には人格的次元の事象である。かくて自然界が今のままか、あるいは根本的変更かは二者択一的問題ではない。どちらでもよい。霊の子達が生きればそれでよい。かくてパウロのいう「いつまでも…」（1テサロニケ4,17）ということは時代を超えた真実であろう。人格的次元から離れたことほど、どちらでもよくなっていく。あってもなくてもよくなる。あるいはそこまでいかなくて、あってもよいが、その在り方は問題外となる。その分可視的世界の状況は人の信仰に対して無関係となる。つまり人の信仰がそういう世界から自由たることを意味する。人格的次元を重視して可視的世界から自由になったことを意味する。「主の霊のおられるところに自由があります。」（2コリント3,17）という。禅で自由になるそのなり方とは異なっている。こう信じられたら可視的世界を超えたといえる。上に出たのである。今既に終末に至った、正確には終末を先取りした。その限り終末から生きている。生きる支点が移った。こうして今の世と来るべき世とは一続きとなった。バリアフリーとなった。ヨハネの黙示録2,7では「勝利を得る者には、神の楽園にある命の木の実を食べさせよう。」とある。バリアがなくなったら、その時を待つまでもなく、今既にその実を食べている。キリスト信仰は人格的次元への集中によって可視的世界を超えるが、禅はその世界に対しての自己の側での感受性を見極めさせて超える。方法が異なり、到達点も異なる。キリスト信仰では人格的次元のことが益々純化されて残り、禅ではそういうものは特に残らない。まさに無である。ただ可視的世界を超える点では共通である。そういう点でキリスト信仰にも無という要因は存する。ただ人格的なことが表立っており、無は隠れた事柄である。一種の隠し味であろう。自己の十字架を負うことにおいて信仰は成立する。そういう状況の中で終末的思考も生じる。ただ大切なことは、たとえ終末を考える場合でも十字架を負うという事態から目を離さずにそうせねばならないであろう。離すとそこでの終末についての思索は神秘主義的な"下から上への"という性格を持つものになるであろう。

　パウロは「いつまでも…」（1テサロニケ4,17）という。「いつまでも(pantote)」ということは世界も変えられようが、全くの別物になるのではないことを示唆する。というより自分たちの体は変えられるが、世界が変えられ

るとの明確な自覚はないのではないか。世界の様態は基本的には変わらないのではないか。そのことは世界へのキリストとしてのイエスの受肉にも現れている。全く別物になるのなら世界の創造自体が無意味となろう。基本的にはキリストの再臨はその時が終末であるとか、そうでないとかという区別を超えた次元のことだと思う。創造時に役を果たした神の英知が再度地上に姿を現すのであるから。人知を超えた新たなる創造というほかない。かくて今現在の知でそれ以後の世界を神秘主義的にイメージするのは誤りというほかない。終末でキリストと相見える(あいまみ)ことについても、具体的にイメージすることがかえって可視的世界への囚われの反映であってはならない。現世のものから心が離れるほど相見える事態への心の傾斜は益々大きくなる。「"霊"の火を消してはいけません。」(1テサロニケ5,19)と一のことである。もっとも今の世界と終末後の世界とを余りにも断絶的に考える必要もない。全く別とも別でないともあえて決めてしまう必要は感じない。そうであればイエスがどこに現れるかなどについても、あえて具体的な終末のイメージを一義的、確定的に描く必要もなく、むしろ漠然たる点に積極的意義があるとも考えうる。このことは人の自我がその分消えている現れである。この世と自己の相互的死と終末で主と出会い、いつまでもそこにいるという告白とは一の事柄である。相互的死にあって現在既に地を離れ天に上げられている。そのことが将来的な形で形を変えて表明されている。かくて今既にこの世に死んでいることと神、キリストへの信仰という二つの事態が先の終末の告白を生み出している。だが一度生み出された告白は逆に人の言動を動かし、規定しうる。終末後のことは今は知りえないが、キリストを信じて精神的平衡を保ちうるのは、さらにいえば終末の方に、即ち終末が無期延期という状況を考えると自己の死後の方に重点をおきうるのは自我崩壊により論理整合的思考という心のとげが抜かれているからである。霊の体へキリストが甦ったとか、我々自身もそういう体を終末では賜るということからは不可思議という感覚をぬぐいえない。これはしかしキリスト信仰の中での不可思議を意味する。決して躓いてのことではない。不可思議として顕わになっているのである。不可思議でなく顕わなこととして顕わになるのは終末の時にである。パウロのように自己の存命中に終末ありと思うか、いつかはあるであ

ろうと思うかは人の思いとしては大いに異なる。だが「一日は千年のようで…」（2ペテロ 3,8）という神の目からは相違はない。"神の思いや道は人のそれらを超えて高い。"（イザヤ 55,8 以下）のだから。人の思いとの違いなどは大したことではないのである。

　現在の宇宙は拡大し続けるか、ある時期には逆に収縮するかであろう。もし後者であれば宇宙は最終的には消える。つまり肉の世界は消える。かくて霊の体のような霊的世界（霊中心の世界）は今の宇宙をそのまま前提としてはいないであろう。基本的にいって異質であろう。可視的なものは全て過ぎ去る。霊とは現在の人の知性では理解しきれないということ、部分的には分かるが全体的には終末まで待つほかないということを意味する。人の知のそういう理解不足性は旧約で自然が法則により運行されるとは考えず、奇跡を神は自由に起こしうると考えたことなどと対応する。神の自由な活動と人間の心の柔軟性とである。心の在り方と自然に対する見方とはこのように関連している。かくて現代でもキリストの啓示により神を信じれば旧約同様な心の柔軟さへ至るように思われる。宇宙の物理学的終末はいわば横の時間的流れにおけるそれであり、神による終末は啓示同様にいわば縦の終末である。横の終末は真の終末とはいえない。それ自体時の横の流れの時系列に属すから。縦の終末は宇宙の始まり同様の事態である。始まりも縦の次元に属す事象である。

　自然科学的には宇宙の終末は水に化すか、火に化すかであり、前者の場合膨張を続け破局に至り、後者の場合ある限界からは収縮に転じる[15]。また、質量密度が十分なら重力により宇宙は内側に引き戻され、崩壊へ導かれ、密度がある境界以下なら永遠に膨張するし、その中間なら遠ざかりつつある銀河が無限に遠ざかった時に速度がゼロになる[16]。

注
1) P・M・ドーバー　R・A・ミュラー　『宇宙で起こった三つの大爆発』　磯部琇三訳　1997　21、43、71、73、94 各頁
2) 伊藤直紀　『宇宙の時、人間の時』　2000　154 頁以下
3) S・W・ホーキング　『ホーキング宇宙を語る』　林一訳　1989　72 頁以下
4) 岩波講座　宗教と科学　6　生命と科学　1993　355 頁以下　湯浅泰雄「気の科学」では

以下のことがいわれている。心の状態を示すのに西洋では mind、heart、spirit、soul など、東洋（中国）では精、気、神、魂、霊など、日本ではこれらを組み合わせて精神、心霊など合成語を使う。一般的にいうと、それらは変性意識状態であり、無意識領域に関係ある心理作用の一部である。夢、幻覚、瞑想なども含めて考えうる。以上である。ただ信仰的な「霊の体」というような場合はこういう心理学的次元の現象に還元しきれないであろう。肉の体に対して霊の体といわれるのだから。新しい世界に対応した新しい実体たる霊の体だし、またそうでなくてはならない。心理学的なことが中心ではなく、信仰者の置かれた歴史的、かつ実存的境位から由来の表現であろう。

5）　この世界が神によって創造された以上、終末について「いつまでも主と共にいることになります。」（1 テサロニケ 4,17）とパウロがいうように、この世界は何らかの形で存在し続けよう。さもないとこの世界は来るべき別の世界のための準備となり、それ自体の意義はなくなろう。「変えてくださるのです。」（フィリピ 3,21）ということはそれでよいと思う。基本は廃絶されはしないのだから。終末後の世界では人の生は世に生きつつももはや時、空間を意識した生き方ではなくなろう。時空はあってもなきがごとしであろう。それらによる制約を脱した生が可能とせられるであろう。イエス自身の生がそうであったように、脱自は脱時空なのである。だがこのことは時空自体がなくなることではない。たとえそれがあっても、それらよりの制約さえなくなればそれ自体がないのと同然である。キリストを信じてそういう状況は今既に到来している。終末ではそういう事態がさらに本格的に展開される。既に手付として与えられたものが全的に授与される。イエスが来るべき世では「めとることも嫁ぐこともない。」（ルカ 20,35）というが、今の世での生活の状況を全面否定していないことは頷ける。パウロが「御自分の栄光ある体と同じ」（フィリピ 3,21）というとおりであろう。時空がありながらそれを脱した在り方とせられる。似たものに変えられていく。全くの別物になるのではない。現在の存在様態が基礎になっていることが分かる。ただその具体的な変わり方は"同じ"というに留まっている。明確には分かってはいない。この点が大切な点でもある。彼がキリスト再臨後のことは具体的には書いていない、また旧約で例えば悪いイスラエルの王が滅びるとはいっても、その具体的仕方は預言されていないこと——これらとも共通している。そういう意味ではイスラエルの発想は地に密着していないが、反対に遊離しているわけでもない。終末後での存在に関する詳細な仕様を今は知りえない。例えば旧約における神殿、幕屋などの仕様のようには。これに比すると仏教などは拘泥滞水ともいうが一面では遊離しているのであろう。ただキリスト信仰では義ということがある。その点遊離しようにもできない要因もあろう。キリスト教徒は倫理的であり、日常の経験の否定については語らないという（D. Suzuki; Leben aus Zen 1993 p.57）。こういう状況はいわゆる奇跡についての考えの相違によく現れる。同じ箇所で禅者にとっては全生活が類のない奇跡だ、特定の場所、時において奇跡を行うのではないという。キリスト信仰では現実の変わることが奇跡である。禅でのようではない。

第1章　創造と終末　113

何の変化もないのでは奇跡でも何でもない。語る仕方の問題ではなく、内容、というより事実、現実、出来事の問題である。ただ奇跡的表現である聖句の背後にある事実自体がどういうものだったかを歴史的、史実的に解明できるとは思われない。信仰的要素の分離が必要だから。

6) パウロさえも終末到来後の世界についてイメージしてはいない。現代ではなおさらそうであろう。だが他方「神の深みさえも究めます。」(1コリント2,10) という。このことが現代ではどういう内容になるのか考える必要があろう。現時点で何らかの意味で神的世界に既に参入しているという要因が彼の信仰には伴う。キリストを信じて初めてそういう世界に入れているとの意味ではキリスト「秘」的、キリスト同一的世界に入っている。彼のいう「神の深み」とは神秘主義的体験、例えばバイゲル、アウグスティヌス、エックハルトなどでのようなことではなく、創造から終末まで含めての救済史全体のことを意味すると思う。

7) 終末は無期延期の状況にあり、パウロ同様には終末を現在の人の信仰の構成契機として組み入れえない。かくて世と自己との相互的死という事態とキリストの啓示との一対一の対応が信仰の究極といえよう。パウロ当時なら自己の存命中に終末もありうると信じえたであろう。だが現代ではそういう信じ方はできず、終末の度外視が必要であろう。その点ではヨハネが大切であろう。ただ現実の世界の重みという点ではヨハネよりパウロが大切であろう。先述のような一体的対応という信仰のためにも信仰の原体験たる特殊な体験が個人として必要、不可欠となろう。それには頭の中から世俗の事柄を追い出して心を空虚にすることが必要であろう。「門をたたく者には開かれる。」(マタイ7,8) という言葉が成就するのである。

　むしろ始源というべき終末の日において主と相見えることが世を生きるに当たっての望みである。そこから本当のことが始まる。終わりの日ではなくて始まりの日である。これはしかしそのときが来て初めて始まるのではなく、今既に始まっていることをも意味する。このことと可視界の堅牢さが消えることとは一である。形はあるが、形はない。広がりはあるが、広がりはない。

8) 河合隼雄著作集　11　宗教と科学　1998　23頁以下では自我が排除したものの中で特に死はどうしようもないので、死化粧して生きていたときと同じ状況にして葬儀するのが米国ではやると指摘されている。

9) 西谷啓治著作集　第6巻　1995　343頁以下

10) 終末では人間は争いで混乱に陥り、しかも心清き者は幸いだ (マタイ5,8) といわれているように、そういう人々を救う仕方で終末は到来しよう。そういう人々とキリストとの一たることの証しの実行が終末の意味である。ヨハネの黙示録でもそういう趣旨のことが記されている。混乱の原因たる争いのどちらかに味方するのではない。心清き者はどちら側にもいるし、どちらでもないところにもいよう。第二次大戦のときは世界中が大混乱に

陥った。だが終末は来なかった。かくて世界の中での人の状況に応じてとは必ずしもいえない。パウロは自己の存命中にも再臨ありと信じていた。このことは彼とキリストとの内面的近さの現われを示す。たまたま同時代に生きていたとの外的事情からではない。主がイエスとして現れた時は人の罪の贖いという役目があり、地上の一人としての出現が不可欠だった。だが今度はその必要はない。文字どおり天上の存在として現れればよい。地球全体が丸ごと神の霊で包まれよう。神の意に背く存在は全て除去されよう。今度は特定の人の形をとって特定の場所に現れる必要はない。罪の贖いという特定のことでなくて今度は全体が問題だから、それにふさわしい対応として、そのようになろう。キリスト自身は地上に着地せずに、地球の上、外に留まったまま全地球上の存在を裁くであろう。全地上の管轄には一地点への着地より離れた場所にいる方が合目的的であろう。一回目の顕現と二回目のそれとでは種々の意味で文字どおり天地雲泥の相違がある。地球全体が神の霊で包まれる時はイエスが息を引き取った時に天が暗くなったように何か特別のしるしが現れよう。しるしとしては日は夜に、夜は日になるように、昼夜の逆転という事態が生じるでもあろう。このことは地支配のサタンが滅び、神支配の象徴とも考えられよう。もっともこのときには単に地球だけではなく、全宇宙的な終末到来もあろう。

11) 終末では現存の世界、宇宙の枠組み自体が変革されるので、そういう状況を現存の言葉、概念で表現するのは無理である。パウロでのように黙示文学的思考形式が生きていた時代なら、表現が可能かもしれない。現代はそういう時代ではない。成人した世界であり、覚めた感覚を持った人間の世界である。かくてパウロのようにはいかない。かくて終末の状況を現代では文字どおり語りえない状況になっている。キリストの受肉も二千年前は肉身の人としての到来だったので通常の人と同様な姿で地上に出現する必要があったであろう。だが再臨の場合はその必要はない。そこで再臨での出現の仕方を今の我々の言葉や概念などで表現するのはなおさら困難である。終末については「ということ」を信じるが、「いかに」という点を、今の人の理、知性では残念ながら知ることも表現することもできない。人の側の気持ちとしてはたとえ終末が来なくてもよいであろう。だがキリスト自身の言葉から判断する限り終末が来ないとか、今のままの世界が続くことはあるまい。必ず終末が到来し、新しい天地が実現されよう。いつ、いかなる状況で終末を来たらせるかは神の専決事項である。人の側の事情による誘発での終末到来はない。

12) 終末が信じられると、逆にその終末が現在へ入り込む。ここには現在、終末の相互透入がある。その結果現在が終末と一体となった世界へ変化する。今現在をあたかも終末後の世界であるかのように生きる。その限り死はもはや問題外となる。それもそのはずで現在的終末が信じられれば当然そういうことを含むから。現在も終末ももはや区別はないといってもよい。区別のあるのが正常な世界から区別のないのが正常な世界へと引っ越したのである。正常さが逆転した。パウロがいう「いつまでも主と共にいることになります。」（1 テサロニケ 4,17）こととキリストの苦しみの欠けたところを身をもって満たす（コロサ

イ1,24) こととは表裏一体である。これはちょうど禅での彼岸と此岸との間の出入り自由と対応する。超越的次元のことと非超越的次元の事柄との呼応、一体がここには見られる。人の心はそれら二個所に同時にあることもできるし、片方に集中することもできるのである。

13) 岩波講座　宗教と科学　9　新しいコスモロジー　1993　42頁、45頁以下　近藤勝彦「黙示文学的終末論の可能性」ではバルト、パンネンベルクでそういう問題の生じる点が示唆されている。むしろ日本仏教ではそういう論理的次元が超えられていると感じられる。藤本浄彦『浄土教における"死生"の課題』1996　131頁以下、136頁では親鸞が臨終、来迎などの神話的表象を捨象していること、そういう未来を直接的話題にしていないこと、ただし法然は極楽が恋しいとしていることなどが示される。要は論理的ではなくて実存的なのである。そうであることが論理突破の契機なのである。

14) キリストを啓示した神がこの宇宙を創造、摂理しているとの信仰の内に救いがある。そう信じれば自己の存在などはどうであってもよい。「キリストから離され、神から見捨てられた者となってもよい」(ローマ9,3)とはキリスト信仰的表現としての無我、空といえよう。たとえ自分は死に、滅んでも、キリスト、神が永遠に宇宙を摂理しているのなら、これ以上望むものはない。つまり自分の究極の願いが聞き届けられている。そこで自分は死にうる、崩壊しうる。禅にはこういう人格的要因が欠落している。また終末が来ようと来まいと。さらに世界が新たに造られようと造られまいと。人が人格的存在であり、「心の清い人々は、幸いである、その人たちは神を見る。」(マタイ5,8)という事態が人の心を捉えていることがそう信じうる前提である。終末などについて従来のように四角四面に考えなくてもよい。神的生命と自己の生命との一が実現している。しかもこういう事態は終末を待ってではなく、実存的終末により今実現している。パウロの先の告白はこういう事態の逆説的表現と理解できよう。

15) 岩波講座　宗教と科学　4　宗教と自然科学　1992　32頁以下　中村雄二郎「序論　科学の体系と宗教」

16) P・M・ドーバーほか　同上書　256頁　また、膨張速度は次第に減速してきている(同255頁)。さらに、星の質量が大きいほど進化が早く、小質量星はビッグクランチまで残っている(同159頁)。また岩波講座　宗教と科学　9　新しいコスモロジー　81頁以下　佐藤勝彦「現代物理学の宇宙観」では次の趣旨のことをいう。現在膨張の宇宙がそうし続けるか、いつか収縮に転ずるのか今のところ分からない。後者の場合、宇宙は火の玉に帰り時間もそこで終わる。そして生命体は終わりを迎えよう。現在の宇宙論のパラダイムである。インフレイション宇宙モデルはそれが起こるとしても殆ど無限の未来であることを示唆する。F.ダイソン流に考えれば知的生命は宇宙に永遠に生き続け知に限界はない。

第 2 章 奇　　跡

第 1 節　旧約聖書

（1）

　創世記 19,26 でのロトの妻が塩の柱になったという話。死海の近くの砂漠地とそこの風変わりな岩の形成を説明するための伝説である[1]。また、死海では柱は岩塩でできており、高さは例えば 12m で、形は冬に降る雨による彫刻と考えられる[2]。死海では現実に塩の柱という事実が存在する。

　創世記 41,16 には「わたしではありません。神がファラオの幸いについて告げられるのです。」とある。ヨセフが自分の語る言葉に関して「神が告げる」という。「神は言われた。『光あれ。』 こうして、光があった。」（創世記 1,3）ともいう。言は直ちに現実を造り出す。それと類比的にヨセフの言葉は神の言とせられる。彼は自己の言葉についてそういいうるほどに神を信じている。神と自己との間に隙間はない。もしあればそう発言できなかったであろう。自己の口から神の言が出ていく。日本での話ではない。絶対の神を信じていて、しかもそのように感じている。神への信仰の徹底がうかがわれる。神と自己との一という側面が不可欠であろう。夢解きについての話である。そこで夢を見る王、神、夢解きのヨセフの三者が関係する。神は王に夢を見せる。そしてそれを解く人を別に用意する。彼は自分の言葉について神が告げるという。神の言のいわば通り道である。16 節には「ファラオの幸いについて」とある。幸いと初めから決めている。王の話を聞く前にである。聞いてみない限り分からないはずだが、幸いという。このことは人の判断を超えている。ヨセフへのそ

れまでの待遇から幸いという予測をしたのであろう。それまでの経過を考えると、途中で死んでいても不思議ではない。このことはイスラエルの民全体の歴史を象徴的に示す。度重なる危機の過程の中で心は世から離れ、世の創造者たる主の許へ至りついたのであろう。苦難は主の使者だった。かくてこそ自分の語る言葉を神が語るといえたのであろう。また神は本来からいえば「産めよ、増えよ」（創世記 1,28）でも分かるように、創造での幸いを願っている。そこで神の言は幸いを語るのが基本なので、ファラオの話を聞く前に「幸い」といえたのであろう。主と幸いとは本来からいえば一である。主が世に禍を下すのはあくまで例外的である。さもなくば世界を造ったりしなかったであろう。

　内容的には現実離れした夢だ。これは奇跡とどう関係するのか。一般的にはそういう類の夢の内容が現実の世界で実現されている。最終的にはイスラエルは約束の地へ入るのだが、それのいわばミニチュア版とでもいうべき幸いな内容である。現実の世界を間に挟んで、既実現のこととこれから実現する未実現のこととの違いが呼応する。いずれも非信仰の世界を超えている。現実の世界はいわば神が最初に創造したままの世界である。それに対して双方の世界（夢と奇跡）はそういう世界に対して神があえていえばいわば第二の創造ともいえる特別の干渉をしている世界である。ここには二重の創造がある。それだけ神への特別の思い入れがある。かくて奇跡的なことであるほど、神の肝いりの出来事と考えられよう。その点からは奇跡を合理的に解しようとするのは神の特別の恩恵を撥無することであろう。禅でも夢と現実との区別がつかなくなったという話を聞く。キリスト信仰ではその区別のつかなくなった状況がまさに現実となっているとの解釈も可能であろう。35 節以下では、エジプトに飢饉がくるので備蓄せよといわれ、神の言への従順の大切さが説かれる。夢でも決して軽く見てはならない。荒唐無稽と考え豊作に酔いしれると後で大変な事態を招く。人の判断をさしはさまずに言に従うことが大切である。人の判断は可視的世界での状況に基づく判断が通例だ。そこで豊作が続くとまさか飢饉が来ることはあるまいという気にさせられる。そういう判断が全てを狂わせる。神の言は今現在の状況に依存してはいない。それだけ自由で囚われのない判断ができている。人にはそういう判断はなかなか難しい。人の判断をさしはさむこ

とはエバが蛇の誘惑に負けて神を疑い、実を食べたのと同じであろう。積極的に疑わなくても、人の判断を入れること自体が神をないがしろにすることである。神を信じるとは無条件に信じることであり、人の判断を入れるとそうではなくなる。神につくか人につくかの二者択一である。ヨセフがいかに神寄りに判断しているかは兄弟たちより先に私をエジプトへ遣わした（創世記 45,5）との理解に現れる。実際は兄弟たちによってヨセフはエジプトへ売られたのだった。自分の苦難の歴史を神の立場に立って理解しえている。そうあって初めて神の言に虚心に従いうるのであろう。

　出エジプト 7,14 以下での水が血に変わる話[3)]。モーセが杖で水面に触れると水が血に変わった。人の行為が介在する。だがそれは神の指示であり、人が決めたことではない。神が決めたとおりにせねばならない。ここでも神の言が媒介する。神の言とそれに従う人の行為。こういう二重の出来事が奇跡の条件となる。一方のみでは不十分である。神の言を信じてそのとおりに行為することが必要である。言に従う行為において言への絶対の信頼の表明が見える。つまり信仰が先行する。だからこそその人の行いには奇跡を起こす力が宿る。22 節にはエジプトの魔術師も同じ事を行ったとある。奇跡的行いがあるか否かが大切ではない。ファラオの心は動いていない。人の心が動くにはその行いがほかでは例のないようなものでなくてはならない。模倣ができてはそもそも奇跡とはいえないから。その意味では神による真の奇跡は一回限りといえよう。その都度一回限りである。魔術師が同じ事をしたことで分かるように、信仰にも魔術にも同じ側面がある。病気の治癒も行いうるかもしれない。かくて行い自体よりもそれが目指す当のものが大切といえる。この目的こそ奇跡的行いの意義を決定する要因である。魔術では神による行いの真似をする。人の心を惑わし、神の意志に背くよう誘惑する。事実ファラオはモーセの言葉に背いた。これは蛇がエバを誘惑しアダムと共に神に背くようにさせたのと同じである。サタンはあらゆる手段を講じて人を神に背かせようとする。エバの場合も神の言について回っている。蛇は「…などと神は言われたのか。」（創世記 3,1）と問う。一方、ここではモーセの行いについて回り、同じことをする。このようにサタンの行いは全て二番煎じである。創造的ではない。神のように何かをゼロ

から創造する力量などありはしない。ついて回ることしかできない情けない存在である。信仰による奇跡は人の心を神の方へ向けさせるように働く。一方、サタンによるそれは反対の方へ作用する。ここでも目的が手段を正当化する。たとえ同じ奇跡という手段が使われても、神に背く方向へ作用してはサタン由来と断罪される。サタンは神による奇跡の後でその目的の妨害のために行う。妨害行為である。こういう汚れた意図と無縁な神の奇跡は自分の民を救う清い心によっている。汚れた心と清い心との対比がここにはある。清いとはいえ何も存していないような無ではない。聖なる神の意志で満ちている。キリスト信仰では無とは即ち聖の意である。聖で満ちていない無は存しえない。聖と無とは文字どおり表裏一である。双方は相互に深化していく関係である。聖が来たればその分無も来る。また無が来たればその分聖も来る。来たらねば、来たらない。去れば、去るという関係である。どちらかのみが来ることはない。聖無一体で到来する。

　出エジプト 7,14 以下〜17,1 以下では幾度も奇跡的出来事によりイスラエルは神によって助けられる。これらの記述では個々の奇跡的出来事が連なるというより、イスラエルの神の民としての自己認識が先在する印象を受ける。そういう認識に則って書かれている。少なくとも書かれた時点ではそういう認識があったといえる。書かれた歴史の真っ只中では民として迷いもあれば、悩みもあったであろう。だがそういう過程を経て神の民という自己認識に達し、それに基づいて書かれている。そこで過程の真っ只中にいるときと書かれた時点での自己認識との間には当然開きがあろう。仮に前者での自己認識に基づいて書かれたら自ずから別種の物語ができたであろう。だが実際にはそうはならなかった。神の民としての明確な自己認識なしにはそういう物語を書く意味はなかったから。かくて真っ只中にある民の意識による物語は成立しうるはずもなかった。後から書かれたのである。自己を神の民として自覚した時に何かが起こった。これは確かである。自己が神の許にまで引き上げられている。幾度もの危機の克服後だから当然であろう。その間、神を第一に立てての何十年かの行軍、行進があったのである。そういう自覚の誕生が最大の奇跡かも知れない。ほかの個々の奇跡として書かれた事柄はそういう根源的奇跡（自覚）から

系として引き出された一種の末として解すべきである。そういう自覚からは一つの危機には一つの奇跡的出来事が伴うのはごく自然であったであろう。奇跡的表現は付随的現象である。危機からの救いの出来事自体こそが尊い。それに比すれば表現はどうであってもよい。幅を考えうるであろう。その幅の中の一つの形が選ばれ記述され残されている。もし異なった時代、場所、民族であれば別の形での記述を採ったかもしれない。かくて余りにも字句に拘泥してはならない。危機の程度が強いほど奇跡的表現をとらざるをえなかったであろう。神の導きなしにはこの危機は脱しえなかったであろうと感じるとき、自ずから一般的判断とは異なった考えなどを採らざるをえないであろう。その内に奇跡的出来事、表現も入っているであろう。虹を神と大地との契約のしるしとした（創世記9,13）ように、自然現象をそういう人格的事柄のしるしと解したことも入るであろう。魔術師も水を血に変えた（出エジプト7,22）。だがこのことは魔術師単独の力でなしえたこととは思われない。神がそのように計らったのである。そこで可能だった。そうしてファラオの心を頑なにし、その反面イスラエルの信仰をより堅固にするためだった。奇跡的表現を現代人の知的立場から完全には解しきれないであろう。いつの時代、いかなる場所でも人は信仰によってのみそこまで引き上げられ、そういう表現を採った人と同じ信仰の場に存しうることとなる。信仰から分離しての事実そのものの解明はできない。そこにこそ奇跡としての積極的意義がある。奇跡が人を神へと呼ぶ。逆に考えると、もし知的立場から奇跡が解しきれたら、人は信仰へのいわば跳躍板を失うことになる。この場合、例えば水が血に変わったと字義どおりにとってしまうとかえって奇跡を奇跡として受け取らないこととなろう。なぜなら何かが他の何かに変わるとの指示であれば、それがどれほど不可思議なことであっても、それはそれとして明確である。水は明確なものだ。血もそうである。そこで明確なものが他の明確なものに変わったこととなる。だがこれでは不明確な要素は減退する。信仰には不明確な次元を超えてこそ成立するという要因が存する。こういう状況は人が今現在の知でもって神に属すことを解しきれないことと呼応する。終末を待たねばならない。「先走って何も裁いてはいけません。」（1コリント4,5）のと同じである。そのときまで待ちつづけ、耐えねばならな

い。虹のような現象は自然に起こる。それを神から人への関係のしるしと解することで分かるように、自然のものについて、それを神との関係のしるしと解している。ほかにも竜巻は雲の柱、稲光は火の柱、干潮は水が分かれたことという具合にである。もとより全てがそうなのではない。水が血に変わったとはナイル川の氾濫で赤土の流入があったことであろうか。こう考えると、奇跡と考えられることも大いに減りはしないか。自然現象に限らず全ての事柄を神との関わりで解したのだから自然現象を神との関わりで解したのも当然である。結局、奇跡的出来事は特にはなかった。全ての事柄を信仰との関わりで受け取るので、今から見ると奇跡的出来事と見えるのだとも考えられる。

　出エジプト 19,18 での「全山煙に包まれた。」の中の煙は地震に伴う土砂崩壊による土煙と推測でき、地震は十戒をイスラエルに授ける上で大いに役立っている[4]。また、出エジプト記にある暗闇が三日に及んだという事態はサントリーニ火山が爆発して、その噴煙が北西風にのって風下のナイルデルタ地帯に飛来したことにある[5]。さらに、エリコの城壁が鬨の声で崩れるヨシュア時代の奇跡は地質学的にはヨルダン川に沿って走る死海断層の活動の遠い伝承と言い換えられる[6]。信仰とは特に関係のない学術的な観点からはこういう見方も可能である。民数記 9,15 以下では雲が留まるとその場所へ留まり、雲が上ると旅立ったとある。出エジプト 13,17 以下でも火の柱、雲の柱がでている。これらを考え合わせると、雲とはそこに神の指示があるものと解されている。虹が神との契約のしるしというのもそうである。自然現象が神との関わりを意味するものと解されている。だからそういう考えがたびたび出てくる。次に、ソドムとゴモラでの硫黄と火は地震の発生とその結果による低地の町々の破壊、二次的な大火の発生を物語っている[7]。ヨシュア 3,14 以下ではヨルダン川の水が「壁のように立った。」とある。出エジプトにある葦の海を渡ったときの記述と似ている。海とか川のようなところを渡ったときにはそういう表現をとっているようだ。当時としてはそういう認識だったのであろう。アレキサンドリアのフィロンは出エジプトでの奇跡を信じていた、一方ヨシュアのために太陽が止まったとかヘゼキアのために戻ったとかについては本当だと見ていなかったと想像してよい[8]。そうであれば、現代の立場からは旧、新約での奇跡

は殆ど信じえないこととならないのか。イエスの行った奇跡についても事実そうだったのもあれば、そうとされたのもあるのではないのか。かくて奇跡の事実性にこだわらない対処が必要であろう。アウグスティヌスにとっては聖書についての非批判的読み方と自然についてのそれとは世界の非批判的描写を提供するため結合するし、モーセ時代では現実に水が血に変わったと主張する[9]。

　自分が書く立場にあると仮定しよう。あらゆる材料を使い神の恵みを表現しようと志す。その際ありもしないことを書くとは考えられない。だが書いた人が全てを自ら体験してはいない。伝承に基づいて書くほかない。その都度の事柄が伝承として何代かにわたって伝えられている。それらをまとめた。最初の人々の体験が具体的にどうだったかを今の科学的見地から明らかにはできない。書いた人にさえも分からなかったであろう。伝承として受け取ったのだから。ただ伝えられたことを信じてはいたであろう。例えば水が血に変わったことも。物語が書かれたちょうどそのときでなくても、そう表現するほかない現象の体験があれば書くことも考えられよう。奇跡的出来事はその都度一回限りなので、個々の奇跡的出来事に個々に対応するしかない。一括してとか、グループ分けしてとかはできない。奇跡的出来事は見えることを使って見えない神を伝えようとする。そこで出来事自体が事実か否かにこだわると見えることにこだわって神を伝えようとすることとなる。その場合は見えるもの（奇跡）が神の代わりとなってしまう。事実そのとおりと信じることが神信仰にとって不可欠の要件となるから。出来事の事実性の否定は即ち神信仰の否定となる。この場合その奇跡的出来事は一種の偶像崇拝の対象となる。現在の科学から見て奇跡と映る出来事であるほどそういう性格を持つこととなろう。そこで奇跡の事実性にこだわってはならない。十戒でも偶像は禁止である。当時のそれは文字どおりの偶像なのだろうが、生活の複雑化に伴って種々の偶像が生み出される。真の神以外のものが絶対化されると、それは偶像となる。信仰にとっての不可欠の条件となるから。一般的に何かにこだわると、その対象が偶像化される。かくて可視的世界やその中のものに、奇跡的出来事も含めて、固執してはならない。当時では例えば水の血への変化も信じられていただろうから特にこだわりはなかったであろう。それに対して現代ではそういうことは一般に信

じがたいからこそその事実性へのこだわりは偶像化を意味する。

　キリストを絶対と信じることは自己の全存在を賭けてなので偶像化ではない。当時の人々も自己の全てを賭けて水が血ということを信じたであろうから、当時の人としては偶像化ではない。現代人は水が血ということを信じがたい。にもかかわらず固執するので偶像化が生じる。一般に偶像化ではこのように人の側での状態が優先する。一切を賭けての場合はそうではない。キリストを信じるときは一切を賭ける。そこでここでは偶像化はおきない。だが例えば水がぶどう酒の話に固執すると偶像化にはならないのか。イエスの行ったことだからそれでよいのか。やはり事柄自体に固執するとそうなろう。偶像とは何かは人の側でのその都度の状況との関係で決まる。現代人が科学の発達で種々の知識を得ているのに奇跡の事実性に固執するとそこには偶像化が生じる。相対的次元の何かの絶対化であるから。キリストによる罪の贖いを信じるのなら、その復活を信じる以外一切の奇跡を信じることは不要である。しかもこの復活は科学的知識の対象にはなりえない次元に属す。そこでこれへの信仰を不可欠としてもそれは偶像とはならない。だがキリストの復活以外の奇跡は全て信じなくてよいと断定すると反対の意味で偶像化に陥る。いわば負の偶像化であろう。信じなくてはならぬとするのが正のそれならの話である。陽画に対していえば陰画である。凸の偶像に対していえば凹の偶像であろう。逆偶像化であろう。かくてキリストの復活以外の奇跡へは自由たることが大切である。もっともその復活は科学的次元の事柄ではなく、厳密な意味では奇跡とはいえず、信仰の世界には奇跡はないといえる。それもそのはず。霊的自由は一切の制約を取り払うからである。奇跡とはあくまで科学的基準に照らしての事柄である。これに対して信仰が生まれることこそ奇跡である。だがこれは神の与え給う、全能の神のなさることである。そこでこれは奇跡ではない。そう思えるのは罪ある人の見地に立って見るからである。水が血に変わった出来事も魔術師も行ったことなので、それが神の摂理下でのこととはいえ、それほどまでに異様なことではなかったのであろう。魔術師のような者でもなしうる程度のことだから。奇跡的扱いをしなくてよいほどのものであろう。イエスが水をぶどう酒にという奇跡もあるいはその程度のことだったかもしれない。ただキリスト

の行った全ての奇跡についてそうはいえない。行った奇跡ゆえにイエスを信じたと書いてあるところも何か所もあるから。魔術師が簡単にやってみせることであれば、イエスを神の子と信じたりできなかったであろう。イエスの場合は単に奇跡的行いだけの問題ではない。説教の内容、風貌、態度、行為全般などの人格に関わる全てからの対応として主と信じるという結論を人々は出した。

（2）

　葦の海を渡った話も信仰に基づいた霊の発露に基づく。表現が十分な科学的知識によろうとよるまいと、そういう付随的条件とは無関係に神に準じた重い価値を持つ。かくてそれを現代の科学的知識との関係で考えての奇跡との判断自体が正しくはない。そういう態度は字句に囚われており、「文字は殺します」（2コリント3,6）なのである。表現の元にある霊こそ大切である。霊へ自己が立ち返り自己もそういう発露へと赴くことが要請されている。現代人の我々から見て奇跡とさえ見える表現をせざるをえないほど霊へ、地上的リアリティから霊によって引き離され、神の許へと高められている。かくて物語から我々が読み出すべき真実とはそう表現した記者たちの、神へ向かって高められ、世を離れた信仰の高遠さである。そして我々自身がそういう高遠な信仰に立つことを求められている。かくて我々自身の高遠な信仰をどう表現するかが問われている。そうできなくてはならない。同価値的なことができなくてはならない。要点は神との結びつきの表明である。例えば終末で神は新しい天地を造られるという表明もその一つである。終末が真に信じられていればそれでよい。それ以上、以外のことは何も要求されてはいない。終末信仰はさらに一般化すれば不可視の神への信仰といえよう。要は現在の世界のリアリティを超えた仕方での神への信仰の表明が要求されている。それさえできれば過去の奇跡物語をどう解するかは重要ではない。自分自身の時所位において霊の発露ができることが大切である。それがまさに信仰自体であるから。かくて我々現代人は物語を読むたびに霊の発露たる自分自身の信仰の表明を今現在求められている。イスラエルが異なった時所位において信仰表明をしてきたように我々は我々の時所位での同価値的な行いを求められている。読めば読むほど、知れば知るほど

要求されてくる。決して過去の信仰の詮索が求められてはいない。信仰とはあくまで現在での信仰である。見えざるものを信じることは無を超えて信じることを意味する。無を克服している。無のかなたにこそ信仰は存する。霊の発露として書く以上、自然の世界を通常の仕方で観察して書くだけでは済まされない。通常とは異なる仕方、方法、表現を採用せざるをえまい。そこで奇跡的表現になったという側面もあろう。日常的出来事も信仰的観点から表現すれば、通常とは異なる表現方法を採るよう心理は働こう。葦の海の潮が引き浅瀬を渡ったとしても、それをただそのように表現したのでは信仰告白たる霊の発露にはならない。そこで神が海の水を二つに分けたという表現になったとも考えられる。霊の信仰があえてそういう表現をとらせるのである。奇跡的表現は我々を信仰へと刺激し、促進さすことを目的とする。我々が霊的存在へ高められねばならない。我々が霊的表現を地的次元へ引き下ろして解してはならない。霊的感銘の大きい出来事ほどそれを通常とは異なる言語表現で表す方向へ霊は人の心を動かす。霊は通常の表現で表すことを決して許さないであろう。それでは霊を表したことにはならないから。地的次元を超えてこそ霊であるから。地的出来事を表現する場合とは異なった表現法を要求する。霊と地とは相互を駆逐し合うのである。

　例えば葦の海を渡ることを神の導きによる出来事として体験し、それを霊的出来事として記述して後世に伝える場合は、そういう表現にしたこと自体も霊の導きによることである。表現自体も人自身に起因するのではなく、霊、元を質せば神に起因する。もっとも字句表現自体は当時の人々の知識、その他にも依っているであろう。日時計の影が戻ったという記事がある（列王記下 20,10 以下）。これはその時の信仰的体験をそういう仕方でしか表しえなかったことの現れであろう。そうでしかありえないという点に霊の働きが現れている。この点は十戒がシナイ山の上でモーセに示されたのと類比的に考えられよう。この意味では霊の働きと具体的表現とは一対一の関係にあり、間に人が入りうる隙間はない。かくて現代という異なった時代に生きる我々はそこから霊の不可思議な働きをまず感じ取らねばならない。同時にそういう奇跡的表現の背後にある裸の事実自体の解明やそういう心の誘惑を捨てねばならない。そうして心

は霊的次元へ引き上げられる。解明しようとすることは反対に霊的次元を地的次元へ引き下ろすことである。奇蹟的衣をまとっているところこそが霊的宝の宝庫といえる。霊の働きと表現とが一とは神が唯一たることと呼応する。唯一の神ということと霊は一ということと表現は一ということとは一連のことである。そこでそういう表現を読む時、それを通して霊の場へ引き上げられればその具体的表現はその役目を果たし終えている。我々が川の中の魚であれば、釣り人は神であり、釣り針、えさが奇跡的表現である。個々の表現は個々の時代のイスラエルの民に対して語られたものなので、ある特定時代の民はそれほど多くの奇蹟的出来事、表現に出会ってはいない。しかるに現代に生きる我々は旧約の最初から新約の全ての奇跡的表現に出会う。これは必ずしも神の御心ではないであろう。多々益々弁ずというものでもない。数の問題ではない。一つでも十分であるし、反対に千でも不十分の場合もあろう。聖書の中には釣り人の神が人を釣るため多種多様の釣り針、えさを用意されている。かくて現代人が科学的判断に基づいて奇跡と判断するものと聖書の中での奇跡的表現との間には地、肉と霊との間の差異が横たわっている。聖書での表現は単に事実自体を表現するのが目的ではないから。そこで現代人が聖書の奇蹟的記事を読むときはそういう次元の相違があることを念頭におかなくてはならない。さもないと誤解しよう。霊的次元のことを地的次元のこととして読む誤りを犯す。一つの奇跡物語によって霊の世界へ入れば他の奇跡はどちらでもよい[10]。釣り針は一つで十分である。一人の人間が二つも三つもえさに食いつくのは欲張りというものであろう。

　旧約での奇跡の記事は全能の神の力のごく一部を顕わにするに過ぎない。それに対して「キリストの存在≡奇跡」は神の存在の丸出しである。ただし不信仰な人には全く見えない。そういう点を考えると、キリストの行ったと記されている奇跡と旧約での奇跡とを同列には扱えない。

　奇跡への期待はユダヤ戦争当時でもあった点について大略次のようである (Robert M. Grant; ibid, 166頁)。戦争前には奇跡への期待が高まった。45年頃 Theudas という預言者がヨルダン川の水を分けるのでエルサレムへ進軍できると告げた。だがローマの行政長官は先手を打って軍を送って彼を殺した。

ここに我々は科学と宗教との混合を見うる。以上である。イエス当時よりわずか何十年か後なのでさもありなんと納得がいく。

注

1) Robert M. Grant; ibid, 157 頁
2) 金子史朗 『聖書の奇跡、その謎をさぐる』 1980 74 頁
3) Robert M. Grant; ibid, 165 頁 大略次のようにいう。旧約では奇跡はモーセ、神の人エリヤ、エリシャの周りに集中。後の預言者では未来の奇跡が予言される。新約ではラビの間でよりも黙示文学的、終末論的著作家の間で預言の成就が危急である。以上である。
4) 金子史朗 同上書 174 頁
5) 同上書 110 頁 出エジプトの際出立したイスラエル人は男子だけで六十万人とあるが、実際は二、三千人程度だった(同頁)。数えればすぐ分かる人数が示唆するように、他の全ての面で信仰告白上の脚色が入っていることをうかがわせる。かくて奇跡などにこだわる必要はなくなる。さらに、火の柱とはサントリーニ火山の噴火の叙述。それに続く火山帯の陥没よりの津波。イスラエル人は海水が運良く沖へ退いて渡れた。逆にエジプト軍が来たときには再び海水が大波として返ってきた。以上である(同 111 頁以下)。かくて葦の海の話は実際におこった事実の体験である。
6) 同上書 137 頁
7) 　　　同上書 95 頁以下
8) Robert M. Grant; ibid, 185, 187 頁
9) 同上書 216 頁 さらに、キケロとアウグスティヌスとの相違はキケロがそういう出来事を偶然に帰したが、アウグスティヌスは偶然よりも摂理を強調した(同 217 頁)。
10) ノアの箱舟について大略次のようである(金子史朗 同上書 102 頁)。メソポタミアのニップルという町でこの奇跡の原型と考えられる古い粘土板、文書の断片が見つかった。物語は歴史的事実の伝承であり舞台はメソポタミアの平原地帯。それがカナンの地へ伝えられた。その際伝承の原型が書きかえられ、洪水の原因は人の罪に対する神の審判だったという主張となった。以上である。

サム下 19,16 以下 ヨルダン川を渡るに当たって水が壁のように立ったとは書いていない。19,42 に渡るとあるが、奇跡的なことは書かれていない。

サム下 22,8 以下 主の自然制御がいわれている。「密雲を足もとに従え」(10 節)、「暗い雨雲…を幕屋とされる。」(12 節)、「主の叱咤に海の底は姿を現し」(16 節) などは出エジプトでの表現を思い起こさせる。

列上 8,27 「天も、天の天もあなたを…」とある。天の天とはどういうことか。

列上 17,15 以下 粉や油がなくならなかったとある。これもイエスが魚とパンで五千人

を養ったのと同じか。

　列上 17,22　子の命が戻ったとある。イエスによるロトの蘇生と同じか。

　列上 18,38　エリヤの言葉に続いて主の火が降ってとある。これはどういうことか。

　列上 19,11 以下　風、地震、火いずれの中にも主はいなかったとある。自然現象の中に主が現れると考えているようだ。

　列下 1,10;12;14 など　天から火が降ってとある。どういう火なのか。

　列下 2,14　エリシャが水を打つと左右に分かれたとある。ヨルダン川での話だ。

　列下 2,19 以下　水へ塩を入れて清める。エリシャが子供たちを呪うと熊が現れ引き裂いたという話。エリシャの奇跡。

　列下 4,1 以下　器が油で一杯になるという話（エリシャによる）。イエスが魚とパンで五千人を養ったという話に似ている。

　列下 4,18 以下　死んだ子供をエリシャは生き返らせる。

　列下 4,38 以下　エリシャは鍋物を食べられるようにした。死の毒を消した。

　列下 20,10 以下　日時計の影が十度後戻りしたとある。それをしるしとした。当時は自然が法則にしたがって動くという観念はなかった。これを人が理解できるようにするには、知性に合うように解釈するしかない。だがそれでは話本来の意味を把握しているとはいえない。知性には合わないものとしてそのまま受け取らねばならない。そうして初めて話の本来の主である神と人々との関係が逆転するから。神と人とは主従の関係になる。もとより当時の知的水準の低さのため現代からは合理的に解しうるものまである。だがそうでない限りそのままに信じることが必要といえよう。これはキリストの復活についてと事情は同じである。虹を神と大地との契約のしるしと解する時代なので、現代なら単なる自然現象を神の特別の働きによる出来事と解した場合もあろう。それが神への誠実な信仰の現れと考えられる。また当時はそういう「自己―世界」理解をしていたので、神自身がそういう理解をしている人間に応じて奇跡的な働きをなしたことでもあろう。神のハーヤーの一形態であろう。一方、現代人はそういう理解の仕方はしないので、奇跡が信仰上好ましいとか必要とかという判断を神自身がしていないとも考えられるのである。

　歴代下 6,1　主は密雲の中に留まるとある。

　歴代下 7,1　天から火が降ってとある。

　詩編 114,3～8 について大略次のようである（金子史朗　同上書　164 頁以下）。これはヨルダンとユダ高地を含む広域に渡った大地震の描写である。伝承の裏の具体的事実の読み取りは不可能である。ヨルダンはなぜ後ろに退くのか、海はなぜ逃げるのか、主は岩を池に変わらせるとは何かなどは不可解である。以上である。

　イザヤ 2,1 以下　終末の平和が書かれている。

　イザヤ 26,19　死者の復活のことをいう。この点につき次の見解が見られる（Robert M. Grant; ibid, 222 頁）。復活への信仰の素朴な証言が見いだされる。だがヨブ 19,25～27 で

はそうではない。これらの節で我々はヘブル思想の分裂に出会う。ほとんどの作者は身体的復活を語る。だが復活を身体的というよりも、いつも霊的と見なす少数の作者がいる。以上である。かくてイザヤでは身体的だが、ヨブでは霊的という相違がある。統一的ではない。その方がかえって真実味が感じられる。哲学ではなく、どこまでも実存的信仰告白なのだから。

イザヤ 26,7 以下　死者の復活を求める祈りが出ている。

イザヤ 37,36　主の御使いがアッシリア軍十八万五千を撃ったとある。

イザヤ 38,8　日時計の影を十度後戻りさせるとある。

イザヤ 40,12 以下　創造と贖いの神が出ている。

イザヤ 43,2　大河、火の中を通っても害されないという。

イザヤ 45,7　「災いを創造する者」という。神、主がそういう者だという。

イザヤ 51,10　「深い海の底に道を開いて」とある。

イザヤ 53,12　「執り成しをしたのはこの人であった。」という。

イザヤ 63,12　「海を二つに分け」とある。

イザヤ 65,17 以下　「新しい天と新しい地を創造する。」、「わたしは創造する。」、「その民を…創造する。」　現代的にいえば百億光年先の天体をも今既に心の赴くまま魂の中では信仰によって動かしている自由さは旧約での奇跡物語にも反映している。霊の自由さがこういう形をとっている。未来に現実化することを今既にそうであるとして書く。かくて実際に奇跡が起こったか否かは第一次的問題ではない。二次的なことである。そういうことも可能だと信じうれば、現在の信仰としては十分だ。

エレミヤ 10,2　「天に現れるしるしを恐れるな。」とある。

エレミヤ 51,16　「天の大水はどよめく。」とある。

エゼキエル 3,1 以下　巻物を食べたら甘かったとある。

エゼキエル 3,12　「霊がわたしを引き上げた。」とある。

エゼキエル 8,3　「霊は…引き上げ、神の幻のうちに」とある。

エゼキエル 13,8　「欺きの幻を見ている」とある。

預言書などによると神の裁きは偶像崇拝に陥る、倫理的に堕罪する、乏しい人々を虐げるなどがあったときに来る。

エゼキエル 34,12　「雲と密雲の日に散らされた群れ」とある。

エゼキエル 37,1 以下　枯れた骨の復活が出ている。「主の霊によって連れ出され、ある谷の真ん中に降ろされた。」とある。これは現実のことではないのであろう。8,3 に霊は引き上げ、神の幻の内にとあるように。この個所について大略次の見解が見られる（Robert M. Grant; ibid, 252 頁以下）。幻とされる。オリゲネスの頃には単純な信者が彼らの目的のために持ち出した。詩編からの平行節では"骨"は文字どおりの意味ではない。復活は罪のため敵に渡された後、それらの死体の状態からである。以上である。骨とは死体のこと

である。当時は本当にそういう幻を見る体験があったのであろう。しかし葦の海を渡るような民の行動に関しては、現実的なことなので幻で見るのではない。

　ダニエル3,1以下　炉に投げ込まれた三人の話。三人が出てきたということ。

　ダニエル5,5以下　壁に字を書く指の幻の話が出ている。その文字の意をダニエルが解く。

　ダニエル6,1以下　ライオンの洞窟に入れられたダニエルの話。

　アモス8,9　イスラエルの終わりの日について「真昼に太陽を沈ませ　白昼に大地を闇とする。」とある。この個所について大略次の見解が見られる（金子史朗　同上書　156頁以下）。ゼカリヤ14,4以下、アモス8,9以下などは二千七百年も前の地震の伝承を伝える。同時にヨルダン—死海地溝を巡る地盤の動きを語る。以上である。地震の状況を語っている。さらに、ゼカリヤはヨルダン谷が南北に裂け、土地が水平に横滑りしたことを指摘している（同160頁）。9,11以下には復興のことが出ている。

　ヨナ2,1　「三日三晩魚の腹の中にいた。」とある。

　ミカ4,1以下　終わりの日の約束が出ている。

第2節　新約聖書

（1）

　奇跡とは通常可視的世界での法則と矛盾した場合にいう。だがキリストの受肉はそういう次元の出来事ではない。不可視的世界と可視的世界との双方に関わる出来事である。そこで普通の意味での奇跡ではない。奇跡は人格的内容とは原則として無関係である。だが受肉は異次元のことであり、人格的内容の詰まった出来事である。そういう内容が主導している。そういう主導があると端（はな）からその内容が大切で、そこへ注目する。そのことを現す出来事自体は二次的なことである。つまり科学的観点からの奇跡ということは基本的には重要でないことを示唆する。キリスト信仰とは人格的内容が中心的なことだから。人格的次元の事柄の前では自然的次元の事柄は無にも等しい。前者で特に神が関係する事柄では奇跡というものはない。神は全知全能なので奇跡は存しえないから。神との関係が深まるほど奇跡には縁がなくなる。かくて奇跡は神から最も離れたところで生じるという見方もできる。それもそのはずである。アダム

が堕罪した世界での事柄だから。神から最も離れたところで奇跡という言葉が当てられ、最も近いところで生じた受肉には使用されないとの事実は奇跡の性格を如実に現す。信仰欠如のところではその理解が乱れている。人格神の世界の中へ科学的要素が入り込むのだから。イエスを神の子と信じたことが最大の奇跡だ。神が子を生むなどおよそ思いつきえないことだから。十戒や旧約の歴史を反省すると、益々そういう感慨が深くなる。"信じた"という出来事は客観的、科学的なそれではない。人格的出来事である。つまり奇跡は本来人格的出来事として生ずべきことである。しかるに一般には奇跡は科学的次元のこととして観念されている。これは堕罪による本末転倒を顕わにする。逆啓示である。本来使われるべきところで使われなくて、本来使われるべきでないところで使われている。倒錯に陥っている。マタイ 11,20 にも奇跡 (dynameis) という語が出ている。これは聖書も通常の言語使用をそのまま受け入れていることを示す。当時の人々への伝道を目指しているのだから当然でもあろう。

　この受肉という奇跡は天地を逆転させるほどの出来事だった。罪ある人が信じればそれが赦されるのだから。罪という神への背きが赦されることが最大の奇跡である。それに比すれば科学的次元での被造的世界での通常の法則とは異なる出来事などははるかに小さいことでしかない。罪の赦しがなぜ奇跡なのか。それは十戒に示されている倫理的、人格的内容と背馳するからである。そこには罪を赦すなどとはどこにも書かれてはいない。出エジプト 20,5 によれば「父祖の罪を子孫に三、四代までも問う」という。義に徹している。そういう神が自ら受肉して人の罪を贖うとは奇跡としか考えようがない。神自身の変節といえなくもない。絶対の神には変節はあってはならない。しかもそういう神が変節した。ただ義の貫徹を捨てたわけではない。そこで十字架となった。義と愛とは同量である。愛が多いと甘やかしになる。反対に義が多いと滅ぼすこととなる。是非とも同量でなくてはならない。義と愛とは相互に貫き通されていなくてはならない。ここでは義のときは義のみ、愛のときは愛のみとはいかない。その点生のときは生のみ、死のときは死のみ―そこで生もなく死もない。このようにはいかない。後者では生死のことなので人の自然的存在の面についてである。そこでそういうことがいえる。一方、前者は人の人格的

次元に関わる。そこでそういうことはいえない。双方は常に相即しなくてはならない。神の行いは全てが奇跡といえる。創造自体が既に奇跡であろう。なぜあえて可視的世界を造ったのか。人がいくら考えてみても答えは見いだしえない。そうである限り人の立場からは奇跡となる。ただ我々は創造された世界に代々生きて世界に慣らされており、そういう世界に対して奇跡という感覚を既に失っている。あるいは端から持ち合わせていない。一方、神の立場では創造は奇跡ではない。人の立場でも世界に慣らされており奇跡ではない。奇跡でないのは同様でもその根拠は異なっている。さらに人の見地からは神の存在自体が奇跡といえよう。柴の葉の中からの啓示自体が奇跡である。それ以前は奇跡はなかった。神の存在自体は一切の人間的説明を超えており、これこそ第一で最大の奇跡といえよう。このこととイエスの姿が変わった（マルコ 9,2 以下）ことは関係する。存在自体が奇跡なので姿を変えるのも自由である。

　マタイにおけるイエスの行った奇跡の類型化。

　　　　　1　病人を癒す　4,23 以下、8,1 以下；5 以下；14 以下；28 以下、
　　　　　　　9,1 以下；18 以下；27 以下；32 以下、12,9 以下、
　　　　　　　14,34 以下、15,29 以下、17,14 以下
　　　　　2　嵐を静める　8,23 以下
　　　　　3　悔改めない町をしかる　11,20 以下
　　　　　4　人々を養う　14,13 以下、15,32 以下
　　　　　5　湖上を歩く　14,22 以下
　　　　　6　イエスの姿が変わる　17,1 以下

これらは全て終末では実現しているであろう。例えば最後の6はパウロの「いつまでも主と共にいることになります。」（1 テサロニケ 4,17）という言葉を思い起こさしめる。かくて終末での真実が部分的に今現れている。神は意図的でなくても、自ずからそう言動することとなる。神が積極的に関わるとは思えないところでも、例えばキリスト信仰とは無関係の世界でも奇跡は生じる。かくて奇跡の生起自体より生起における神と人との関係がどうなるかが大切である。もとより悪い方へ変わってはならない。よい方へ変わらねばならない。奇跡は創造されたままの世界（あるいは終末の世界）と堕罪した世界との間のい

わば通路であろう。神自身の積極的働きによる場合もあれば、そうではなく堕罪した世界独自のものとして発生するものもあろう。いずれにしろ今現在の世界とは異質のものが顔をのぞける。罪ある人の目からは奇跡は全体として何らかの一定の秩序の下に生じるとは思われない。これは人の知は有限で宇宙の創造から終末までの一切を見通しえないことと平行した事態である。天から地に雨が降るように終末の世界から現在の世界へ時々降ってくるものとして奇跡を受け取れよう。ときには激しく、ときには優しく、ときには度々、ときには偶々、神は世へ雨を降らし給う。かくて奇跡は雨粒のようなものである。西日本なら通常の雨でも北海道では雪にも雹にもなろう。時間や場所が変われば雨の形態も変化する。種々の変化球が天から地へ向かって投げられており、人がそれをそういうものとして受け取れるか否かが問題である。奇跡がキリスト教的世界の中でのみ生じるのなら、神がその意志により起こしていると信じるのは大変易しい。だが事実は逆だ。奇跡は世界中至るところで、しかもキリスト信仰とは無関係にも生じる。だから奇跡は神と無関係とも考えうる。少なくとも直ちに神により起こされるとは考えにくい。そうか否か分からない。客観的に見ればそれを神によると信じうるにはそれなりの条件が満たされる必要がある。その条件とは何か。

　神を信じる民の中でもそうでない民の中でも奇跡が生じることは終末までは世では義が実現していないことと平行した事態である。義がまだら模様であることと奇跡の生起がまだら模様であることとは一である。義は時所によって実現したりしなかったりと一定ではない。同様に奇跡について一定の統一的見解は確立しえない。終末後にはなくなる奇跡は暫定的、過程的性格のものである。決して究極的なものではない。かくて奇跡はその場での利益という観点からではなく、終末という観点に立って見なくてはならない。キリスト信仰に立つ限りどんなことも全て終末的観点から見られてこそ、個々のことがその真実の姿を現す。終末に立つとは神の立場に仮に立つことを意味する。だが義と奇跡とでは終末での様相は異なる。義は終末で全面的に実現される。一方、奇跡は終末では消滅する。ちょうど逆である。今は半端に実現して終末で全面的に実現するものと今実現して終末で消えるものとであるから。一方は終末へ向け

て増大し、他方は反対に減少する。かくて奇跡は義の実現のためにあるようなものである。義が実現するほど奇跡は不要となる。その時々のイスラエルの民とかイエスを信じる人々の益のために奇跡が起こってはいない。神の義の実現が眼目にある。たとえそのことが聖書の字面に出ないとしても。神には義こそ全てといってよい。愛も義が貫いてこそ真の愛でありうる。奇跡に限らない。被造物全てが神の義のために存している。神の義は最初の啓示である十戒でも示される。背後に神の意志がある奇跡に注目すれば正しいキリスト信仰の道を歩みうる。だがそうではない奇跡に目と心を奪われると正しい道から外れる。奇跡からの現世利益に心を奪われてはならない。奇跡がその目的とする神の義に注目しなくてはならない。つまり奇跡のような世俗的利益に直結する出来事なればこそ益々奇跡の持つ義という根本的本性に注目せねばならない。

イエスの奇跡は「だれも行ったことのない業」(ヨハネ 15,24) であり、預言者なら誰もが行ったかもしれない象徴的行動ではなかった[1]。極めて特異な行いであった。使徒言行録 8,2〜24 と 13,6〜12 は魔術師に関する記事だが、イエスとその直弟子たちのなかに明確に分節された自然観という考えはなかった[2]。ここで魔術とは程度の低い奇跡を偽の力で行うものである。これらの聖句でイエスへの信仰の立場から魔術は決定的に否定されている点は重要である。

ラザロの蘇生について大略次のようである[3]。ラザロの甦りは復活ではなく蘇生である。イエスの復活という観念は今日の我々にとって同様一世紀においても奇妙な考えだった。死人の復活とはユダヤ教の新しい時代に展開された思想である。旧約の態度は詩編 49,12 に見られるように寒々としたものだった。以上である。当時としては特定の一人の人が復活して死ななくなるというのは特異な事象である(同頁)。

キリストの奇跡的行為は神の力による。例えばルカ 5,17 でイエスは主の力が働いて病気を癒した。ここでの"主"とは神のことであろう。神の力がイエスにおいて働いている。マルコ 6,14 では洗礼者ヨハネの生まれ変わりのように受け止められる。また第一コリント 6,14 では神がその力で主や我々を復活させる。現実の歴史の中で生じる奇跡は全て神自身の力が起こすのである。

フィリピ 3,21 では万物を支配下におきうる力でキリストが我々の体を御自身の栄光ある体と同じ形に変える。終末的なことが予見されている。奇跡は神の力の顕現であり、罪と死を廃絶して新たなる天地を創造する予告である。

　悪霊に取りつかれている話。大略次のようである[4]。悪霊には自分の体がなかった（マタイ 12,43　ルカ 11,24　マルコ 5,10;12）ので、誰かの体内に住まねばならない。さもなくば滅びる。被害者の選択は偶然による。かくてこの問題は癒しの奇跡のように罪の赦しという問を引き起こさない。そこでパウロはさほどの興味を示さない。ヨハネにも悪霊追放の物語は一つもない。以上である。パウロにしろヨハネにしろ罪が中心的事項である。人格とは倫理であり、神への信仰である。日本で多くの場合、信仰というとすぐにご利益が念頭に浮かぶ。ここではそうではない。人格的生き方が第一次的関心事である。ご利益はいわば度外視である。十戒の最初に「あなたには、わたしをおいてほかに神があってはならない。」とあるが、啓示の神を唯一とすることとご利益的発想とは矛盾する。

　マルコ 11,20 以下でのいちじくの木が枯れる話は山が海に入るという話を含むが、この点についてここでの海とはゼカリヤ 14,4 にある「東と西に」という"西"の意である[5]。海にしろ山にしろ、「自分の言うとおりになると信じるならば、そのとおりになる。」（同 23 節）とイエスはいう。また「祈り求めるものはすべて既に得られたと信じなさい。」（同 24 節）ともいう。神の力が背景にある以上、当然であろう。ただいつか必ずそうなると信じることの難しさがここには潜む。

　イエス存命中でさえイエスの悪魔払いと癒しの物語は宣教師として送り出した使徒たちの活動に権威を与え、死後では奇跡物語はガリラヤ、シリアのキリスト教社会の宣教活動を権威づけるのに役立った[6]。役立つのなら、物語の真実性は重要になる。キリストの復活以外はどちらでもよいとはいえない。「王国の宣言と王国のしるしは相伴うのである。」（同 245 頁）。しるしなしには宣教ができない。そこで真にイエスが神の一回的受肉であれば、行った奇跡はほかの宗教の中での奇跡とはどこかで異ならなくてはならない。これについては比較研究が必要であろう。例えばラザロのように一旦死んだ人間を人は生

き返らしえない。もし可能ならあの時代に限らず現代でも起こってよくはないか。だがそういう話は聞かない。病気の癒しなどは人にも可能であろうが。生命自体は神の創造によるのだから。だがモーセと対決したファラオの魔術師が杖を蛇に変えた話がある。これも一種の生命であろう。生のないものに生を与えたのだから。

　イエスは心身共に人を救う存在である。奇跡はその一つの方法である。だから人は感謝してそれを受ければよい。ただ人として余りにもご利益的になってはならない。どこまでも信仰優先である。奇跡による癒しはあくまで付随的結果である。福音の中心的事項、キリストのキリストたるゆえんのところに目覚めていてこそ奇跡を神の力による恵みとして解しうる。イエスに躓くと「ごくわずかの病人に手を置いていやされただけで、そのほかは何も奇跡を行うことがおできにならなかった。」(マルコ 6,5) という事態となる。イエス自身が「できなかった」という点が注目に値する。人の側の信仰がいかに大切かが分かる。人の罪は神の力をも排除する。神はどこまでも人の側での意志を尊重される。奇跡が信仰の誕生に貢献するので、信仰を必要としないという反面もあるが。双方の面が共に真実であろう。神はそういう自由を有している。一回一回がその都度の判断である。ただイエスはベトサイダで盲人を癒した後で「『この村に入ってはいけない』と言って、その人を家に帰された。」(マルコ 8,26) とある。ここでのしるしと入るなとの命令との結合はイエスの生活の座を表すという[7]。イエスの人格的特性は死と復活とによって顕わにされるはずだから、それ以前では隠されている必要があるのであろう。

(2)

　マタイ 14,22 以下では湖上をイエスが歩き、それを弟子たちは分からなかった。またペテロは湖上へ出て沈みそうになり、「なぜ疑ったのか」とイエスはいう。信仰には難しさが伴なう。通常の判断とは異なることを正面から信じなくてはならない。このことは奇跡全般の理解への鍵を提供する。「恐れることはない。」ともいう。分からない、疑う、恐れるという三つは人の心が可視的世界の世にあるままだからである。ここに神への信仰のため超えねばならない

一線がある。神以外の何をも恐れず神を信じていれば、湖上を歩くイエスを認識しえたであろう。後二者は人の心の中でのことであり、それに応じて外の出来事との関係で「分からない」という判断が出ている。虚心坦懐なら認識できたであろう。疑いも、恐れも心は自己の方へ向いていることを示す。心が内向きでは外へも正しく向きえないのである。自己から目と心とが離れなくてはならない。そのとき自己がそこにある外的世界からも心は離れうる。ここで初めて外のものを正しく判別しうる。内向きではそういう内眼鏡で外界を見るのでその真の姿を見定めえない。不安という染汚は心の視力を鈍らせる。イエスが湖上を歩くとは予想外のことであろう。だからこそ分からなかった。このことは人は自己が予想したことを見ることを現す。予想外のことは見えない。そういうもの受容の心の準備がないから。人は心でまず準備して、後でそれを受容するのであろう。このことはイエスについても同様である。湖上を歩くとは予想外だった。それほどまでに霊的次元と地的次元とでは開きがあった。湖上を歩くときはモーセ、エリヤと語ったという話（ルカ 9,30）でのように、霊的存在へと変わったのであろう。イエスは霊的存在になったり、地的存在であったりしうる。我々一般の人間は後者でしかありえない。このことは禅でいう無と有との間の出入り自由と類似の事態といえよう。イエス自身についてはそれでよい。

　では一般のキリスト者、あるいはイスラエルの民についてはどうか。類比的に考えてよいのか。例えば葦の海を渡るときに神の力により霊を付与され、そういう存在になったので、イスラエル自らが行く先々で海は退いたと信じてよいのか。ダビデがペリシテ人ゴリアテと戦った時も霊を付与され霊の人となっていたのか。もっともこのことはいつも同じ仕方、同じ度合いでではない。その都度必要な質と量においてである。その点は神が決めることであり、人の知る限りではない。主体たる人が霊的に変化しても、客体たる自然が霊的に変わってもよいが、終末までは信仰の主体である人の方が変わるのが本来の在り方であろう。その都度神はイスラエルに必要に応じて霊的なるものを与えその危急を救ってきた。基本はそうであろう。そのことがその都度のイスラエルの経験として言葉で告白されている。主体、客体の双方の変化はあえて必要ない

であろう。例えばイエス自身霊的存在なので種々の奇跡をなしえた。あえて客体の方を変える必要はない。地は霊に従うほかないから。そこで主体の方を変えれば十分である。神はあえて不要なことはなさらない。そういうことは神が一なる存在であることと矛盾しよう。無駄事の実行は一ではなく、二や三であることと一であろう。霊的存在へと変わった主体には我々からは奇跡と見える出来事ももはや奇跡ではない。そういう存在にはそういう出来事が生ずべくして生じたのである。

　イエスの湖上歩行については大略次のようである[8]。湖上歩行でのイエスの行為は神の身振りである。ヨブ 9,8b、ハバクク 3,15 などに見られる。これがもし作り話なら、イエスの奇跡的行為で惹起された熱狂を記述したであろう。だが事実は反対に物語では弟子たちは恐れている。心が頑なと記述している。以上である。神の水支配は創造や出エジプトでの葦の海についての記述などにも出ている。今ではその記事の真偽を確認する方策はない。これだけは確かである。また、同じ問題点について大略次のようにも解される[9]。海はヘブル人には危険、神秘、恐怖の領域である。波立つ海は罪深い世の象徴である。エホバの能力は風と海を支配するその権威によって証明される。イエスが神の力に与かっていることは突風を静める物語（マルコ 4,35〜41）、湖上歩行の物語（マルコ 6,45〜52）の二つの物語の主要な教えである。以上である。かくて湖上歩行は罪深い世の克服の現れとの意味がある。人格的観点からはこちらこそ重大である。実際に湖上歩行をしたか否かは二次的、付随的である。霊的次元が大切である。

　重い皮膚病の患者がイエスのところへ来た、イエスは大胆にも彼に触れた（マルコ 1,40〜45、マタイ 8,1〜4、ルカ 5,12〜16）。二つの行為は実際に起こったことなので、単純に告げる[10]。端的な行為の記述はそれが事実だったからである。確かに事実でないことを事実"らしく"書くには潤色が必要となろう。

　長血を患う女の記事（マルコ 5,24〜34、マタイ 9,20〜22、ルカ 8,43〜48）ではマタイが最も短い理由はその意図が教えることにあり、話の頂点は"あなたの信仰があなたを健康にした。"という点にある[11]。生殖器の出血は不潔により法的に罰せられた病気なのに当女性が公衆の面前でそのことをあえて語る

恥はこの話の真実性を示す（同 130 頁）。

　イエスは婉曲語法をも使う（マルコ 5.40、ルカ 8.53、マタイ 9.24）が、嘲りの笑いでもって挨拶される[12]。死んだのではなく眠っているといったから。

　イエスの同情が奇跡の動機たる唯一の場合はルカ 7.11〜17 である[13]。13 節はやもめの求めで奇跡を行ったのではない。イエス自ら「この母親を見て、憐れに思い」とある。

　奇跡はイエスのサタンに対する勝利であり、人間存在の解放である（ルカ 10.18、11.21、13.16）[14]。霊的、人格的にはそうである。当時として当然なばかりか、より広い現代の思想的視野で解釈しても首肯できよう。ただ 13.16 では病気の回復をいうが、病気がサタンの仕業とは現代では誰も考えまい。

　イエスの奇跡についてさらに大略次のようである[15]。イエスは奇跡を彼の教えの枠組の中で行う。奇跡は福音のメッセージの例証を意味した（ルカ 5.1〜3、13.10、4.31、5.17、6.6）。ペンテコステの際ペテロは神がイエスを通して行った奇跡を語る（使徒言行録 2.22）。彼の説教でイエスの癒しを"神が彼と共にいた"（使徒言行録 10.38）と説明する。以上である。奇跡はイエスと神とが共にいる証拠である。ただ魔術や異教でもこういう事情はあった。かくてそれだけでは両者の相違は分からない。

　次に、使徒たちと癒しの関係は大略次のようである[16]。使徒たちへの宣教の訓令は「病人を癒せ」（マタイ 10.8）との命令を含む。イエスの務め同様治癒は使信の宣教に従属する（マタイ 9.35、10.7〜8 参照）。治癒は心身共なる究極的な贖いの比喩であり、部分である。以上である。確かにそうであろう。ただそれが魔術のようになってはならない。信仰が不可欠である。決して信仰抜きのご利益になってはならない。

　アウグスティヌスの意図は魂の目が奇跡の輝かしい光で打たれた肉の目で癒されるかもしれないことである[17]。そんなことがありうるのか。皮膚病の直った人のうち一人のみがイエスの許に戻ってきたという事実（ルカ 17.11 以下）は罪の深さを端的に顕わにする。また、多くのしるしにもかかわらずイエスが信じられないことについて、「主の御腕は、だれに示されましたか。」というイザヤの預言が挙げられている（ヨハネ 12：37 以下）。

(3)

　マタイ 9,18 以下では女がイエスの服の房に触れて癒される。癒されると信じて触れたと記されている。ここでも信仰が先である。信じなくてはならない。人の側での信仰に応じて奇跡は生じる。信じるだけ持つ。信仰に対して神は応える。かくて奇跡は人の信仰により引き起こされる。信仰がイニシエーターである。神が奇跡を起こすのだが、信仰が起こすともいえる。信仰が神を経由して起こす。神が直接の惹起者だが、間接の惹起者は人である。しかもここの場合イエスが意図的に癒しの言動をしてはいない。信仰が自動的に癒しの結果を引き出す。イエスの意志は入らず介在していない。各ケースごとの意志の働きの不要性を意味する。イエスの人格は自ずからそのように造られている。そのことは存在自体の奇跡内包を意味する。神的存在として当然であろう。反対に奇跡内包でなければ、神的存在でないこととなろう。このことは後での口止め（マタイ 17,9）を思い起こさせる。止めようにも止められないのかもしれない。神、キリストは創造者だから創造的行いがどうにも止まらない。止めることにこそ意志を働かさなくてはならない。人とはちょうど逆であろう。人は奇跡はなしえない。しようとしてもできない。そこで奇跡に対し特別の関心を持つ。神は反対である。止めようにも止まらずに奇跡が自己の周りで起きてしまう。意図してもできないのと意図して止めねばならないのとの相違である。しかも服の房に触れてなのでイエスの心身自体ではない点も注目に値する。それ自体としてはイエスの心身や人格に何の関係もないものである。しかもそういうものに触れて癒された。どこにでもあるもので誰もが持っているものである。そういうごく一般的に存しているものでさえ、一旦イエスが身につけるとそういうものではなくなる。イエスの心身からの霊気に触れてそういう性格へ変えられる。かくてこそそれに触れるのみで癒される。このことはイエスのその時の服に限らない。

　パン五個と魚二匹とで五千人養ったという話（マルコ 6,41 以下）も、そうであろう。イエスが触れてパンも魚も通常のものではなくなる。だからいくらでも増ええたのであろう。イエスの方から触れても、人からイエスに触れても結果は同じ事態が生じる。「あなたの信仰があなたを救った。」（マタイ 9,22）

とイエスはいう。かくて救ったのは本人の信仰である。信仰にはかくも偉大な力がある。これは「この山に向かい、『立ち上がって、海に飛び込め』と言っても、そのとおりになる。」（マタイ21,21）とイエスのいうことと呼応する。信仰とは天地を動かすほどのものである。ここではもはや奇跡などという語は用済みであろう。奇跡だらけなので奇跡などはどこにも見いだされない。ここに至って本当に奇跡が実現している。奇跡が奇跡として目立つ状況ではまだ真には奇跡は実現していない。奇跡が消えて初めて奇跡が成就されたといえるのである。奇跡が通常に取って代わっている。霊の流出と共に奇跡も流出する。つまり本来的には奇跡とは特異で注目を集めるようなものではない。このことは神の存在、創造自体が奇跡であることと一である。ただ本当にそうなると信じることが難しい。それほどに人は既成の固定観念でがんじがらめにされ自由を失っている。堕罪の効用であろう。きわめて狭い領域の中へ押し込められている。終末ではそういう閉塞状態から解放される。

　服に触れられてもイエスの心身に何らの影響も生じはしない。奇跡的に当の婦人が癒されてもイエスの側で何かが減少したのではない。一定のエネルギーが流出してもその分減少したという関係ではない。イエスはいつも変わらない。アルファからオメガまで変化はない。そうであってこそ天にいても地に受肉しても不変のままである。変化しようにも変化しえない。罪に落ちて変化したくても変化しえないのとは正反対である。質量共に不変だ。否、神の世界は質もなく量もない世界である。全てが一定の世界である。全ての変化を含みつつの一である。「後ろからイエスの服の房に触れた。」（マタイ9,20）とある。「後ろ」なのである。前からならイエスも当の女を意識できる。だが後ろなのでできない。無意識、無自覚でもよい。意識した場合と同じである。意識とは無関係という点も大切である。イエスが自身の意識をも超えた存在たるを示すから。存在は意識に先行する。当然である。存在があって初めて意識もありうるから。人が神を信じるときでも神が存在すると信じる。存在への信仰なしではその働きも霊も何もかも信じられはしない。特に人格という性格を担うものは固有な存在である。各個が別個の存在である。他と共通的なものではない。そこで存在という契機は特に大切である。イエスのような別格の存在では

特にそうであろう。房というごく小さい、いわば端のものに触れただけで癒された。このことはイエスという存在の一番端のものでも効果は同じであることを示す。霊の世界では大小長短広狭遠近は無関係たることに呼応する。宇宙の全ては本来奇跡である。宇宙全体も米粒一つも同様である。房一つが病を癒した。これは「神は言われた。『光あれ。』こうして、光があった。」(創世記1,3)というのと同じ。言が全てを造った。それと同様に存在への一触れが新しいものを創造した。癒しとは創造を意味する。古きを廃して新たに造るのである。当の婦人にはその一触れは一切を賭けてのことだった。黙って、見られないように後ろから触れた。怒りを招くかもという不安もあったであろう。種々の不安、疑念を克服しての決断であった。そういう信仰的決断だったからこそ、イエスの存在から答えを受けえた。賭けるという性格の欠けた信仰には応答はなかろう。もっとも"そういう性格の欠けた"とは信仰には形容矛盾であろう。そうあって初めて信仰といえるから。一触れというわずかのことで十分なのである。何度もとか、大々的にとかということは不要である。天地間の通行は少しの接触で可能とせられる。電気のプラス極とマイナス極とのようにいつも繋がろうとしている。そこでわずかの接触でもあれば待ち構えていたかのようにどっと流出する。このことは「神は忍耐してこられたが、…」(ローマ3,26)という聖句によっても示される。神は世界に対して厳しい一方で愛ゆえに哀れみの心を持っている。人はそういう神自身の待ち構えに対して応えねばならない。信仰による応答である。

　ここでの場合一触れは単なる房への触れというだけの意味ではなかろう。そういう外的現象は内面的なことの象徴とも考えられよう。イエスへの信仰がそういう態度で現されている。本当にイエスがそうできると信じた。房もイエスの存在の一部である。このことは教団がキリストの体であるとの考えにも連なる。つまりキリストに連なるものは全てイエスといわば同一次元の存在となっている。人が行為してイエスと結合しない限りイエスの側の霊は伝わらない。内の信仰が外へ行いとして現れて初めて力あるものとなる。そういう意味では房に触れる行いは単なる象徴ではない。それによってこそイエスの力が婦人の身体で現実に働くのだから。行為なしには力は作用しない。信仰―行為―作

用、これら三者は一体である。前二者の内いずれが欠けても作用はない。信仰は必要条件、行為は十分条件といえよう。双方が伴ってこそ十全となる。ただここでの行為は行為ではあるが、人に見せる行為ではない。見せるための断食ではない。そこで自分が行為しているという自覚はなかろう。行為ではもはやないところの行為である。無行為の行為である。あからさまの行為では義とはされない。無行為の無とは自己、自我という要素のないことを現す。心が信仰によって占領されている場合そうであるほかない。全面的占領なら信仰ももはやそこにはないといってよい。あるのは生である。生命である。信仰によって生かされた生があるのみである。生きることとは別個の、それとは他であるようなものはそこには少しもありはしない。信仰をもって触れる場合にはそこに賭かっている全存在をもって触れている。当然手でもってそうしたであろう。だがその手は単なる手ではない。頭でもあれば脚でもあり腹でもある。要するに頭の先から足の先までの全身である。手は全身の代名詞であろう。代表している。房に触れる指先に全魂がこもっている。禅では指一本を立てて全世界を現す。それと類似でこの場合の指先は生命の源となっており、必須条件である。

　イエスでは例えばマルコ 3,1～6 が示すように、律法への頑なこだわりから、善悪の観点よりの奇跡も含めた行為の立場へ問題点が移っている。そういうこだわりは真に律法を生かさず、文字は殺すという結果になる。そこでイエスは安息日だが手のなえた人を癒す。そうすることは善の実行という律法の精神に則った行為である。一方、誤信に陥っているファリサイ派の人々はイエスが盲目や唖の悪霊につかれた人を癒すと、イエスが悪霊の頭の力で悪霊を追い出している（マタイ 12,24）と主張した。人の心は一度曲がるとその観点からしか物事を見なくなる。イエスが行った奇跡を否定してはいないので、その分余計に問題は深刻である。悪霊という善悪の観点へ転じながら、しかもサタン側に立つ見方に陥っているから。イエスは悪霊と対峙する時、直接悪霊に例えば「黙れ。この人から出て行け」（マルコ 1,25）と命じる。神の権威を現している。祈り、儀式、魔術などを一切用いない。イエスがいることは終末論的出来事、新しい世界、神の支配の始まりであり、言葉のみで十分である。サタン

の世界支配は入れ替わって終わりつつある。イエスはこの地上で罪を赦す権威さえ持つ（マタイ 9,6）。罪を赦すことと中風の癒しとは一である。神自身以外に罪を赦しえない。にもかかわらずその権威のしるしとして奇跡を行った[18]。ただイエスの復活後では奇跡は神の、神の国のしるしとなったが、生前のイエスの行った奇跡は相対的にはその重要度が下がった。というよりその事実性はあまり問題にする必要がなくなった。この点は旧約の奇跡についても同様であろう。信仰はあくまで現在的なもので、過去のことはイエスの行った奇跡でも二次的なこととなろう。

（4）

嵐を静めるにしろ、水をぶどう酒に変えるにしろ、人とものとの関係でそういう事態が生じる。かくて奇跡の体験の主体たる人の側に何かが生じてもよいし、反対に客体の側にでもよい。水や嵐はそのままでそれをぶどう酒や静かな海として体験すればそれでよい。客体の側で何かの生起は必ずしも必要ではない。しかも信仰とは神、キリストと人との関わりの中で生まれるもの。かくて主体の側での変化という要因はことのほか大切である。パン五個と魚二匹で五千人の人を養ったという話はどうなるのか。主体の側での変化だけではすまないのではないか。この場合パンや魚の客体の側での変化なのか。不要なことを神があえてなさるとは考えられない。そうであれば全ての場合に客体の側で変化を起こさせばよいではないか。主体の側での変化より徹底するのではないか。パンと魚の話は旧約でのマナの話を思い起こさせる。現実にそういう類の出来事があったとしか考えられない。しかしパンの増加の物語（マルコ 6,35〜44 など）は現代では神話的構成、あるいは象徴的取り扱いとされる[19]。聖書はキリストの啓示への信仰告白という大枠での記述なので、個々の物語の史実性自体を問題にすべきではない。物語を通じて伝えているのはキリスト信仰である。その点さえ確かなら史実性の問題は消える。一つの物語の史実性の問題の消滅は全ての奇跡物語のそういう問題の消滅を意味する。そういう観点自体の消滅を意味するから。

多くの場合、民が危急存亡の危機にある時、奇跡が起こる。例えばマナが

天から降った時、イエスが嵐を静めた時など。ただ水がぶどう酒に変わったときはそうではないが。このことは神が非常権を発動して民を救ったことを意味する。ちょうど人を創造した時のように。葦の海とエジプト軍との挟み撃ちにあっているときなどは特にそうである。しかも特定の民イスラエルを救うためである。決して誰でもよいから救うのではない。十戒の受容が前提である。つまり神への信仰が先行する。神が強権を発動しても自らの意志を貫くという強い意志を顕わにしている。かくて奇跡も神の強い意志によって裏打ちされている。単に民をその時々において救うだけではない。イスラエルの民だからこそ奇跡によってでも救うをよしとされた。他の民なら奇跡を行ってまで救わなかったかもしれない。信仰先行でない民について神は奇跡による積極的干渉はなさらないであろう。奇跡的なことは起こるもよし、起こらないもよしであろう。奇跡についても徹頭徹尾信仰優先、主第一の原則が一貫している。信仰から外れた民は端(はな)から捨てられている。神がそちらへ顔を向けることはない。この事実は終末で顕わになる。それまでは不分明である。民が危機の時多くの奇跡がなされることは、奇跡が民の病気の癒しについて多く語られることでも分かる。危機と奇跡とは表裏一体である。前者なくば後者もまた不要である。このことはヤハウェ信仰がイスラエルの民の危急存亡と一の事柄たることとも呼応する。決してヨーロッパ化したキリスト教のように文化の一形態として存しているのではない。信仰や奇跡が神との関係でその分直接的たることを意味する。かくて奇跡は人が余裕を以って受け取る性格のものではない。いわば必須条件（sine qua non）という緊迫した性格を持つ。なくても何とかなるが、あれば一層助かるというものではない。真の意味で To be or not to be, that is the question という性格である。存在の様態ではなく、存在自体が問題化した状況の中での事柄である。民の側のこういう状況は直ちに神にも緊迫した事態である。間には一部の隙もない。もしあるのなら神は奇跡という強権を発動してまで民を救いはしないであろう。まさに神と民とは一である。そういう意味では神と民とは支え合っている。神なしには民が存しえないのは当然としても、反対に民なしには少なくともこの地上では神もまた存しえないのである。もし民が滅んだら、また別の民を立て交代させるとはいかない。それは罪に落

ちた人間の発想である。神はそういうご都合主義的、手前勝手な考えはしない。イエスだけではなく、イスラエルの民はまさに神の体現者である。これに反して余裕のある場合は、当人自身の有する理念の体現者とはいえても神の体現者とはいえない。奇跡を神が起こす時はその対象である人の側に危機があるだけではなく、むしろ神の側にこそ危機が生じている。神は自らに生じた危機を自ら補修したのである。それほどまでに神と民とは一体である。だからパウロは「同胞のためならば、キリストから離され……」(ローマ9,3) といえたのである。神とイスラエルの民とは文字どおり一である。神のためとは即ちイスラエルのためなのである。

ルカ5,11、ヨハネ21,3〜14での奇跡的漁獲について大略次のことがいわれる[20]。これらの考えは出来事の史実性を支持する。マルコ1,17〜20 2,14ではイエスに従う決定はただイエスの言葉の効能と結合するが、ルカは奇跡と言葉との結合したものの有効性と結合させる。言葉と奇跡とがシモンの内に新しい始まりを生起させる。以上である。また、奇跡的漁獲は主眼ではなく、「今からあなたは人間をとる漁師になるのだ。」というペテロの召命に関することが主眼だとの見解がある[21]。漁獲によって経済的に助かるということではなく、人格的、信仰的、霊的次元に主眼を置く見方は重要である。カナでの婚礼で水をぶどう酒に変えた話は異教的伝説から借りており、史実的にではなく象徴的に解されるべきとの見解もある[22]。ただ奇跡なしにはガリラヤからの預言者に対する人々の賞賛と熱狂は説明困難である[23]。当時のイスラエルの状況や旧約からの伝統を考えると確かにそうであろう。現代でも奇跡的なことを行えば人々は集まる。奇跡によっての人集めは正しくはない。だが奇跡を起こす場合、イエスは預言者、使徒とは違い神の名ではなく彼自身の名において奇跡を行った(例えばマルコ2,11)。後にも先にもイスラエルばかりでなく人類全体でこういう人はいないであろう。パウロでさえも「キリストがわたしを通して働かれた」(ローマ15,18) という。

編集上の種々の変更について。唖の癒し (マルコ7,31〜37) について、ルカとマタイはヘレニズム世界での癒しで使われる小細工、ため息、つば、外国語の使用などを多くのことを思い起こさすので省いたのか[24]。一つの奇跡物

語をもう一つのそれでもって包むという工夫がいずれの福音書でもなされている[25]。記事にはこういう操作がなされている。これも信仰を伝えようとの意図から出たことであろう。またマタイ 8,28～34 でのガラダ人の癒しの記事には出来事の脚色やユダヤ的精神性を共有する読者の解釈による詳細が入っている[26]。さらに、大略次のこともある[27]。例えばマルコ 4,37～41、マタイ 17,24～27、ヨハネ 2,1～11 などは黙示文学的終末論の雰囲気の中で語られていた。かなり旧約に強く関連していた。嵐を静める話の枠組みはヨナの物語に基づき、湖上歩行はヨブ記での神の記述に関連し、パンの増加は列王記下 4,42～44 でのエリシャについての同様の話に近い。十字架刑での暗闇は多分アモス 8,9 の預言に基づく。以上である。かくてイエスにまつわる奇跡は旧約に関連している。個々の奇跡の史実性ではなく、それらが語られる仕方に関心を持っていることは信仰とは何たるかを表明しようとしていることを示す。

(5)

イエスといえども自分自身の利益のため（マタイ 4,3）とか自分の栄光を求めること（マタイ 4,6）に関して奇跡は行っていない。奇跡はそれを行う当人のためではない。このことは人にとり好都合なことを奇跡と呼ぶこと自体よろしくないとの判断へ通じる。奇跡は神からの自由な賜物であり、多くの奇跡的記事がそういう結果を示すように、人のイエス信仰を目的としている。神の支配の端的なしるしである。何ものにも縛られない自由がそこに現れている。自由のいわば噴火であり、ベスビオス火山である。イエスは奇跡を行いうるほどの力を持ちながら自己のためにはその力を行使しなかった。逮捕の場面で天使の軍団を呼びうるのにそうしなかった（マタイ 26,53）。力は正しい目的があってこそ正しく使われる。力の一人歩きは正しくはない。力が大きいほど正しい目的により統御されなくてはならない。創造がそもそもそういうものである。力とは何かを創造する性格を有する。もし創造しないのなら、力など不要である。かくて力は本来負ではなくて正の方向へ作用するものである。イエスの受胎が聖霊によると同時に人の精子によってもよい。全き人であると共に全き神であるのなら、それこそむしろふさわしい。聖ということを人に属すものの排

除という形でイメージするのが当時のやり方とすれば現代では別の仕方があってもよい。聖とは地上的であることとは矛盾はしないから。もっともマリアの懐胎については種々の見解がある[28]。

マタイにイエスの姿がモーセ、エリヤと語り合うために変わったという話がある（マタイ 17,2 以下）。その表現と出来事自体とは区別しなくてはならない。前者は人間的側面であり、後者は神的次元の出来事自体である。後者を人が人間的次元で受け取り人間的に表現したのが前者である。もとより双方は切り離しはできない。だが全く一でもない。もしそう考えればかえって出来事自体を正しく理解しえない。もっともこういう事態はどの奇跡についてもいえる。キリストの復活についても。だが例えばキリストの復活の事実自体の否定はありえない。ただそのことを当時の人間的次元で表現するとあのようになるのであろう。神的次元の出来事自体とその人間的表現との相即という問題は、それが直接人間の側での利益に関わらない場合に特に顕著になる。というのも水をぶどう酒に変えるように人の側での利害にすぐに跳ね返る場合は、そのことを直接経験するので、先にいった相即という問題は起きにくいからである。そういう出来事なら自己の言葉で直に表現できるからである。

パウロはアレオパゴスの説教でもキリストの復活のことをいうが、イエス存命中の奇跡については何も述べない。霊のキリストに出会い、可視的世界が一括して無の中に没し、再びそこから創造し直される過程に入っている以上、もはやイエスの過去の云々は意味のあることではない。それこそ「鋤に手をかけてから後ろを顧みる者は、神の国にふさわしくない」（ルカ 9,62）こととなろう。迫害していた以上、奇跡についても聞いて知っていたであろう。にもかかわらず述べない。霊的キリストを知った以上、地上的イエスはもはや関心の対象外である。この事実は重く受け止めなくてはならない。ただ彼は霊のキリストに出会ったので、イエスの行った奇跡は信じていたのではあるまいか。当時としては、モーセの時エジプトの魔術師も水を血に変えたように奇跡を起こしうると信じられていた。そういう状況でのイエスの奇跡である。一方、現代では偶然に癌が治ったように奇跡が生じることは事実ある。だが人為的にそういう奇跡を起こしうるとは信じられていない。こういう状況の相違がある。そ

こで当時の人がイエスの奇跡を信じることは現代人がそう信じるのと信仰的に同価値的ではない。では現代人はどう信じればよいのか。当時の人としてはイエスの奇跡を信じないことはイエスを信じないこととなろう。だが今現在ではそうではない。パウロの態度[29]が参考になろう。イエスの行った奇跡は述べていない。つまり霊のイエスが信じられれば、地上のイエスの行為はいわば不問に付しうる。奇跡を信じねばならぬとするのは地上のイエスに囚われることである。これは反信仰的態度である。霊のイエスが信じられれば、地上のイエスには自由な態度を取りうる。個々の奇跡は行ったと信じてもよいし、行わなかったと信じてもよい。ただそういう奇跡を行う能力を有することは信じねばならない。そういう意味で奇跡の記事は現代人にはいわば踏絵となりうる。個々の記事を信じねばならぬとするのとそういう可能性を信じるのとではどう異なるのか。現代では一般に人為的に奇跡を起こしうるとは信じられてはいない。そこで前者では知性の犠牲という要因が入ってくる。当時ではそういう要因は入ってこない。そういう奇跡を人が起こしうると信じられていたから。一方、後者では知性の犠牲は必要ではない。神ゆえあらゆる事を行う能力を有すると信じることは正しい。そういう信じ方は当時の人がイエスが奇跡を行ったと信じるのと信仰同価値的な信じ方といえよう。

　当時としてはそう表現するしかない超常識的な行為を信じたという内容の記事として現代の信者は受け取る。決して字義どおりに直解的にではない。当時はそういう可能性、能力のあることは元々信じられていると考えてよい。そういう基盤の上で個々の奇跡が信じられていた。かくて一般的可能性から個々の奇跡への信仰へ向かう。一方、現代では逆に個々の奇跡の記事からイエスの有する奇跡能力へ向かう。ただ当時では人が奇跡を起こしうる一般的可能性が現代ではイエスに限定されて信じられることとなろう。霊の人キリストへの信仰が先にありそこから奇跡の能力を有するであろうと信じられる。霊のイエス・キリストへの信仰が先行する。そこから地上のイエスの奇跡的能力へと信仰は進む。霊のキリストへの信仰の裏打ちにより地上のイエスの奇跡的能力への信仰も確固たりうる。決して何の根拠もない話ではない。これ以上はない最強の根拠に基づいている。霊に基づくことなればこそそういう能力はキリスト

に限定される。一般のキリスト者や人間にはそういう能力はないから。キリストがただ一人き霊的存在でありうるから。キリストを霊と信じる観点からは現代における方がより徹底している。過去の言い伝えの中の奇跡に心が引っかかっているのは当人の心が今現在最も近いキリストの復活[30]という奇跡によって捕らえられていないことを逆に顕わにする。大小長短広狭遠近は霊の世界では意味をなさないように、奇跡についても各人がその信仰に応じて信じればよい。今信じられる範囲で信じればよい。ただキリストの復活は神から人への最初で最後の啓示なので信じねばならない。神への信仰とキリストの啓示への信仰とは一だから。書いてある全ての奇跡を信じるのもかえって地への固着を現しており、反信仰的、反霊的である。奇跡に囚われないところに真の霊的信仰はある。現代では各種の奇跡はそれらに囚われないようになるためという勧めとして理解するのが最もよい。

（6）

　奇跡はそれを受容する人々の義を意味する。反対に受容しない人々を裁く。事実マタイ 11,20 以下はそういう趣旨のことをいう。奇跡の拒否は罪を犯すことである。終末を待つまでもなく奇跡を拒んだ時点で既に裁かれている。キリストへの信仰を拒んだのと同じである。奇跡のような出来事はその都度の神による直接の干渉で生じる。ここには聖霊が働いている。かくて受容拒否は聖霊を受容しないことである。そこでその時点で裁きの宿命が確定する。キリスト信仰には神の愛という側面があるが、同時にそれを拒む者には厳しい裁きが下される。先の聖句に依ればティルス、シドンの方が軽い罰で済む。これらの町は罪ある行いにふけっていた。だが奇跡のような聖霊による特別の行いを受容拒否したのではない。ただただ十戒に背いていた。十戒は一般的な定めとしてイスラエルに啓示されたものだが、奇跡は特定の時所位にあるイスラエルの特定の人々への個別の聖霊による神の行いである。にもかかわらずそれを拒むとは自分達に対する神の特別の恵みを拒むことである。かくてより厳しい裁きを招いても何ら不思議ではない。そうならなかったらそれこそ不思議であろう。かえって神は不義となろう。「聖霊を冒涜する者は赦されない。」（ルカ 12,10）

とあるが、まさにそうである。かくて奇跡は義の使者といえる。背くと不義とされる。日本では触らぬ神にたたりなしといわれる。日本での八百万の神のように自ら積極的に啓示をする神でない場合はそのようにも考えられよう。だが自らの意志を啓示し民を導く神にあってはそうはいかない。人の側での身勝手は許されない。神の民は神のための民であるから。決して民自身の安寧が目的というのではない。そういう性格が強くなるほど民の側での身勝手は許されない。神による直接の行いはそれだけ重い意味を持つ。そこで奇跡とはアダムへの「どこにいるのか。」（創世記3,9）という神の呼びかけにも等しい。奇跡を通じて神は民を自己の前へと呼び出す。呼びかけに応じずに罪と一体の古巣に留まっていると裁きを招く。

　奇跡は人を、罪と一体の古い自己から離れさせるという意味を持つ。そこで奇跡による現世利益に目を奪われる場合には奇跡を行わないことにもなる。信仰のないところではあまり奇跡を行わなかった（マタイ13,58）とある。現世利益への囚われは古い自己との決別とは逆であるから。ところが人は罪があるからそういう面に囚われ易い。奇跡が人をそこから解放しようとする事柄に奇跡自体によってまた囚われるという悪循環に陥る。罪には際限がない。神がいかに努力しても民は罪から離れえない。そういう民を神は忍耐を以って支えてきた。いかに神が忍耐強いかが分かる。神とは忍耐の塊のような存在である。このように奇跡による呼びかけは表面的には目先の現世利益があたかも目的かのような衣を着ている。だが本来の目的は義という点にある。しかもそれが利益の裏に隠されているところが神の恵みとしてはふさわしい。何かを受容すれば神の前に義とされるのなら、誰も拒まないであろう。全員が受容しよう。否、むしろ現実は逆であろう。そういう場合、当人に特別の世俗的恩恵はない。そこで受容されない確率の方が高い。それほどに人は神から離れて生きている。そこで神は奇跡を行い、それを受容すればそれでよしとされた。婦人は触れれば癒されると信じてそうした（マルコ5,28）のだが、利益の方が優先してはいないか。イエスの行いを聞いた上でのことだから。それは仕方ないこととイエスは許容したのであろう。そうとしても利益優先という事実は如何ともしがたい。たとえそうでも神はそれを赦すのか。キリストにおいて神自らが

人の罪を赦したように。この場合義は犠牲にされる。そういう事態が積み重ねられていくと、どこかで清算して義を回復しなくてはならなくなる。そうでない限り神の義が立たなくなる。そこで一路キリストの十字架へと進んでいく。キリストの十字架までは義を犠牲にして神は愛の観点に立って人に接してきた。だがそのままでよいわけがない。それでは義を犠牲の甘やかしとなってしまう。愛は甘やかしとは異なる。甘やかしは人格的存在をスポイルする。愛は反対に人格を立てる。それには愛は義と一体でなくてはならない。かくて奇跡の実行は義の追求とは背馳する性格の方が強いように思われる。もし義を追求するのなら奇跡を行いえないのではないか。義を犠牲にして愛を行うことになるから。それともイエスの心は異なるのか。とすればどう調和するのか。人々の困窮を見て思わず義を忘れて助けようとするのか。義の実行の際は愛のことは忘れて滅ぼす。愛の実行の際は義のことは忘れる。そして我に返って悩むのか。極めて人間的解釈にはなるが。だがその悩みをいつかどこかで解消しなくてはならない。そこでキリストの十字架の出来事となるのであろう。

　奇跡および身体と聖および罪の赦しとの一体性について。マルコ2,1〜12についてだが、身体に対しての奇跡は罪の赦し、心の奇跡のしるしであり、イエスが人の心の支配権を握っている証しである[31]。奇跡と聖さはキリストによる新しい世界のしるしであり、奇跡が宇宙で完成させるものを聖さは人格の内に完成させる[32]。確かにそうである。復活のキリストにおいて両側面が統一して実現されている。キリストが求めるのは信仰である。そこで記述されている個々の奇跡自体が科学的に検証できても、それが信仰を惹起しない限り意味はない。単なる驚嘆に終わる。当時の人々は奇跡により信仰へと心を喚起されたかもしれない。だが現代人の心はそう単純ではない。奇跡はいわば諸刃の剣であろう。信仰へ喚起される人もいれば、逆方向へ赴く人もでてこよう。いずれにしろ現代では信仰にとって個々の奇跡の史実性は重要度が低い。イエスの奇跡を本当かと感じるのは、信仰とは別個の理性である。なぜなら後者は現代では自然的法則を破ることを人為的に起こしうるとは考えないから。一方、信仰と一体の理性は霊のイエスと一体なのでイエスが奇跡を起こしうると信じる。もっとも同時に信仰以前の理性も作用して本当にそうかという心配もする

が。かくて現代では理性は二重の性格を以って作用している。

　しるしとしてのイエスの奇跡の受容はイエスの受容であり、しるしは旧約の中に基礎を持ち、イエスとモーセを結び付け、イエスの悪魔に対する勝利は終末論的勝利と結合している[33]。ただ使徒言行録 10.38 によるとナザレのイエスは神によって油注がれた者とされ、悪魔に苦しむ人々を癒したが、それは神が一緒だったからだという。ここでは神が前面に出て、イエスは神の経綸のいわば一種の道具的地位に置かれている。イエスと同時代の人々と次世代とでは生活の座が異なりそういう相違が生まれている。宇宙の自然科学的法則は神によって創造されている。そこで奇跡は一般的、自然的啓示以上の何かを啓示する出来事と解すべきであろう。しるしはこう位置づけされよう。

（7）

　キリストの復活は一回限りの出来事で科学の対象にはなりえない。墓が空だったという事実は、霊の体へ生き返ったのがイエスとして死んだ彼の身体の復活体と考えれば、辻褄は合う。確かにキリストについては霊体と解しうる。ヨハネ、あるいは一世紀のユダヤ人が復活をどう想像したかを問えば、死から目覚めること（ヨハネ 11,11、マルコ 5,38〜43、使徒言行録 9,40 など）、そして墓から歩いて出てくることの二点だが、他の人々によって石を除いてもらう必要はなかった[34]。一般には死からの目覚めだが、イエスの場合はほかと違う点もある。イエスが実際に復活したと推論される理由としては、まずイエスの死で一度は散逸した弟子達が再度集まり、イエスを救い主として宣教を始めたという事実がある。これほどの大転換の生起にはよほどのことが必要である。それこそ主の復活である。次に、パウロでいえばダマスコ途上でのキリスト顕現という出来事（使徒言行録 9,1〜9）が考えられる。「肉に従ってキリストを…今はもうそのように知ろうとはしません。」（2 コリント 5,16）という告白となる。そこで地上のイエスの詳細を思い起こすことはしない。福音書の記述は終末遅延になってからであろう。復活のキリストは天におられる。主の復活は主が自分で決めたことではなく、神自身が決定されたのである。周囲の人

間の思惑はもちろんのこと主自身の思いをも超えたことだった。

　イエスの復活の解釈では信仰的観点が重要である。もしイエスを主と信じるのなら、復活は不可欠となる。反対ならほかの人間同様死が最終の事柄となろう。聖書は前者の立場で書かれており、聖書の記事以前の霊的、信仰的、人格的、倫理的な基本的立場が決定的に重要である。復活を受容させるような思想的枠組みが存しているか否かが問題である。それは各人の実存的在り方、生き方と一である。こういう実存的観点から見るとき、「疑う者もいた。」（マタイ28,17）という記事はきわめて重要である。疑うという事態は当人の心が地上から離れていないことを顕わにする。復活信仰とこの離脱とは同時生起である。一方、受難は死なので、人間なら誰でも死ぬのだから、その受容に特に支障は生じない。復活や顕現と受難とで聖書の記述に相違する局面が生じても自然であろう。また、ルカ24,4〜7ではイエスの空の墓について、遺体を捜す人に説得がなされる。空の墓を見ただけでは復活が信じられないことを顕わにする。死体を盗み出したという低次元の発想さえ生まれる。史実に対して信仰が追いついていない。信仰は他者の側から助けられて初めて超自然的史実に届きうる。復活信仰はこのように助けを必要とするが、一旦信じられたら史実を端的に記すのみである（1コリント15,5;7、ルカ24,34）。

注
1)　A. リチャードソン　『福音書における奇跡物語』　小黒薫訳　昭和33　134頁
2)　岩波講座　宗教と科学　4　宗教と自然科学　1992　229頁以下　村上陽一郎「自然哲学と魔術」
3)　J. ポーキングホーン　『世界・科学・信仰』　小林澈郎　松本武三訳　1987　121頁
　　さらに、René Latourelle; The Miracles of Jesus and the Theology of Miracles 1988 233頁によればブルトマン、ビルケンス、フォルトナなどはヨハネ11,35〜37は原テキストへの付加だと考える。また320、322頁では奇跡は自然的変動の範囲内の事柄とは考えにくく、統計的例外という判断も困難とされる。だが事実急に癌が消えたりしているが、これはどうなるのか。また突然変異などは統計的例外のさらにその外にありはしないか。
4)　A. リチャードソン　同上書　82頁　また、奇跡を行う才能は神である証明と見なされず、奇跡の意義はその霊的意味にあった（使徒言行録10,38）（28頁以下）。さらに、マルコは突風を静める記事と悪霊の追放の記事を並べて詩編65,7の成就の一例とする（106

第 2 章 奇　　跡　155

頁)。マルコはイエスの奇跡において旧約の預言成就を見ている。悪霊も自然現象の一部と考えられている。

5)　Robert M. Grant; ibid, 166 頁以下
6)　René Latourelle; ibid, 240 頁
7)　ibid, 183 頁　手の二重の押し付けや癒しの遅さはイエスの慣習的スタイルと異なり、それらは物語の史実性に有利な議論となる（同 184 頁）。
8)　René Latourelle; ibid, 140、146 頁　また、Robert M. Grant; ibid, 178 頁では水上歩行の可能性への信念は相対的に稀でキリスト教以前のインドで見いだされるが、ギリシャの著作家は一般にそれを馬鹿げたことと見ているという。
9)　A. リチャードソン　同上書 104 頁
10)　René Latourelle; ibid, 90 頁　ルカ 17,11～19 にもある重い皮膚病の癒しについて 11 節はサマリアとガリラヤの間の境界への旅を示唆するが、これは主として編集的である（同 193 頁）。
11)　ibid, 129 頁以下
12)　ibid, 126 頁
13)　ibid, 193 頁
14)　ibid, 254 頁
15)　ibid, 253 頁
16)　R. H. フラー　早川良躬訳　同上書　153 頁　また、エリザベス・S・フィオレンザ編著『初期キリスト教の奇跡と宣教』　出村みや子訳　1986　203～230 頁では十二弟子（マルコ 6,7、マタイ 10,1）や七十二人（ルカ 10,9）に対して権限が、また派遣の時癒しと悪霊追放の力とが付与されるという。人間は付与で初めてそういうことができる。
17)　René Latourelle; ibid, 267 頁
18)　ibid, 226 頁　ヨハネ 9,1～41 での土による盲目の癒しは安息日では禁止なのに、あえてそうする。律法を破ることでも権威が躍如とする。
19)　ibid, 72 頁　実存論的解釈では物語を一つの伝説、旧約と諸宗教の歴史からの同様な特徴を使用しつつの神話的構成と見る。さらに、Robert M. Grant; ibid, 170 頁ではパン増加は象徴的観点からは洗礼と聖餐式との奇跡の象徴的描写であるという。エチオピアでの物語に一例がある（同 178 頁）。
20)　René Latourelle; ibid, 162、164 頁
21)　R. H. フラー　同上書 168 頁以下　また、René Latourelle; ibid, 171 頁ではこういう事態に関係するが、マタイ 15,21～28 での子供の食べ残しのパンを犬にやることは批評家達によって教会の異邦人への開放を予期させるしるしと見られているという。
22)　René Latourelle; ibid, 212 頁　だが R. Schnackenburg、H. Noetzel、R. E. Brown などは反対にこの話の史実性を主張するという。

23) ibid, 54頁
24) ibid, 177頁
25) ibid, 122頁　例えばマルコ5,21〜24、35〜43におけるヤイロの娘についてである。
26) ibid, 118頁
27) Robert M. Grant; ibid, 169頁
28) ibid, 170頁　マルコ、ルカでは聖霊による。旧約の族長伝説は懐胎をしばしば神に帰す。イザヤ7,14の70人訳では処女が身ごもり一人の子を産むとの預言を読む。一方、処女懐胎はマルコにはない。だがそういう考えは急速にカトリック教会の教義となった。以上である。
29) J.ポーキングホーン　ここでの問題と直接関係はないが、同上書128頁には男性優位のユダヤの法典では婦人の証言は証拠力を持たないとされて、それゆえ彼はイエス復活後の顕現について女性の証言を挙げていないという。
30) 同上書129頁では大略次のようにいう。新約記者は一定期間中のキリスト顕現と後代まで続くイエスに関する幻視とを区別する。使徒言行録18,9では主がパウロに夢の中で語る。この場合幻視に特別の意味を与えようとの意図は見られない。ダマスコ途上の顕現に使徒職の権威を主張した彼はそれが幻視たることを否定。2コリント12,2〜4で幻視に基づいて何かを主張してはいない。
31) 岩波講座　宗教と科学　3　科学時代の神々　1992　81頁　塩川徹也「合理主義と神秘主義」また、同講座　宗教と科学　8　身体・宗教・性　1993　98頁　山形孝夫「病いと癒し―傷ついたシャーマン―」では奇跡物語の聖霊はプネウマであり、これは風、大地の吐く息、不可視の力の意であり、イエスの触れる動作を通して病人に移動するという。
32) René Latourelle; ibid, 331頁　また、キリスト教的、カトリック的社会の外のどこにおいても厳密に検証された、相対的に数多い現象を見いださない（同323頁）。ただヒンドゥにしろイスラムにしろ科学発達の世界ではなく、キリスト教世界ほど科学的にものを考えない。そこで単純な比較はできない。
33) ibid, 153、210、269各頁　また、A.リチャードソン　同上書　55、96頁以下ではイエス自身が天からのしるし要求のファリサイ人を拒絶して預言者ヨナのしるし以外はない（マタイ12,39）という。さらに盲人の目が開き、聞こえぬ耳が聞こえるようになることが主の日の到来のしるしという旧約の預言を背景として初めて、マルコの中の耳、口の不自由な人（7,31〜37）、ベトサイダの盲人（8,22〜26）などは理解されるという。
34) J. A. T. Robinson; The Priority of John　1985　293頁

第3節　新、旧約双方に関わる事柄

（1）

　奇跡といえども神とイスラエルとの間の信頼関係が基本にある。世界は神の働きが現れる場である。かくて奇跡という観念は基本的にはイスラエルは持ち合わせないであろう。現代人は発達した科学の法則で世界を見るので、それに反することを奇跡として受け取る。そういう意味ではごく日常的なことでも奇跡として受け取ったこともあったであろう。奇跡という観念が生きていること自体神への不信仰を現す。信仰とは神と同じ地平に立ち、神を絶対的に信頼することだから。かくて信仰によって神に近づくほど人間的次元のものが脱落する。その内には“奇跡”という観念も入る。そういう点で禅と共通な要因がある。かくて例えば奇跡の類型化といっても科学的観点という不信仰に立ってとなろう。信仰の充実は科学的観点からの奇跡という観念を排除するであろう。奇跡という観念が消えたときが信仰が真に成就した時といえよう。信仰は奇跡を駆逐する。見えざる神を信頼しての行いは無の中へ入っていくようなものである。無の中から無からの創造のように信仰によって“奇跡”が生み出される。かくて無と“奇跡”とが呼応する。奇跡という観念は科学的法則と一対であり、いずれも独立して見られる限り、反信仰的性格のものである。科学的法則への囚われは現代人だからというよりは不信仰ゆえにという側面の方が強い。奇跡との判断は信仰とは別の科学的知識という基準から由来する。そこで信仰が充実するほど奇跡はその場を奪われる。科学的法則への囚われがなくなれば奇跡との判断も消える。かくて神を信じるとは奇跡が奇跡でなくなることを意味する。神がそのような行いをされたというのみではないのか。奇跡とは世界が一定の自律的法則によって運行されているという観念あってのことであろう。そういう観念が神への信仰にあっては存しないのである。むしろ日常的な事柄に奇跡という感慨を持つのではあるまいか。法則的観念がなければ個々の出来事が固有の出来事として神と人との間の事柄として受け取られ、各々の出来事についてほかの出来事との関わりよりも、それ自体として受け取り書くこととな

る。その場合、絶対の神以外にいかなる前提もなしに書く。いかなる出来事も神から人への言葉として受け取ることとなる。出来事というよりも言葉である。神の意志を伝えるための言葉たる出来事である。事実自体を書くのが目的ではなく信仰告白として書くのが目的なので、葦の海の件を記述した記者も自分が偽りを書いているという意識は全くなかったであろう。信仰に対して極めて忠実に書いたと感じていたであろう。

（2）

奇跡一般について。旧約では神は何でもできると信じていたので、実際の生起は別にして信じていたのであろう。だが新約は異なる。旧約ほど奇跡は多種多様ではない。キリスト自身の奇跡はともかく、それ以外では。新約も旧約も神の全能への信仰という点では同一であるが、時代が下がる分、新約では旧約ほど多様な奇跡は書かれていない。それだけ非神話化が行われているのであろう。にもかかわらずキリストについては多くの奇跡が見られることはキリストの奇跡への、ひいてはキリストという存在の神からの由来への信頼の強さを示す。旧約での奇跡の主体は神自身である。新約では主体はキリストである。ただキリストは神でもある。そこで神とかキリストとかは全能だという信仰の現れとして奇跡が書かれている。旧約で奇跡の主体であった神が人の前に現実的な一人の人間として姿を現したのである。神にしろ、キリストにしろ全能だから奇跡を行っても不思議はない。全宇宙を無から創造した神が人には奇跡と映るようなことを生起させても驚くには当たらない。むしろ奇跡を行わなかったら全能者にふさわしくないであろう。全能な神には奇跡という言葉は不適切である。奇跡とは人間の行いについていいうることである。生ける神は臨機応変にあらゆる事柄をなし給う。いかなる制約をも受けない。自由なのだ。「主の霊のおられるところに自由があります。」（2コリント3,17）というが、神は霊自身なので自由そのものである。旧約時代は自然科学的自然理解を欠いている。そこで神は何でも行いうると信じるし、また信じうる。そこで神も人のそういう精神性に応じてその意志を現す。つまり奇跡を起こす。だが現代人は自然科学的自然理解をしており、自然には一定の法則のあるを知っている。かく

て神もそういう人間の精神性に応じて自己の意志を現す。かくて現代人は旧約の奇跡を全て生起したと信じる必要はない。それは時代錯誤である。時代の相違を考慮してもキリストは神自身でもあり何でも行いうる。そこでキリストが行ったという奇跡は全てそのとおり信じられれば信じてよい。だが二千年前のものなので現代人には自然科学的に考えて突飛なことについては信じなくてもよくはないか。ただしキリスト自身の復活は、罪の贖いという点からもキリストが神でもあるという点からもそのとおりとの信仰が必要であろう。各々の時代の自然科学的理解に応じた神の意志表示がある。このことは無用の躓きを除く点からも必要であろう。奇跡の生起自体が意味を持つのではないから。神の意志の伝達が大切である。奇跡を起こすような仕方で現代人に神の意志を伝えようとすればかえって無用の摩擦を引き起こすであろう。時に応じることは神にとっても必要である。同じ時代、例えば現代に生きる人々の間でもある人々はある奇跡を信じられても、別の人々は信じられないという事態も生じる。如何ともし難い。積極的に多様性を認めねばならない。古代に比し現代では人間社会が種々の点で多様化しているから。画一的基準を設け全員に強制すれば無用の摩擦、知性の犠牲を要求することとなろう。ただ古代人は奇跡の中に創造の秩序の変更の可能性を信じていた[1]。

（3）

イエスが真に神の受肉ならあらゆる奇跡を起こしても何の不思議もない。むしろ起こし方が少なすぎる。それは基本的には奇跡で人々を引き寄せるのは正しくはないから。イエスには意志と能力との不均衡はなかった。意志すれば全て実行しうる力が備わっていた。基本は信仰が先で、後で奇跡である。人々の間に信仰はなかなか見いだしにくい。結果、奇跡も予想ほどに多くない。利益による誘導は邪道である。旧約での奇跡は直接人が起こしてはいない。水が血にという場合も主よりの知らせがあり、そのとおりにした。その結果生起する。奇跡のイニシエーターは人ではなくて神である。人はただの仲介者に過ぎない。一方、イエスではイエス自身が奇跡を起こす。この点が根本的に異なる。旧約記者も奇跡を起こしうるのは神自身と認識している。人がそれをやる

と魔術となり神に反する。イエスを特別の存在と考えると、福音書の奇跡を全て起こしたとしてもまだ不十分である。未記述のことが大いに残っていよう。その方がはるかに多いであろう。奇跡は信仰とは無関係にも生じる。例えば癌が急に消えるという具合に。だがこれは意図されてのことではない。宇宙の中の隅々までが寸分たがわず設計されてはおらず許容範囲の中で融通が利くからであろう。かくてこういう奇跡とイエスの行う奇跡とは異質である。前者は単なる自然現象である。一方、後者は人格的事象である。原則としてイエスへの信仰が前提であるから。これなしには起こりえない。恐らくイエスははるかに多くの奇跡で民を救いたかったであろう。だが民の不信仰がそれを妨げる。イエスの起こした奇跡のごく一部が記録されているに過ぎまい。現象自体としてはイエスによる奇跡も信仰に無関係の奇跡も同じに見えよう。例えば病気の癒しである。ただ魔術による奇跡には限界があろう。被造物たる人間がイニシエーターであるから。起こしうる範囲も限定されざるをえない。神の許しの下で可能であるに過ぎないから。この点では自然現象としての奇跡についても同様であろう。被造的世界でのいわば車のハンドルの遊びの内での現象としての奇跡であるから。そういう意味では正真正銘の奇跡ではない。まがい物である。魔術のように人に発するものもハンドルの遊びのごときものも共にそうである。イエスの起こした奇跡は人の言葉での表現では奇跡性が拡大されるどころか、反対に矮小化されはしないか。本来人に属さないものを人に属す言葉で表すのだから。元来異次元のものであるから。矮小化されても、なおかつあれだけの物語として書かれている。矮小化されずにそのままの姿形で人の前に現れたら、その迫力はいかばかりかと推測される。本来人の言葉の中に収まりえないものを収めているのだから、無理が生じるであろう。「世界もその書かれた書物を収めきれないであろう。」（ヨハネ 21,25）という事態も生じよう。この点からも福音書の奇跡を文字どおりに受け取るのは正しいとは思われない。そういう表現にするほかない何かが生じたと受け取る方がずっと真実に近いのではないか。イエスの起こした奇跡が人の手による矮小化を経て各々の表現となっている。

　我々の理、知性で合理的に説明しうれば、奇跡ではない。そこでそういう

ことができないことこそ奇跡といえよう。かくて奇跡の合理的説明は所詮無意味である。キリストの復活さえ奇跡として信じうれば、ほかの奇跡はどちらでもよい。「主の霊のおられるところに自由があります。」(2 コリント 3,17) とパウロはいうが、これは奇跡についてもいえる。だからこそ彼はキリストの復活はいうが、ほかの奇跡（イエスの行った奇跡も含めて）は余り語らない。あるいは旧約での奇跡をもあえて語らないのであろう。信仰とは本来そういうものであろう。かくて釈義学の本の参照は余り意味がなかろう。例えば葦の海とエジプト軍との挟み撃ちの状況から脱したのも何か通常の仕方とは別の仕方によってであろうと信じればよい。それ以上の具体的「いかに」の探求は不必要なばかりか、かえって不信仰より由来する企てとなろう。だが使徒言行録 15,12 以下ではパウロとバルナバについて「あらゆるしるしと不思議な業」とあるのでそうとばかりもいえないが、同 17,3 では「このメシア は…イエスである」という。かくてイエスが中心であることは明らかである。パウロはその書簡のどこにおいても例えば挟み撃ちからの脱出などのしるしを否定してはいない。それはそれでよい。同 19,11 以下でも奇跡はイエスを述べ伝えるパウロに関連してであった。同 20,7 以下では確かにパウロは若者を生き返らせるが、使徒言行録はパウロ自身が書いたものではない。彼の書いた手紙にはキリストの復活という奇跡があるのみである。確かに第一コリント 12,10 には「ある人には奇跡を行う力……が与えられています。」とある。だがこれは預言、霊を見分ける力、異言など種々の力の中の一つとしていわれている。一般の信者の内でのそういう人の存在をいう。イエスの復活とは次元が異なる。同 12,28 にも「奇跡を行う者」と出ている。杖が蛇に変わる類のことであろう。ガラテヤ 3,5 で「奇跡を行われる方」とある。これはキリスト自身のことであろう。かくて奇跡は基本的にはキリストが行う。つまり神が行うのである。人が行うのではない。結論としては信者の代表が行った奇跡も元を質せば神、キリストが行うのである。「いかに」に立ち入る必要はない。「主の霊のおられるところに自由があります。」(2 コリント 3,17) ことは奇跡についてもいえる。キリストの復活への信仰はほかの奇跡、およびそれらに関わる諸問題からも自由にする。

　イエスの頃までは預言者が輩出したのと同様、神が実際に旧約、新約にあ

るような奇跡を起こしたとも考えられる。それ以後預言者を出さなくなったのと同様奇跡を起こすことも少なくなった。それが神の意志である。旧約時代でも科学的知識の欠如のため奇跡だと考えることも生じたであろう。だが個々の奇跡についてどれが本当に起こり、どれはそうではなくそう考えられたにすぎないという区別は今ではできない。そしてできないとはそういう消極的意味ばかりではない。そこに一つの積極的意味を見いだしうる。即ち奇跡のような人の次元を超えたことは人は自己の側にある真実を捨てて信じねばならない。また現代でも神への信仰とは無関係に例えば急に癌が消えるような奇跡も生じる。本来信仰とは無関係だが、これも神が起こしたと信じようと思えばそう信じうる。自然のままにあれば旧約時代も現代も奇跡の起こる確率は同じであろう。かくて旧約時代にはそれ以外に神の特別の意志による奇跡が生じていたのであろう。新約時代以降では預言や奇跡ではなく、福音書の言葉による伝道を神はよしとされた。古代人の多くは奇跡は偉大な人の生涯には伴なわねばならないと感じていたが、これは哲学的議論にとっては重要な特徴である[2]。自然界さえも偉人に対しては敬服する。こういう背景があって初代教会にとり聖霊による奇跡は終末論的信仰を表現したものだった（1コリント12,7〜11、ローマ15,18以下、使徒言行録2,17以下）[3]。サタンの支配が終わりつつあることの現れである。イザヤの預言したメシアの御代が既に到来したことをイエスの奇跡は意味する（同52頁）。

（4）

当時の精神性には実際に奇跡が起こったことは現代人にとってほど"奇跡"という気持ちで対応する必要はなかったであろう。当時のイスラエルには自然が一定の法則で運行されているという観念はなかったから。ギリシャ人とはものの考え方が異なる。「こんな石からでも、アブラハムの子たちを造り出すことがおできになる。」（マタイ 3,9）のだから。自然には一定の法則があるとの観念があって初めて奇跡という観念も生まれる。法則がなければ奇跡もまた存しない。当時のイスラエルはそういう状況の中にあった。

奇跡も各々が各々の状況の中で告白されている。その都度の信仰から発し

ている。奇跡的事実よりも信仰が先行する。しかもその都度の信仰的状況は異なる。ただ当時の科学的知識は現代よりはるかに乏しい。そこで現代なら科学的に説明できたことも奇跡と思われることも生じた。いずれにしろその都度の信仰が主導的である。かくてキリストの復活なども一回的なこととして信仰先行の観点から信じねばなるまい。全ての奇跡を一律に考えるのは正しくない。各々の奇跡はその都度の一回的なことだから。ほかの奇跡と並べて扱われるべきものではないから。各々が固有なものだから。現代でも癌が急に消えるような奇跡が生じる。そのように本当に奇跡が生じた場合もあろう。だがそういう具体的様態よりそれを介しての神との関わりが大切である。それによって神との関係が立てられるという事実が。このことは旧約である出来事の生起がいわれても、その具体的仕方はいわれていないことと平行する。聖書にある奇跡をほかの奇跡との関係、比較で考える必要もなく、またそうすべきでもない。

　奇跡という概念自体が神への信頼とは背馳する。くすしき御業という思いと奇跡という概念との間には大きい溝があろう。前者は神への信頼から生まれた語である。一方、後者はむしろ科学的判断から由来しており、神信仰からは中立的、ないし場合によっては非信仰的判断といえる。前者は通常以上に強い神への信頼から由来する。一方、後者では全知全能の神への絶対的信頼の欠如から異常な出来事に対してそう表現している。天と地との開きがここにはある。終末では奇跡は全て明らかにされ、そういうものではなくなる。かくて奇跡とは暫定的表現である。このことは人が暫定的に義とされることとも呼応する。終末で名実共に義とされる。こういう終末論的観点に立つと、例えば旧約の奇跡物語は全て終末論的観点から理解しうる。終末では全てが明らかにされ、奇跡はなくなる。少なくともそういう観点で読めば奇跡を何か特別のこととして区別する必要はその分減少しよう。

　個々の奇跡物語へのこだわりはかえって神の全能への疑念あってのことだ。真に全能と信じられれば、個別の物語へのこだわりは生じない。個々の物語はいわば踏絵であろう。かくて個々の物語に書かれたことが信じられたらそれでよいのではない。そこを通り過ぎなくてはならない。踏絵を踏みえてこそ初めて信仰の自由がある。自由の地平が開かれる。踏もうとしないのは何かを恐れ

ているからである。「あなたには、わたしをおいてほかに神があってはならない。」（出エジプト 20,3）という聖句に忠実たることは踏むことを意味する。さらに、同 20,4 に像を造ってはならないとある。踏絵の絵はまさに一種の偶像といえよう。像を造るなという十戒は踏絵のような仕方でのキリスト者迫害の生起を見越してのことかとさえ思われてくる。かくて奇跡物語の字句について回ってはならない。その周りを何回も回るうちに遠心力が働いて、そこから遠くへと飛び離れていく、またそうでなくてはならない。具体的な物語なしでは心がその周りを回るものがないこととなる。その場合なかなか心は自由になれないであろう。そこで奇跡物語はちょうど禅での公案のような働きをするともいえよう。つまりそこから離れてこそその物語は務めを果たしえたのである。ある婦人がイエスの服に触れて癒されたという話（マルコ 5,28）によっても、癒されて触れるという行いから解放されている。キリストの復活でさえ人によって信じられて、その役目を果たしている。つまりそうして当人はキリストの復活という出来事から自由となっている。神の導きによる歴史の中で奇跡は何もないと仮定しよう。もしそうだと神の導きによるのか否か分からない。通常の仕方で通常のことばかりの連続ではどこに神の干渉が入っているのか人には分からない。奇跡があって初めて神の導きがあったのかもしれないと感じる。それで直ちにそうだと信じられはしないが、少なくともそういう問題が生じるであろう。もっとも外の世界にも奇跡的出来事は生じる。だからこそ神による歴史にも奇跡のいくつかは生じないと外の世界以下となろう。外の世界でたとえ奇跡が生じても、神を信じようとはしない以上、そういう類のことは問題にはなるまい。神を信じようとするので、中での奇跡は真剣対応の必要に迫られる。そうして初めて奇跡はどう信じるのかという問題となる。そしてそれを通して神が信じられたらそういう問題の次元を卒業する。

　特定の奇跡物語を越ええて初めて、日々が奇跡となる。日常的なことも全ていわば奇跡として映る。日の出一つをとってみても神の最初の創造のような出来事の一つとして心に映る。こういう奇跡観に至りえて初めて奇跡物語はその役目を果たし終えたのである。特定の奇跡物語の終焉は新たなる奇跡観の誕生である。終わりは始まりである。新しいものが始まるには古いものは終わら

ねばならない。新しいものこそ真に神の意に沿うものである。十戒にも奇跡的なことは何一つ書かれてはいない。義である神を信じることがただいわれている。世を超えた神を信じるために奇跡的次元の世界を超えていく。そうして初めてこの世の生と一の神への信仰に至りうる。日々の中での個々の出来事がいわば前後際断されて個々を奇跡と感じる感覚で受け取ることこそ奇跡物語の終点でなくてはならない。それもそのはずである。神がその気なら今世界を終わらせることもできるから。神には不可能という語はない。そういう意味で次の一瞬、次の次の一瞬が神による新たな創造といえる。全能の神を信じるとはそういうこと以外ではありえない。一瞬一瞬が新たに神によって与えられている。そうあって初めて次の一瞬への感謝も可能となる。次の一瞬の付与が自動的に決まっていては人は感謝の気持ちを持ちえないであろう。この場合神は排除されてしまっている。かくて与えられる―感謝―与えられる―感謝…の繰り返しである。そういう点からは次の一瞬は宇宙の切断面に接している。次の一瞬はもうないかもしれないから。感謝の気持ちで次の一瞬を受け入れることもここに初めて生じてくる。奇跡物語をも含む歴史を通して後、初めの十戒、これはイエス自身がいうように一点一画も廃らない、のところへと立ち返ってくる。神への信頼をもって十戒を生きるところへである。

「世はわたしに対し、わたしは世に対してはりつけにされているのです。」（ガラテヤ6,14）という聖句はこういう心境を表す。一瞬一瞬死に、新たに生まれてくる。罪ある現在の人間にはそういう生き方以外に罪を赦された生き方はありえない。終末到来時には全く別の様相の生き方もあるかもしれない。一瞬一瞬が切れつつ繋がっているのではなく、「いつまでも主と共にいることになります。」（1テサロニケ4,17）という持続的な存在を許されている在り方が可能となろう。こういう生き方になったとき真に死を超えた生き方になっている。生死の境目がなくなっている。生きることが死ぬことで死ぬことが生きることである。かくて生もなく死もない。反対に生もあれば死もある。生が来れば生のみ。死が来れば死のみ。生とか死という言葉による区別がない。そればかりか言葉がそこではもはや生きてはいない世界である。世界というものももはやそこにはないのである。あるということもないし、ないということもな

い。要は言葉を超えた、言葉の絶えたところで生きている。「初めに言があった。」（ヨハネ1,1）とあるような、そういうところである。言がそこから生まれ出てくる、その根源のところである。するとイエスのいう「アッバ、父よ」（マルコ14,36）というのとどう異なるのか。この点は禅との違いを考える際に極めて大切である。ここで、ここから全ては始まる。上の聖句のとおり初めに言があり、無とか空があるのではない。あくまで人格的な言があるが、人の言葉は絶えたところである。反対に神の言の始まるところである。罪と一の人の言葉が絶えるのは当然である。人の生死も絶えたところでは人の存在の一要素である言葉も絶える。禅から見て「光あれ。」（創世記1,3）という神の言の前へ立ち返るというとき、その場合の神とは我々日本人一般の思う神、あるいは例えばエックハルトでいう神秘主義的神が観念されているのではないか。なぜならキリスト信仰本来からいえば神の創造とか神とかは人の判断の入る余地のない次元に属し、それ以前へ立ち返ることなど考ええないから。一方、禅ではそうなしうるのであろう。だがそうした場合、その時点で既にキリスト信仰からは外れている。神が何かを行う以前へ立ち返ることを思うなどは人の権能を超えており、罪ある人の分を超えている。人はいつ、いかなる場合にも自分の分を守らねばならない。神が光あれという前へ立ち返るなど人にとってできることではない。時間的に不可能なだけではない。可視的世界の背後に神がいるとして、神が何かを行うその前とか、あるいはまさにその行いの現場とかへの人の立ち入りは許されない。神が山の頂に降るとき人は離れるよう決められている（出エジプト20,18以下）ことでも分かる。

（5）

　神の発言の前という契機を思うこと自体が罪ある行いとなろう。「みだらな思いで他人の妻を見る者はだれでも、既に心の中でその女を犯したのである。」（マタイ5,28）と同じであろう。神は決して人の分を超えた行いを見過ごされないであろう。少なくとも信仰の立場から見るとき、鈴木大拙の立場、発言は神と人との上下関係の逆転を意味する。神の発言以前とは啓示の神自身の許を意味するから。ここへ立ち入ることは自己を神と等しくして禁断の木の実を

アダムが食べたのと同じ罪を犯すことであろう。啓示の神を信じなくて初めて思いつくことであろう。信じていれば神の行いのもう一つ前のところへではなく、神の行い自体のところへと考えよう。終末では全てが明らかになるとは今の時点に移せば、イエスが神の霊と一であるのと同様に神の霊との一のことであろう。つまり神の行いと一である。神が光あれという前へ至ろうとするのはエックハルトが神を超え、通り抜けて神性自体へ至ろうとしたのと類似した状況であろう。禅が彼に共感することと呼応する。キリスト信仰では、一瞬一瞬が神の授与によるという心境にあるとは同時にキリストの許に至ることである。神の言の前へ至ろうとは思わない。キリストの許に至ればそれ以上、以外に至るところはありえない。イエスは神の受肉であるから。律法がキリストへ集約されるように、全ての旧約での奇跡もキリストでの奇跡、中でもその復活へと集約される。この奇跡は神自身が自ら演じているから。旧約での奇跡はそれに比すれば神自身が自ら演じたのではなく、主体として自己自身以外の場で引き起こした次元のものである。そこでキリストの復活が信じられれば、旧約の全ての奇跡が信じられたのと同価値的である。その限りキリストの復活は全ての奇跡のかしらである。キリストは神でもあるのでほかの全ての奇跡を引き起こした存在でもあった。キリストの復活はもとより奇跡だが、キリストの受肉がそれ以上の奇跡とも考えられる。神が世に現れたのだから。受肉という奇跡はほかの奇跡からその光を奪うほどのものであった。しかも受肉には奇跡という言葉が当てられていない。桁違いの事柄には何事でもそうだが、同じ用語は使用できない。世界の創造から終末まで考えてみても、受肉以上の奇跡は存在しえない。キリストの受肉はキリストの復活の大前提であり、これなしには復活もまたありえない。「あなたは、わたしの魂を陰府に捨てておかず…」（使徒言行録 2,22〜32）という詩編 16,10 の言葉は死体の腐敗は死後四日目から始まるという一世紀の考え方を連想させ、旧約への言及はイエスの復活が神の御意によることを示す一般的な言及であり、三日目という言葉は現実の歴史的記憶を述べている[4]。

現代人の感覚で聖書の奇跡を解釈する必要もない。例えば日時計の影が戻ったという記事（列王記下 20,10 以下）は無理な解釈をすることなく、そのまま

にしておくのも選択肢の一つであろう。自分に最も近いキリストの復活さえ信じられれば、そういうこともできよう。自分自身が全能の神かのように思ってはならない。神の啓示は全知全能の神からである。その内いくらかを解釈できなくても心配に及ばない。全てを解釈し尽しえたら自分が神になったようなものであろう。解釈しきれないことこそ人知を超えた神の存在を示す。解釈しきれれば神は所詮人と同じ程度の知能である。直接その出来事を体験していない世代がその表現を解しきりうれば、その解し方はその出来事がいいたい核心に触れえていないであろう。奇跡的出来事はその場に居合わせてこそ解しうる。そうでない限り解しきりえないであろう。だからこそ奇跡的表現でしか表明しえないのである。直接その場に居合わせて自ら体験しない限り、表現と自己の体験との間には乖離があるほかない。このことはキリストという啓示についてもいいうる。だがこの啓示は「わたしを見た者は、父を見たのだ。」（ヨハネ14,9）とあるように神自ら自己を人の前にさらけ出している。そこでほかの奇跡的出来事のように神の全知全能の一部を垣間見ているのとは異次元のことである。ここでは人格対人格の対応が考えられる。全人対全人である。決して部分対部分の対応ではない。この場合例えば復活という奇跡だけが問題なのではない。誕生から死、復活までの人格全体が問題となる。その点ほかの奇跡とは異なる。水がぶどう酒へという奇跡を見ても直接その場に居合わせない限り不可思議という感情を抱く。これはトマスがイエスの釘跡に指を入れねば復活を信じないといった（ヨハネ 20,25）のと同じ事情であろう。直接体験しない限り不可思議という印象はごく自然である。ただイエスの場合はあのイエスの行うことなのでその分不可思議という印象は弱められよう。それでもやはりそういう印象が消えてしまいはしない。終末到来前では奇跡は完全には体験内在化されはしない。イエスという存在は神が極小の姿になった存在である。いわば全宇宙が米粒一つになったようなものであろう。無理な解釈は完全体験内在化を狙うことであり、禁断の木の実へ手を出すのと、また神秘主義的に神を見ようとするのと同じで、罪よりきている。終末まで待たねばならない。奇跡的物語をもっともらしく解釈しても本当にそれでよいのか否かは終末まで分からない。待たねばならない。そのもっともらしさはあくまで暫定的性格のものでし

かない。

　歴史的なイエスの復活は人への主体的、実存的な顕現を起点としてキリスト信仰によって全宇宙を包摂した終末信仰をも展開しうる。たとえ現代の宇宙観がどうであれそれを上回りうる。ただ三階層的世界観に生きる古代人は信仰の立場から全宇宙包摂を完全に達成しえたであろう。だが現代では信仰による包摂と科学的宇宙観との間にあって前者への不可思議との印象は古代人以上に強い。ただそれ自体が信仰からであり、信仰自体が揺るぐことはない。信仰によって不可思議さは「人の子は何ものなのでしょう」（詩編8,5）のように積極的になる。歴史的、実存的のうち後者が明確になるほど、信仰と科学の軋轢からの不可思議も度合いが下がり、性格を変える。軋轢からの不可思議が信仰的性格へ変わるのではなく、最初から信仰的性格のものとして不可思議が心に生まれるのである。信仰が宇宙全体を包摂しても余りが出ないのみではない。包摂の主体は神由来であり神と同じ大きさである。そこでどれほどに広大な被造的全宇宙を包摂してもまだ余裕がある。全てを失う者は全てを得る。これは奇跡についても同様。創造者なる神は地上の全奇跡を内包してもまだ余裕がある。現実に起きる奇跡は有限。神は無限、永遠の存在であるから。

　知性で理解しきれない奇跡の記述は心を地から天へと向けさせる。そこで表現はそのままにして通常の知性理解を超えた何かが生じたと理解し、心を地から天へ向けることだ。全奇跡はこういう唯一の共通目的を持つ。逆に全てを知性で理解できたら、心は地、世へと留めつけられよう。奇跡は天地の接点であろう。世での義人の苦しみも同様。苦しんで義人本来の在り所である天へ心を向けることを神は欲する。その先には永遠の命が見据えられている。今はまだ来てはおらず、心に宿っているのみだ。こういう問題が論じられる時、既に地、世から自由である。宇宙の大きさなど何の障害にもならない。個々の奇跡の否定も表現への固執も共に自我のなせる業である。表現されている出来事の可能性を否定せず、しかもその表現に囚われないところに霊に基づく自由は存する。奇跡表現が心の世からの離脱が目的なら表現の背後にどんな事実があろうとなかろうとそれは最重要なことではなくなる。

　奇跡は全て信仰度外視の自然科学的見地からである。同じ奇跡的出来事でも

信仰的見地からと信仰度外視の自然科学的見地からとでは見方が全く異なる。そこで双方を対比して考えるのがよいか。神の霊的導きを強く感じるからこそ科学的観点からは奇跡的表現となっている。そこでそこへ人の科学的判断を持ち込むべきではなかろう。たとえどんなに小さい出来事でも霊の働きがそこにある限り、大切に対応しなくてはならない。科学的観点からは奇跡と思える度合の少ないものについて考え、それを度合の大きい場合へ考え及ぼすほかない。一般的奇跡として考えるのだから奇跡についてはキリスト教的世界の中ではなく、むしろ外でのことの方が取り上げるのに有意義であろう。奇跡は統計を基礎とする科学にとり埒外のことで、科学は神、奇跡の存在を信じることを積極的に妨げる立場にはない[5]。奇跡を多数一列に並べて考えようとするのは奇跡に対して主体的に関わっていない。自己を奇跡と無関係の世界に置いている。奇跡に対して自己を最初から無関係の関係に置いていてはその意味など分かるはずはない。

　可視界の堅牢さが消えると、出来事としての奇跡は問題外となる。全ての事柄を受容しうる可能性が生まれるから。そこで例えば罪とその贖いに関連してキリストの復活などが信仰的観点から、自然的な出来事としてではなく、信仰の出来事として取り上げられることとなる。その場合恣意性が問題とはならないのか。だがそういう問題は聖書に記されている奇跡的出来事以外を人が恣意的に作り出しえないことによって防がれる。人に作り出すというイニシアティブはない。神が持っている。人はそれを受け取るのみである。聖書に記された奇跡を信仰的観点から軽重の差をつけて受容するのが精一杯であろう。堅牢さの喪失により全てが軟らかくなると、幻と現実との区別もあえてつける必要もなくなる。現実は幻のごとく、幻は現実のごとしとなる。地上を歩いていても、空を飛んでいるごとしである。そういう状況では奇跡という問題がそこから生じる地盤が崩壊している。自然の法則が厳格に定められていて初めて奇跡という問題意識が生じるから。奇跡に関連するが、三次元世界にいる我々は四次元世界の事象の影を見ているに過ぎず、珠玉相互が相映じ相即相入しているようである[6]。

（6）

　どの人もその都度の時所位において多くの奇跡のうち唯一つに出会うのが本来の在り方である。決して二つ以上の奇跡に出会うのではない。神と人との対話・対決では神はただ一度人に対して答えを示す。二つ以上の答えが示されたら、人は右往左往する。神が一的存在たる以上、人への指示も一ケースで一回であろう。そこで旧約にあるという理由でそれらに対して一度に関わろうとする態度自体が正しくはない。その時点で既に主体的、実存的ではなくなっている。そういう誤った態度がそのままでは真実を探求しても、人はそこへ至りえない。奇跡へのそういう対応は信仰から外れている。そういう「外れ」がそのままではどうしようもない。かくて我々は置かれた状況をそのままにして旧約を読んではならない。我々が旧約の時代的状況の中へ入っていってどうすべきかを考えねばならない。そうして初めて奇跡は我々に対してその同価値的真実を明らかにするであろう。信仰とは本来そういうものである。不思議なことだが、キリストへの対応では実存的、主体的対応が正しいことを気付きそうしている。だが旧約での奇跡、あるいは新約でのキリスト復活以外については時代も場所も民族も異なり余りにも種々の状況が異なるためキリストに対してのように信仰本来の在り方へ回帰しえていない。ただキリストへの対応と異なり、それ自体へ神の前での義がかかってはいない。そのことは両面へ作用する。一方では今まで同様客観的、科学的に見ていこうとする。他方ではそれと異なり正しい対応を実存的、主体的にしようとするが、そこへ救いがかかってはいないので奇跡には付随的位置しか与えない。中途半端なことになる。だが人生のいかなる時も一回限りである。二度と帰ってこない。こういう事実を思うとき、奇跡に対するいわば間延びした態度には、自分の人生の一瞬一瞬を二度と帰らない時と考え、真剣に対応することをしていないという事情が反映している。そういう真剣な対応さえできれば、奇跡に対しても正しい対応をとりえよう。全てに正しい態度を取りうるか、あるいは反対に全てに正しくない態度を取るかである。一部のことで正しく、ほかの一部で正しくないという対応は原則的には起こりえない。こういう問題はただ単に信仰の問題ではない。それ以前の問題に原因はある。「生きる」ことに対して真剣に対応するか否かで

ある。それもそのはず。生に対して真剣に対応しない限り、信仰に対して心が開かれることなどありはしない。ここでは神の真摯と人の真摯とが一対一で呼応する。生命と生命との呼応である。血と血との呼応である。生命や血から遊離した対応では真実へ到達することはありえない。

奇跡は現代でも多く生じており、信じやすくなるかもしれない。だがそういう仕方で聖書での奇跡が理解しやすくなっても、それは正当な仕方でではなかろう。聖書での奇跡の記述は単なる奇跡的出来事ではないから。信仰の立場からの霊的表現であり、地上的出来事（事実）に密着してはいないから。自然科学的基準から見て奇跡とされる出来事が生じるのはその基準の妥当性が100%ではないからである。つまり蓋然性があるのである。そういう基準を立てておけば自然との関わりでそれが有益なので、そうすることを考える。便宜的なこととはいえ、それと異なるものを奇跡と考えるのは、法則への囚われという原事実からである。アダムとか創造は過去のことなので遺跡などもあるし、現在の人の知性で解明しうるのではないかと期待する。今の人の理、知性で説明しようとすると落とし穴に落ちる。霊的存在たる神を理解しうるのなら創造の具体的在り方（霊の付与も含めて）を解しうるが。一方、終末は元来分からないので解明しようと思わない。かくてここには落とし穴もない。ユダヤ人は彼らの宇宙論を発明せず、正統的信条に適合した宇宙論を持たない[7]。民族として実存的なのでそういう結果になっている。実存的とは新約でいえばキリストでの救い中心の理解を意味する。当然奇跡についてもそうである。この点を外してはならない。ルルドの水で病気が治ったという話を聞く。だがこういう奇跡は信仰とは無関係にも生じる。この事実をどう説明するのか。一種の突然変異なのか。神的力の作用のしるしとばかりはいえまい。神が出てくる必要は必ずしもない。キリスト教を前提とするのでそう考えるだけであろう。

ただイエス当時は奇跡は宗教に関わらして受け取った。イエスも事実奇跡を行い、自己を神の子として示すのに奇跡を使いもした。だが現代では奇跡と信仰とを結びつけるのは止めてはどうか。ルルドのようなところでのみ起こり他所で起こっていないのなら話は別だが。奇跡に出会ったからとて人はイエスを信じはしない。奇跡は信仰へのきっかけとはなっても、信仰を呼び起こしはし

ない。奇跡の意味を見いだす霊の目なしでは信仰は生まれない。このことはルカ 17,15〜19 で癒されたうちの一人だけがイエスの許に帰ってきたという話でも分かる。人の心の頑なさの前では神は無理強いはなさらない。信仰はあくまで人の自由が前提である。そういう意味では人は強く神は弱い。信仰はあくまで実存的なものなのでこうあるほかない。奇跡を体験しても九割の人は信仰には無縁のままである。信仰の有無に関わらず奇跡はその身に生じる。現代でもこの点は変わらない。奇跡とは俗世で生にとっての好都合なことの生起をいう。不都合が生じた時それを奇跡とはいわない。好都合への偏重が分かる。病気の癒しと逆に通常より極度に早く悪化すれば奇跡というべきだが、そうはいわない。"愛する神"の強調と同様人間中心的である。通常の出来事との異質性が注目されるというより、人にとり好都合という点が強調される。逆にいえば"人にとって好都合"という観点の脱落は、即ち奇跡という発想の脱落にもなろう。好都合が起こっても大喜びすることもなく、不都合が起こっても悲しみもしない。つまり奇跡問題は信仰からは根源的意味では除外しておくべきこととなる。もっとも神の威光の現れとしての奇跡は感謝して受ければよい。だがあえて求める必要はない。かくてキリスト、神への信仰からは奇跡に関して特別の関心を持つこと自体が既に不信仰となろう。「大声で神を賛美しながら」（ルカ 17,15）という言表には人にとって好都合ということは書かれておらず、"神"が前面に出ている。"人"は脱落している点に注意する必要があろう。16 節に"感謝"とあるが、これは神への賛美と一体で神を第一義とすることの現れである。確かに奇跡で病を癒せば当人は神を賛美しよう。そこで奇跡は人によっては心身共なる人全体、霊肉全体を救うといえよう。

（7）

　水がぶどう酒に変わったという話（ヨハネ 2,9）にしても、文字どおりそうなったと考えてよいものか。それが地的表明でなく、霊より由来の霊的表明とすれば、そのように地的に解してよいのかと思う。地上的（客観的）事実の表現が目的ではないから。地上的事実を霊的事実から分離はできない。記事は変わったこと自体を伝えようとしてはいない。たとえ変わらなくてもよい。直接

その現場に居合わせた人々は変わったと信じねばならないであろう。だが問題はそうでない我々現代人のどういう対応がそういう人々の信仰的態度と同価値的かである。変わった方向へこだわるのも、反対に考えるのも共に霊的次元に目が開かれていない。居合わせた人々がそういう行いをするイエスに向きあって霊的世界へ引き上げられるように、そういう表現の奥に隠されている霊的真実へそれによって我々が引き上げられることが大切である。ほかの奇跡はともかくキリストの復活についてはどうか。どの奇跡についてもいえるが、奇跡はイエス、神と出来事自体と信者という三者の関わりの中で考えねばならない。現代の我々が客観的に判断しての事実自体はそこでは問題になってはいない。ぶどう酒の話でも、イエスと信者との関わりの中での事実としてそうであったのである。かくて水のままでもそれをぶどう酒として飲む心を信者が受けたのでもよい。だがキリストの出来事は神の啓示として最終的なものであり、それ以前の奇跡とは次元が異なる。律法と平行しての奇跡とそれの終結としての神自身の受肉の奇跡とではまったく意義が異なる。そこでキリストの出来事を別扱いにしても不思議ではない。むしろそうしなくてはならない。キリストの出来事以外にこだわることは律法にこだわることである。その復活以外のあらゆる奇跡はその都度の奇跡と考えておればよい。

　キリストの復活はキリスト自身の行った奇跡も含めて全ての奇跡の終わりである。キリストが律法の終わりであるように、単にそれまでの奇跡の終わりではなく、それ以後の奇跡も含めてそうなのである。このことは一つの類型化になろう。キリストの復活とほかの一切の奇跡（旧約、新約を含めて）という二つである。これら二つを同列には扱えない。前者は奇跡を行った当の存在自身がいわば丸ごと我々の前に姿を現したことを意味するから。これ以上の奇跡はありえない。あらゆる他の奇跡は色褪せてしまった。その唯一の奇跡のみが光り輝いており、その光で陰ってしまった。神自らが死んで復活した。奇跡の主体となった。奇跡自体となった。それまでは全ての奇跡の主体として客体的奇跡を起こしていた。旧約が新約に変わったことを意味する。キリストの復活によりそれまでの全ての奇跡に対して一旦幕が下ろされた。かくてそれ以前の奇跡へは自由な態度をとりうる。それ以外の奇跡へのこだわりはキリストの復

活を信じていない、つまりキリストの救いを信じていないことを意味する。かくて奇跡全体は一種の立体的構成である。決して全ての奇跡が平板に並んではいない。もっともイエス自身律法の一点一画さえ廃らないというように、たとえキリストの復活があっても神自身が過去に起こした奇跡がその意義を失うことはない。神に直結しているから。我々から見ての奇跡の程度が問題なのではなく、その奇跡の起こされた場の中にいる人々がどう受け取ったかが大切である。我々から見て大きい奇跡と見えても、そういう人々の目にはそう見えなければ奇跡の程度は低い。反対もまた真実である。現代人は過去の奇跡が起こされた時所位にはなく、かくて全ての奇跡を平板に並べ比較しつつそれらを評価しようとする態度自体が誤っている。すると類型化はできない。神は一人、子も一人、受肉も一回限り、このように神は一とのみ呼応する。そこで奇跡もその都度一回限りのことである。マナの授与も一度であった。

　主への復活信仰を前提としてほかの全ての奇跡を見なくてはならない。するとそれらの奇跡は主の復活への途上の奇跡として位置づけられる。つまり主の復活がどういう仕方でそこに現れているかで分類しうる。だがこういう見方はよくない。個々の奇跡はあくまでそのことが生じた時所位において見なくてはならない。類型化はできない。主の復活を信じて霊の場へと高められれば、例えば旧約にあるほかの奇跡も書いてあるとおりに信じうるのではないか。この場合はいわゆる直解主義とはいえない。なぜなら主の復活を信じてほかの奇跡に対する以前に既に霊の場へ高められているから。決してそこでの字句表現にこだわって信じてはいない。表現の奥にある霊へ既に至った後のことだから。この場合は書いてあるとおり信じても実はそうではないとも考えられる。既にそういう地上的次元のところを離れているから。奇跡的表現に特に関心を持つ仕方で読んではいない。そうでない表現の部分と区別する意識は働いてはいない。そうである部分もそうでない部分も共に霊の発露として読むのである。聖書を読む時は文字を読みつつ文字を超えたものを読んでいる。「文字は殺しますが、霊は生かします。」（2 コリント 3,6）というように。これは奇跡的表現の聖書の文字についても妥当する。我々は例えば旧約にある個々の奇跡物語を読みつつ、一方では主の復活を思う。主の復活の主（ぬし）である神が起こさ

れた奇跡なのだと思いつつ読む。肉の体で死に、霊の体へ甦ったキリストがその主（ぬし）であることにより過去の奇跡は改めて意義を有することとなる。こういう事情は奇跡は全て霊的表現であるという事態の内実と考えられよう。

　全ての旧約の奇跡は主の復活の前触れともいえよう。こういう理解が成立すると、各奇跡物語の奇跡度も下がってくる。つまり奇跡物語としてあえて問題とする必要を感じなくなる。キリストの復活は創造にも匹敵する出来事である。一方、ほかの奇跡は被造的世界の中での事柄である。無から有を生み出すごとき出来事ではなく、全く次元が異なる。主の復活という奇跡へのいわば「養育係」（ガラテヤ 3,24）であろう。主の復活さえ信じていれば、それ以外の奇跡は卒業したのである。そういう認識が必要である。主の復活以外の奇跡で心を乱される必要はない。またそうであってはならない。葦の海を渡ることも、水がぶどう酒に変わることも、骨が生き返ることも全て主の復活の予兆として理解できよう。「水は…壁のように」（出エジプト 15,8）との表現も、当時の人と現代人とでは概念性が異なり表象される内実は決して同じではあるまい。時所位が異なれば同一の表現によって思い描く内実は異なるのが通常であろう。かくて旧約での奇跡から後世の人々が各々の時代、場所で各々の霊的思いをそこから受け取るであろう。だがキリストを信じる限り奇跡をキリストの予兆として見ることは時代を超えて共通であろう。自ずからそうなるほかない。さもない限りキリストを心底より信じているとはいえまい。キリスト信仰から開かれる世界はいわばキリスト同一的世界である。キリストより全てを見ていくのは自然の成り行きである。人間的世界にも自然の世界にも全てにおいてキリストを感じるのである。何もかもがキリストの仮身と見えてきても不思議はない。子なるキリストによって全てが造られたのだから。

　現代の物理学では十九世紀と異なって時間、空間を恒常的なものとは考えない。その中にある物体の動きに連動すると認識する。相互に作用し合う。また電子と陽子とが衝突した時どうなるかは確定的に予測できない。何事をも固定しては考えないのである。可視的世界の堅牢さの喪失という信仰的事態と一脈通じている。宇宙は堅牢ではない。そこで宇宙の将来を正確に予測はできない。こういう状況はキリスト信仰にはかえって好都合であろう。旧約の世界で

は自然を一定の法則が動かしているとの観念はなかった。ヨーロッパ化されたキリスト教とは合わぬかもしれぬが、聖書自体の世界とは合致するのではないか。もっともこういう合致があろうとなかろうと、世界は神の被造物である。そこで観察事実は観察者のものの見方、理論に束縛を受けるという考え[8]は考慮に値する。価値的観点から独立とはいえず科学が客観的とは正しくはない。そこで科学的事実の客観性は理論において成立している。かくて同じ事実を扱っても前提となる見方が異なると違った結論へ至ることも生じる。自然を閉鎖的体系として見てはならない。確かに科学には人間各人の主観性を離れてものを見るという一面がある。その点では科学は優れた面をもつ。ただ科学的に不確定性のあることを神の宇宙支配と関係させて理解するのは疑問なしとはいかない。信仰とはどこまでも罪、死への実存的告白から発したものであり、人の理解を超えた神を物理学的、可視的世界に関する考えとの関わりで問題にすること自体が適切な対応とはいえない。そもそも実存的に対応する人間に固有な精神を自然科学的、物質的過程から説明できるのか。かくて科学とキリスト教とは次元が異なる。だが両者が両立しないとは簡単にはいえない。

(8)

問題なのは結局聖書の中の奇跡的記事と現代の科学的常識との乖離である。ただこれは特殊な場合である。一般的場合としては、例えば今現在奇跡的出来事が生じたらそれと信仰との関係がどうかである。その点の判断を聖書の記事へも適用すればよかろう。水が壁のように立った記事については、葦の海とエジプト軍との挟み撃ちの状況を信仰によって脱したとの信仰体験の表明という解釈が正しいであろう。だがそれでは奇跡の無視にならないのか。だが当時に遡って考えよう。今の人間は旧約全体を一冊の本として読みその最初から最後までを一体的に体験しうる。だが当時の人はそうではない。例えば約束の地に入った頃の人々はそれ以前については伝承として知っているだけである。かくて旧約全体ではなくその一部に過ぎない。そこで奇跡的出来事についてもそれほど多くを聞かされてはいない。その上、自分達が直接体験したことがまず第一に依拠しうる出来事であろう。それ以外の言い伝えはあくまでそういうもの

であろう。かくて最も時間的に自分に近い出来事に依拠している。それ以外はその出来事に基づいて信じられる事柄であろう。奇跡的体験にもこういう立体的構成がある。決して平板な並列ではない。こういう事情を我々自身へ適用すれば、キリストの出来事を信じてそれに基づいて二次的に旧約での奇跡的記事なども受容している。そこでキリストの出来事さえリアルに受け取られれば、二次的な受容の対象たる記事なので、現代の我々には理解しがたい要因も加わった仕方で挟み撃ちの窮境を脱したと信じられれば、それで十分である。

イエスが地上で行った奇跡よりもキリストの死、復活という出来事の方が時間的にも信仰的にも我々には近い。かくてイエスの行った奇跡もキリストの復活という奇跡に基づいて受容されるべきである。通常の科学的観点からは常軌を超えた出来事が生じたと信じられればそれで十分である。人は自分にとり種々の意味で最も近い出来事に基づいて、そこから二次的に次第に遠い出来事へと思い及ぼす。直接自分の体験することが最も印象深いのは何事についてもいえる。間接的になるほど人はそれに依拠して生きてはいけない。体験が全てである。身体全体で体験しないことは所詮頭の中での理解に留まるほかないから。そういう次元のものは結局人を心底より動かしえない。イスラエルという民族の中にあれば同一の信仰共同体なので先祖の体験と同種の体験をその都度民族として体験する。キリストの行った奇跡もその復活が信じられると、そこからそれらもイエスが多分行ったと信じられる。書いてあるとおりでないにしろ、何らかの仕方でそういう出来事を行ったであろうと信じられる。たとえ現代の科学からはどんなに奇跡的と見える表現でも、その表現へ結実するほかなかった何かがあったと信じうる。例えば「水は…壁のようになった。」（出エジプト 14,22）とあるが、たとえそれが水がなくなったと書いてあっても、そういう表現へと結実した出来事として信じうるであろう。

結局、奇跡への信仰は自己自身の奇跡的体験へと究極する。ここのところさえ明確なら、何の問題もない。一括して凌駕される。時間的にも即事的にも我々に最も近いキリストの復活さえ信じられれば、奇跡に関する問題は全て可能的には解決される。奇跡の表現は該当する民族の時所位によって変わる。出来事としてたとえどんなことが生じても、キリストの復活以上のものは世に存

しえない。どんな奇跡もその奇跡の前では奇跡としての力を失う。色褪せる。キリストの復活も福音書どおりに直解的に信じられはしない。それらの表現が表す出来事として信じられる。このことは新約、旧約の中にある全ての奇跡についていえる。キリストは葬られた棺の傍らに復活後座っていたとある。そのとおりに信じる必要はない。そうすべきでもない。座っていたとの表現に囚われるのはキリスト復活への真の信仰ではない。そういう囚われは復活のような本来不可視の霊的次元の事柄の可視化を意味する。つまり可視化後に信じようとしている。これは反信仰的行いである。このことはキリストの復活以外の奇跡でもいえる。葦の海とエジプト軍との挟み撃ちにあったイスラエルの民の前で水が壁のようになったという話でも同様だ。どこまでも不可視のこととして信じねばならない。言い伝えは全てそういう仕方で信じねばならない。直接信じた場合、間接の場合も基本は同じだが、言葉の表現を全て超えて信じられている。言葉に依存してではない。言葉を離れている。信じることがそのことを結果する。そういう表現へと結実した内実を信じている。言い伝えの奇跡は今現在体験中の奇跡があってこそ意義を有する。その限りそういう奇跡はそれ自体力を有してはいない。付随的、補足的、追加的意味を有するに過ぎない。ある出来事の生起を科学的に説明できれば奇跡ではない。できないからこそ奇跡である。かくて奇跡と信じられていることの科学的説明の企ては本末転倒である。

　一般相対性理論では物質が存在すると光は曲がり、時空は歪むとされる。これとの対比でいえば信仰の世界では光は自由自在に曲がり時空は自由自在に歪むともいえよう。こういう感覚が旧約での多くの奇跡物語へ結晶しているのであろう。また、ビッグバン[9]から宇宙が始まったとされる以上、地球の現在と宇宙の広大無辺とは一対一で対応する。そこで地球上の人類は宇宙の果ての星に対しても連帯的な感情を持ちえよう。結果からの推論だが、自己の存在の矮小さを人に知らしめるのに広大な宇宙が必要だったのであろう。例えば太陽系だけの創造ではその目的にそぐわなかったのであろう。また被造物として宇宙の果ての星と連帯を感じうるであろう。生成、発展、消滅の繰り返しという点では地球上の諸事象と同じであろう。あとは自己の主体の側での自我性の問題である。これが否定されれば益々上述の点を深く感じうるであろう。

注

1)　　　　C・ブラッカー　M・ローウェ　『古代の宇宙論』　矢島祐利　矢島文雄訳　1980　72頁
2)　Robert M. Grant; ibid, 165頁　オリゲネスはマタイ4,8での物語についてその不可能に触れ、この物語が神話、あるいはフィクションだとする（同201頁以下）。だからどの物語に限らず文字どおりには受け取りえない。また驚くべきことに基づく信仰をしるしのみに基づくより高い信仰から区別し、ある時は霊的意味へ達するため文字どおりの意味を否定する（同205頁以下）。
3)　　　　A.リチャードソン　同上書　48頁
4)　　　　J.ポーキングホーン　同上書　125頁
5)　岩波講座　宗教と科学　4 宗教と自然科学　1992　149頁以下　泉美治　同上論文　また、同講座　宗教と科学　別巻1「宗教と科学」基礎文献　日本篇　1993　197頁　村上陽一郎　「科学理論の連続と不連続―理論の「共約不可能性」をめぐって―」では自然科学も社会や時代の持つ価値規範から自由ではなく、今日ではそれ自体が社会、時代を動かす価値規範とさえなってくるという。背景は、科学での生命は呼吸、脈拍などのように観測、統計可能な客観的な生命現象のことで人が実感する生命とは内容が異なること（藤本浄彦編　『死生の課題』　1996　88頁　泉美治「科学の立場から"死生"を考える」）がある。
6)　　　　藤本浄彦編　同上書　65頁以下　梶山雄一　同上論文では、結局仏教的考え方では全てに実体がないのでこうなる。仏教では自然科学的考え方と合うようなら、仏教思想の復権と考えられる。だがキリスト信仰ではむしろ反対であろう。元来自然科学的考え方とは出会わないから。出会わないのだから合致しない方がかえってキリスト信仰の真理性を顕わにする。仏教についてもしそうなら、今とは別の物理学が将来出現したときは逆に失権となろう。キリスト信仰はそういうことに影響されない独自の権威を有する。
7)　C・ブラッカー　M・ローウェ　同上書　80頁　それに対して、岩波講座　宗教と科学1　宗教と科学の対話　1992　98頁　村上陽一郎「科学の言葉・宗教の言葉」ではスコラ学の伝統の中に神が聖書と自然という二つの書物を書いたという考えがあるという。ここに聖書本来と西洋的解釈との相違が見られる。
8)　岩波講座　宗教と科学　7　死の科学と宗教　1993　136頁以下　間瀬啓允「生命倫理とエコロジー」
9)　岩波講座　宗教と科学　別巻2「宗教と科学」基礎文献　外国篇　1993　277頁　イリヤ・プリゴジーン（鈴木増雄訳）「単なる幻想」では膨張宇宙には可逆過程も不可逆過程も存在し、観測され、ビッグバンの存在によっては不可逆性は説明しえないであろうという。また、J.ポーキングホーン　同上書　17頁では宇宙の偶然と必然とについて大略次のようである。宇宙進化の過程で多様な事象が生じたのは偶然性と必然性とが絡まりあった結果だ。前者なくば新しいものは生じない。反対にその新しいものを保存する必然性が作用せねばそれは消滅したであろう。以上である。両契機が必要という。

> 要　約　**キリスト信仰と科学的考え方**
> ―霊の優位性の諸側面―

I　創造、終末、奇跡と霊の立場

　神以外を恐れないことを道しるべとして生きて、無と同時にキリストへ至る。ここでは可視的世界は一括して創造前の無へと帰している。ここから人格的世界が可視的世界の中で造られていく。そういうキリスト信仰の立場から被造物たる自然的世界に対するとき、現代の科学的知識との関係では、聖書にある神の意志に合致した世界創造の素材としての宇宙、創造、終末、奇跡などが特に問題となるので、それらを中心に扱った。人はキリストに至って人格的に新たに生まれ、無たる可視的世界をいわば材料として使用し、無における人格的世界を創造していく。そして自然科学は無としての材料についての学である。こういう観点から自然科学は役だつこととなる。決してそれ自体として信仰と独立に有意義なものとして受け取る必要はない。

　創造、終末、奇跡の三者[1]は各々異なった意味を持つが、ことキリスト信仰に関する限り三者は別々のことではない。各々が初め、終わり、途中を意味する。創造は初めにおける終末であり、奇跡である。終末は終わりにおける創造であり、奇跡である。奇跡は途中における創造であり終末である。神にあってはこれら三つの事柄はいわば同一である。人間の目には三つに見えるのである。三者はいずれも人の知的理解を超えている。我々は自然と二即一ともいうべき関係でそれらの事態へと接近しうる。自我の消滅がここにはある。信仰はこのことを要求する。この消滅により自然科学的観点からの知識をそのまま受け入れられる。これにより自然科学的知識と信仰的知識との異質性という事

態に対しどちらへも執着の必要がなくなるから。二つの知識が並存するでもなく、反対に一方を捨てるのでもない。双方とも捨てずに採るが、矛盾を感じる必要もなく、事実感じもしない。自然科学的知識の現成の時はそれが全的真理であり、信仰的知識の現成の時はそれが全的真理である。ここでは彼岸の世界と現実的、可視的世界との双方の世界への出入り自由という禅的事態が反映している。自然科学的知識が自然科学的観点からの事実の分析であり、一方、信仰での自然科学的知識は人間、信仰にとっての自然の意味をいうことがその背景にある。双方は別の事柄である。自然はそれら二種の知識の双方で支配されようとしている。双方共人には不可欠である。だからこそどちらか一方のみ採ることはできない。双方共に採ることが不可欠である。しかるに自我が健在なら一見矛盾と見える二種の知識を"同時に"保持はできない。また信仰は"全"を求めるのに、信仰での自然科学的知識は断片的でしかなく、信仰は本来そういう知識を伝えたいのではない。

　仏教では自我滅却して無へは至るが、人格的なものは生まれはしない。生と死は刹那生滅であり、時間の流れの中では別のことではない[2]。生死はいわば裏表の関係にある。そこで人格という考えとは相容れない。魂とはものの中心ということであり、わたしがどこから来てどこへいくかが魂の救いという問題である[3]。諸行無常からいえば中心などは考えられず、こういう問題自体が存しないのであろう。一方で、人格的観点に立つと、人は脳が創造する「現実」世界に住み、それと組み合わされて想像力の中に可能世界を創造できる[4]。こういう可能世界の一つとしてキリスト教的世界観、終末論なども考えられるのであろう。だがそういう理解では自我が前提であり、正しくはない。さらに、神の行為という問題は人には解きえないとは最後に採るべき立場である[5]。やはり自我前提では宇宙をも含めての人間世界の全体的理解は困難であろう。自我前提では解釈の可能性が狭められよう。自我の立場で、神に関わる領域にまで人の論理を押し入れることになるから。

　自我はほかの自我と周囲についての認識を共有しており周囲から自己を独立させ、周囲を支配しようとして生まれる。その場合、個としての自我には互いの関係で競争も、協力も、離反も、和合もある。相互のそういう折衝を通し

て個別性は維持、強化、あるいは弱体化される。こういう個同志の関係では個はあくまで相対的主体性を獲得するに過ぎない。信仰的な霊の付与があって初めて絶対的主体性が成立する[6]。後者の主体性でなければ何かの都合で消滅も生じよう。それではまだ真の主体性とはいえない。世界の中に生きる存在として個は相互に刺激しあう。霊付与の人間相互でもこのことは事実である。「体は、…多くの部分から成っています。」（1コリント 12,14）というとおりである。霊的存在たる個の"主"はどう考えればよいのか。キリストとの対話で生まれる霊的主体は相対的主体性の世界から引き出されている。霊的存在同志の間では次元の異なる関係が生まれている。共通の主をいただく存在として。霊以前の段階では主との縦の関係は欠けるが、霊では縦の関係が優先する。時間的にも、即事的にも。こうして霊の観点からの歴史が生まれる。現実的出来事の霊的解釈から生まれる。出来事と霊的理解とは切り離せない。

　自然科学は専門外なので不十分なことしか分からないが、少なくとも現時点での知識については確認の必要があろう。また現時点での最新の知識にこだわることにそれほど重い意味があるとも思われない。十年先にはおそらくそれは既に過去の知識になってしまっているから。時代の制約を超えた信仰的真実に即して考えることがことのほか大切である。その点をこそ重視せねばならない。日進月歩の科学的知識は自然的世界（人間の精神、肉体の構成をも含めて）についてのものである。宇宙全体の構造が仮に全面的に解明されても、人はニヒリズムに陥るばかりである。なぜこういうものがここに、こうしてあるのか分からないから。ここに人を人格として生かす信仰的知が不可欠とされる。ところで、科学進展に伴い信仰的知識との軋轢が一方的に増大するであろうか。信仰と科学との未分化の時代では双方は矛盾なく受容されていた。だがその後科学が信仰的知から自立して矛盾が表面化する。今現在はいわばその真っ最中であろうか。今後さらに科学が進むとそうでなくなる可能性はないのか。それ以前の未分化の時代へ戻ったかのような状況の出現はないのか。いわゆる奇跡とされていた何％かは科学的に解明されよう。そういう状況になると、この地上で何かが生じた以上、たとえそれが何であれ、少なくともそれ相応の過程があったことは確かとなろう。たとえそれが神自身の直接の意志によ

るとしても。

　極端な話だが、終末時には、今現在は奇跡と考えられていても主から直接説明があれば、そうだったのかと納得がいこう。キリストの復活でさえ奇跡でも何でもないものとして理解されよう。つまり奇跡は一切消える。かくて科学と神話未分化の時代から科学的知識と信仰的知識との分離をへて科学と信仰との一致において奇跡は消滅という経過をたどる。奇跡とはかくてあくまで暫定的でしかない。「死よ、お前の勝利はどこにあるのか。」（1コリント15,55）ということは奇跡についてもいえる。今はいわば信仰への手招きである奇跡的表現に多くの人々は惑わされる。信仰たる以上、全ては終末において解決される。奇跡も例外ではない。世では悪人が栄えるという矛盾もあろう。これは終末で解消される。それと同様である。このように終末では全てが明らかになる。倫理的なことも、知的なことも。こういう事態が理解されれば新、旧約にある奇跡へも対応がしやすくなってこよう。終末を待つまでもなく今既に解決したも同然である。しかもこういう仕方での解決はある一つの奇跡物語についてというには尽きない。あらゆる奇跡、今後生じるかもしれない未知の奇跡をも含めての解決といえよう。個々の奇跡に対しての個別の対応ではいつまでも解決すまい。一括処理が必要である。信仰とは全知全能、絶対の唯一の神へのそれである。かくて一括的解決こそがふさわしい。部分的解決では神の本性に合致しない。終末では全てが明らかになるので、神は途中の過程では科学的には理解しがたい奇跡やその記述を聖書の中に入れるよう指示されたのである。終末には解明されるという意味では奇跡は存しない。ただ今現在の科学ではそれができない。それまでは解明不能な事柄は存在し続けよう。なぜなら科学の発展で解明されることもあるが、その周辺に解明しえないことが発見されるから。いわばいたちごっこであろう。終末では最後の最後では主自身の説明があろうから、いわば神自身の解説となろう。我々が真の霊的存在となれば神は遠い存在ではなくなる。そういう仕方も含めれば全ての出来事は科学的に説明できよう。かくて奇跡はありえない。全ての背後に絶対の神が存する以上、奇跡などないのである。必ずそれ相応の理由、原因があってそうなっている。にもかかわらず訳の分からぬ何かが生じたかのように思いなすのは不信仰と同じであ

る。全ては神の霊で貫かれている。今の人は神の知と同レベルではなく理解しえないだけである。そこでそれを奇跡と呼ぶ。かくて何かを奇跡と考えるのは神への不信仰と同じである。信頼を欠いている。人の身体も自分の思うほど既知ではない。腎臓で小便が濾される原理はまだ完全には解明されていないと聞く。人は自己のことを実はあまり知ってはいない。ということは人が人自身から自由になる、解放されることを意味する。このことは創造、終末、奇跡なども今まで以上に自由に対応しうることを意味する。世界全体を何らかの既成概念をもって見る必要がなくなる。こうして神との距離がぐっと縮まる。神の宮のすぐ隣に今住んでいるごとくである。

　人間も自然の中の一存在としてその中に存在する全てのものとの関わりの中で生きている。科学的に考えるほど、人間と自然との共生という要因が浮かび上がってくる。一方、人を人格的存在と解するほど人の側での主体性を尊重することとなろう。現実はその中間にあろう。

　百億光年先の天体は地球には無関係のように思ってはならない。大いに関係ありと認識を改めなくてはならない。ただキリストの啓示のみが神話剥奪の世界、宇宙を再び新しい「神」話の中へ取り込みうる。こういう経過を経てそういう天体も神の被造物として神の創造の中へ入る。古代の世界観ではまず神話的世界像があって、その中で種々の出来事が生じる。一方、現代のそれでは神話は存しない。そこでキリストの啓示がまず現成する。次に、その上に新たな神話が生まれ、その中に全宇宙が取り込まれる。そうであるにはまず古代的色彩の神話を完全に剥ぎとり宇宙を全く自然的な宇宙にしてしまわねばならない。その内にはアダムとエバの物語も入る。あらゆる神話的なものを除く必要があるから。幸いその物語は旧約の中では大して重視されていない。なぜなら他の個所にあまり出てこないから。古い神話の剥奪と新しい神話の誕生である。古い神話が少しでも残っていると、新しい神話は誕生できない。相互に排除し合う。新旧の二つの神話の対峙、対決がここにはある。かくてアダムの堕罪の物語を文字どおりに取る必要はない。人間の罪の深さを告白する物語と解しておけばよい。最初は不死の状態にあり、次に堕罪して死が入ってきたと受けとる必要は必ずしもない。最後には永遠の命ある状況が造り出される。今の

状況は神が現時点までは、人の堕罪はあるが、そのように造られていると受け取れば何ら矛盾はない。アダムの物語を文字どおりに受け取るのは古い神話に属す。しかもあれを歴史的に受け取るのは西洋式の直線的時間観が前提であろう。西洋神学の一端であろう。これで西洋神学の残滓の最後の一片を切り捨てえたのであろう。

　たとえ人が今現在罪深き状況にあっても神がそう定め給うたこと。今はそういう状況に耐えての生が求められる。少しも問題はない。神は陶工なのでその意志に従って全宇宙を造り給う。宇宙の生成が不可思議たると同様人の罪も不可思議である。人の現在の罪も神の責任との考えは西洋神学からの反動であろう。人間の浅薄な理屈であろう。一般に現代人の目からは奇異に見えてもそこには大いなる霊の働きが介在する。このことは人に宿る霊が全てを集約することに呼応する。かくて内容的には異なるが、真実在は主観客観の分離しないもので実際の自然は主客を具した意識の具体的事実という考え[7]も理解しやすい。ただ唯心論的であろう。そこでそう考えると主観は主観でなくなり、客観は客観でなくなる。また科学的考えが仏教的考えと調和することは次の考え[8]にも現れる。即ちこの現実を刹那生滅といい、諸物無常とはいわない。物といっている暇がない。全ては行きつつある。現実がそうでも生物は生きようとする記憶を、体温は37度、脈拍は70回と、遺伝子の中に本能として入れられている。これが無限に生きたいという煩悩の根源である。以上である。このように考えると、科学的見方はやはり唯物論的考え方になる。仏教は唯心論ではないのか。ただこのように唯物論的に考えてから、唯心論的考えへと展開していくのか。なぜならそういう唯物論的見方では解脱、自由には至りえないから。煩悩の根源が遺伝子の中の記憶というが、問題はそれにどう対応するかで、ここに人格的問題が生じる。

II　世の脱落と信仰の奥義

　心が可視的世界から離れると、自己の身体もその世界の一部なのでこれからも心は離れる。心、即ち魂は身体を離れていわば天的世界に自由に飛翔する。ここで心は真の自由を享受しうる[9]。それまでは有限な身体（時間的にも倫理的にも）が制約であったが、そこから解放され魂は宇宙の果てまで飛んでいく。否、その果てのさらにかなたまでも、限りなく。死ぬ前に死んでおくとよくいわれるが、それはこういうことであろう。天空の果ての果てまでも包みうるほど魂は天空を駆け巡る。一切合財を包摂しうるほどに広がる。これ以上広いものはほかにはない。神と同じほどに広く、魂はその支配領域を拡大する。魂の広さに比すれば全宇宙も、「色即是空」ではないが、無に等しいほどに小さい。こういう状況では広大な宇宙と矮小な人間という自然科学的な見方は脱落する。矮小なのは宇宙の方で、広大なのは人の魂の方である。大小は逆転する。パウロも「体では離れていても…既に裁いてしまっています。」（1コリント 5,3）という。そういうことも可能となる。心が身体と一体時には身体による制約で大きく飛翔が限られる。だが身体から離脱して自律、自立すると、飛翔範囲はぐっと広がる。身体から解放されて量的に拡大する。と同時にこれは質的飛躍をも意味する。身体から離れていわば神的存在とも結びつきうることとなる。少なくともそういう可能性が芽生える。かくて広大な宇宙と矮小な自己の存在との間に矛盾を感じるのは心が身体と結合したままで自己反省することが原因である。問題の根源はこの結合にこそある。

　さて、信仰的知は自然科学的知を生み出さないのか。西洋では世界が神の被造物であるとの観点から科学が発達しその構造解明を目指したからである。その点では、奇跡的表現の信仰的知も自然科学的知も根は同じである。ただ後者は根が信仰的知にあっても根から独立したものになっている。自身の固有な法則に従ったものになっている。そこで先々でいわば自分の生みの親たる信仰的知に反旗を翻すことも生じる。また信仰的知からの奇跡的表現とはいわば兄弟喧嘩の関係であろう。自然科学的知は信仰している自己の外にある自然界につ

いての知で、聖書の表現は信仰している自己の内にある自然、出来事を書いている。このことは神が「『光あれ。』こうして、光があった。」(創世記1,3)とあるように、神が自己の内から世界を造ったことに呼応する。かくて神の霊と無関係に存するものより神から生み出されたものの方により大きい現実性がある。聖書での個々の具体的表現は表現した人の時所位や歴史的状況などにおける神の霊の導きによる。かくてその表現は神が一たるように一なる表現であり、他様ではありえなかった。この点は奇跡的出来事だけではなく、事柄全般についてもいえる。ただそれを現代の知的状況から見るので種々な違和感を覚えるのである。自然科学的知識と個々の具体的霊的表現との二つの領域は別個なればこそ、人は両領域を自由に出入りできる。完全に切れていることが不可欠である。不完全に交じり合うと一方が他方を排除しようとして、自由な出入りはできない。相互独立が相互自由出入りの必須条件である。旧、新約の表現の背後にある事実自体は今では明確にはなしえない。そこで仮に表現どおりの出来事が起こったとしておこう。たとえ事実が表現とは差異があっても、考え方の基本的部分には影響しないから。霊が働いているのに、地上的なことをただ地上的に表現するのみではそれは肉的な行いとなろう。

　ここでイエスがどう理解されているかを考えておこう。マタイ 17,20、マルコ 11,22 〜 25 などについてだが、神の助けをつかもうとする病人の執拗さが祈り自体同様に神の行為を喚起する[10]。"人の態度が神の行為を喚起"でよいのか。「祈り求めるものはすべて既に得られたと信じなさい。」(マルコ 11,24)という。この場合祈り自体が霊によってなされている。イエス自身はメシアと王国という、流布している古代の考えと断絶する[11]。イエスは自分を王にしようとした民衆と決別する。世俗の世界で生きようとはしない。そういうイエスを信じる人々もまたそうであるほかない。

　主体も客体も共に聖別されるとはパウロでいえば世と彼との相互的死に相当する。聖別、一度の切り捨てにより自己とその対象とが相互に死んだ関係になる。イエスを信じて人たる自己の側のあらゆる前提が脱落する。思想とか信念とかその他の全てが。その内には宇宙の広大さと人間存在の矮小さとの不釣合い、また人の存在のはかなさと知性の永遠性との不釣合いも入る。こういう

不釣合いを感じることも自我から由来するから。人の側の感覚、感情、観念など全てが打ち捨てられる。キリスト信仰はそれ自体の内に自己についての疑問克服の力を秘めている。そういう疑問はキリスト信仰以外の何かによって克服されはしない。キリスト信仰はそれ自体に関する疑問の克服と同時に他の事柄に関する疑問をも克服する。あえていえば双方の事象のうち前者がより本来的といえよう。それなしにはキリスト信仰自体が成立しないから。この点さえ成立、成就すればほかのことは全て自ずから解決されよう。神のキリストにおける受肉、その意味、さらには救済史的な終末―これらが神の経綸たることなどがパウロのいう「神の深みさえも究めます。」(1コリント2,10)ことの意味内容といってよい。だがこのことは例えば将来や終末のことの詳細な仕様の明確化を意味しない。そういう出来事があろうとの信仰を意味する。具体的仕様は不明のままで出来事は明確になったのである。ある種の旧約の預言と同じである。旧約の預言者も神の奥義を究めている。パウロの先の言葉はこういう信じ方に関しての疑問、迷い、不安など一切の消滅を意味する。ここにこそ、ここにしかキリスト信仰の徹底という契機は見いだしえない。注意すべきはここには体験的要因は少しも見られない点である。純粋に信じることのみである。それが即ち神の奥義を究めることである。具体的仕様が明白になってはもはや奥義ではなくなる。そういう点からは「そのときには、顔と顔とを合わせて見ることになる。」(1コリント13,12)というとき明らかになるものとは具体的在り方、その仕様である。事柄自体は既に今信じられて明らかであるから。今は部分的とは事柄自体としてのことではない。全面的というときの全面とはその具体的仕様を指す。部分と事柄全体、事柄自体と具体的仕様―こういう対応がある。

　深みを究めるとの発言と今は部分的に知っていると考えることとは何ら矛盾しない。部分的に知っているだけなのに、深みを究めると信じるところに信仰の不可思議が現れる。かくて深みとは神による救済史的経綸のことである。キリスト信仰から自ずからそういう経綸、地平が開かれてくるのだから。神なき世界が神による世界へと一変したのである。深みというと通常とは全く別個という印象が沸くが、実はそうではなく、極めて自己に近い、いわば日常的性

格のものである。自己が神なき世界から神による世界へ入って非日常から日常になった。かくて深みは単に奥義に留まるのではなく、一見矛盾的に響く日常的深みとなっている。深みが日常となり、日常が深みとなっている。人の自我がキリストにより打破された結果である。自我が打破されて、神、神の被造物たる世界——これらと本来の自己との間に介在していた自我に代表されるものが崩壊した。ここから自ずからそういう結果になった。それ以外にはなりようがない。こういう状況ではこの世界がいわばエデンの園であろう。神の深みが天から地へと降ってきたようである。これはキリストの世への受肉と平行している。かくて人が深みを究める前に神が世をキリストを通して究めた。

　ここには神的世界と人間的、自然的世界との一体化の実現がある。前者が後者を飲み込む。飲み込んだ上で再び吐き出す。吐き出された世界は一体化以前の世界と全く同じだが、全く異なる。価値評価が全く変化したから。変化という点だがめとったり嫁いだりはしない（マタイ 22,30）というが、食べたりはしないとはいわない。そこで食べることはなくなるまい。現時点で明らかなことに今はまだ不明なことが組み合わされている。事柄の生起自体の明確さと今は不明なその具体的仕様との二事象とが。霊的世界は可視的世界とは異次元なので、今現在の人の理、知性で把握しうる事柄ではない。現在では霊媒が行われているが、宗教的、信仰的意味での霊とはそれとは異質であろう。信仰的には罪の有無が基本的事項だから。罪がないのが霊である。霊の体とは罪のない体との意である。だから身体的次元の要素があっても霊ということはありうる。逆に身体的次元の要素がなくても霊の逆、つまり肉ということはありうる。霊とは人の理解を超えた要因をはらむ次元を意味する。ヨハネ伝での栄光（doxa）は 21,19 でのようにイエスの現臨の意ではなく、不在でもいわれうるのである。新約では霊、御国、栄光、恵み、力などは神の動的活動の表現、結果である[12]。神が霊的存在ならキリストはそういう神の受肉した存在なので、霊の身体へ復活した。かくてこの事態は今の人間の知性からは理解しきれないが、そういう可能性のあることは何ら不可思議ではない。パウロもいうように「自然の命の体があるのですから、霊の体もあるわけです。」（1 コリント 15,44）。彼も今は理解できないが、そういう可能性として理解はできている。

可能性として今理解できれば今としてはそれで十分である。こうして人は新しい天地実現の将来の事態を信じうる心境へと導かれる。これは霊により心が世俗事から引き離された事態の反映である。天的世界へ向かって地的世界を突破したのである。時代の相違を考慮すれば、物語への自己同化によってではなく、異であることによってしか聖書の物語との和はできないのである。

Ⅲ　人格の誕生と自然科学的知

　広がりでは自然科学的知の方が信仰的知より広い。自然全体についての知だから。自然は宇宙大の広さを有する。一方、信仰は基本的には一人にとってのものであり、きわめて狭い。しかるに人が生きるに当たっては狭い後者が広い前者を圧倒するほどに強い。その点では科学的知識は何の役にも立たず、何の意味も持たないから。自然科学的観点からは大きいものが逆に小さいものによって制圧されている。人が人格として生きるには自然科学的知識は毒にも薬にもならない。人が人格として生きるとは神の世界創造のように、無からの自己の生の創造を意味する。そのため客観的である自然科学的知識は役に立たない。生きるという事態と無関係な事柄は役に立たない。人が生きるとは無から創造することである。そうであって初めて人は生きている。だからこそイエスも「自分の十字架を担って」（マタイ 10.38）という。「自分の」とある。人各々が固有だからこそ「自分の」という語が入っている。客観的知識として知っていることは生きるに当たっては知として特別の機能を果たしてはいない。生きるに当たって有意味な知は倫理と無関係な領域での知ではない。人は何といってもまずは人格的存在であるから。では両種の知はどういう関係にあるのか。空の雲にたとえれば上層の雲と下層の雲にもたとえうるのか。各々別々に発生している。人が生きるには科学的知識はなくても支障はない。だからこそそれは旧約時代のものでも現代のものでも信仰の知にとって有意差はない。両知識間でのせめぎ合い[13]はないのであろうか。やはりあるであろう。例えばキリストの復活一つをとってみてもそうであろう。パウロのアレオパゴスでの説教

に際してもそうであった。かくて相互にせめぎ合う関係になる場合もあればそうでない場合もある。キリストの復活は信仰の核心ゆえ特にそうである。信仰的に重要でない事柄についてはそれほどでもなかろう。重要な事柄であるほど軋轢が生じよう。自然科学的知は自然自体の中から芽生える。一方、信仰的知は人自身の中から生まれる。このように双方の出所は異なる。前者は人自身からは生まれず、反対に後者は自然からは生まれない。だが後者は自然的存在としての人自身からではない。人格としての人からである。

　人格としての人が全てである。そこで信仰的には地球をも含めて自然、世界、宇宙は全くなくても何の支障もない。だからパウロは終末描写で「雲に包まれて引き上げられます。」（1テサロニケ4,17）というのみなのであろう。それ以外の状況などはどうでもよい。なくてもよいものでしかない。イエスも復活のときにはめとったり、嫁いだりはしないという（マタイ22,30）。自然のことが重要でないのみでなく、自然的次元の人に属すこともそうである。倫理的存在として人の生に属さない部分はささいなことである。かくて進化論も自然的存在としての人の発生に関わることなのでささいなこととなる。自然的世界はかくて人格的存在としての人にはなくてもよいものになる。これは自然的存在としては極めて小さい人が無限に大きい自然全体を使役する、飲み込んでいることをも意味する。人が人格、神の子として生きるための方便として自然は存する。それ自体として固有な価値を有してはいない。固有な価値は人格としての人以外にはない。自然科学的知識は今後益々拡大するであろう。一方、信仰的知は人格的次元に属すので、深く人の内へ入っていく。広くと深くとの相違がある。広さがどれだけあっても深くいくことに連動してはいない。広さに囚われず一定の深さまでは達せねばならない。「空中で主と出会うために、…引き上げられます。」（1テサロニケ4,17）とパウロはいうが、終末を待つまでもなく今既にそうならねばならない。それには自然とのつながり、アウグスティヌスのいうとりもちとして作用するものを振り払い高まらねばならない。自分が上るというよりキリストによって主の許まで引き上げられるのである。

　近代では不安な事態に対しては原因を分析すべきと教えられており、力という形での神の表象は近代人の批判本能を目覚めさせ、これは宗教にとり致

命的である[14]。恐怖心をあおって信仰へ導くやり方は近代人には通じない。また自然と聖書という二つのものの関係だが、比喩と進歩史観の二通りの解釈がある[15]。以上は近代でのことだが、少なくとも現代では科学的知識は万人に妥当するが、信仰的知はそうではない。信仰者のみに妥当する。しかも信仰者全員同時にではない。人によって妥当する個々の知が異なるのである。科学的知識の万人妥当性はその対象である自然自体に付随している。本来備わっているものを人が発見したに過ぎない。一方、信仰的知はそうではなく、信仰の生起する都度生み出される。決して対象の中に既存のものを人が発見するのではない。両方の知とも確かなのは事実だが、科学的知は自然が崩壊すればその知も崩壊する。一方、信仰的知はそうではない。その知の根源は創造者自身の内にあり消えはせず、世界が崩壊しても残る。神自身同様永久に持続する。

　奇跡では自然科学的知と信仰的知とが出会う。前者の知は例外という可能性を残す。多くのケースから帰納的に二次的に考え出されたものだから。人は宇宙全体を隈なく知り尽くしてはいない。そこで今現在の科学的法則とは合致しない事実が今後発見される可能性は常にある。かくて奇跡といえばいえるが、今現在の科学的知識には合致しないというに過ぎない。だが奇跡として観念されることと現在の科学的知識と合致しないこととはピタリと一致するのか。否であろう。なぜなら奇跡などの信仰的知は科学的知識とは無関係に信仰から生み出されており、一方、科学的知識にとってはたとえ何かが自己に合致せずとも、本来奇跡という発想は存しえないからである。かくて両者が一致する場合もあろうが、それは偶然である。信仰により心が可視的世界から解放されてそういう世界から演繹された自然科学的法則からも心は自由になる。ここへ信抑的知は適合する。その結果、霊的放射として奇跡的と自然科学的目には映るような表現（事実そのものとは限らない）が生み出される。だがこれらはむしろ事実自体ではない場合も多かろう。もともと可視的世界を離れたいから生み出されているのだから。奇跡とは基本的には自然科学的次元での話である。一方、信仰的知は元来そういう次元のものではない。似て非なるものである。例えばイエスが湖上を歩いたという話も前者では奇跡といえる。だが後者では奇跡とはいえない。そもそも信仰的知にあっては奇跡というものは存していな

い。全能の神が背後に存しているから。何でもありである。不可能という字はない。というよりそういう世界こそが通常の世界である。自然科学的法則によって縛られた世界こそ失われた大陸のようなものである。リアリティを持ってはいない。信仰的知からは自由を束縛された自然科学的法則が支配する世界こそアダムが堕罪した後の世界であり、いずれは失われねばならない世界でしかない。かくてそういう世界の中で蓋然的に立てられた法則に基づいて霊的出来事を奇跡と判断することはそもそもありえない。自然科学的観点からは奇跡と判断されるような世界こそが信仰的観点からは標準的世界である。毎日のように奇跡とも思われる出来事が生じなくてもよい。ごく日常的世界も含めての奇跡の時々起こる世界こそが信仰的知にとってはごく当たり前の世界である。そこで奇跡という認識自体可視的世界やそこでの自然科学的法則を基準としており、そのこと自体が信仰に即していない。

　可視的世界がアダムの堕罪後の世界としても、堕罪がなければ世界は今とは客観的に全く異なると考える必要はない。堕罪なくば世界は全く異なって人に対し現れえたとしても。この場合、堕罪前がいわゆる奇跡や終末後の世界に、そして堕罪後が日常の自然科学的世界（可視的世界）に各々対応する。つまり堕罪後は終末後の世界へ接続していくのであり、信仰が生きている世界でもある。いわゆる奇跡の存しない世界とは信仰の世界ではない。そういうもののない世界とは単なる堕罪後の世界のみの世界である。そういう世界を突破するきざはしの全くない世界であろう。これは信仰の世界ではない。奇跡とは自然科学的法則からのことだが、信仰的知からは可視的世界を突破した出来事である。一般の奇跡はただの奇跡という意味しか持ってはいない。あらゆる奇跡は究極の奇跡であるキリストの復活へと人を向かわせる。主の復活では奇跡と可視的世界の突破とが同時生起している。

　後者は信仰的に特別の意味がある。真の突破には堕罪からの回復が不可欠だから。こういう点からはキリストの復活の出来事は異次元的に異質な奇跡である。ほかの一般の奇跡は堕罪からの回復という性格をもち合わせてはいない。自然科学的見地からの奇跡とは同一平面上でのことである。同じ平面でのいわば異常な出来事である。一方、信仰的知としての奇跡はそうではない。同

一平面上でのことではない。可視的世界を超えて一次元高く位置づけるべき事柄だから。そこで同じ奇跡という語で表現してもその内実は同一ではない。かくて奇跡自体がいわば二層的構造をもつ。というより事実自体としては一つだが、それを評価する観点が二層といえよう。二層が二層のままであることは可視的世界が当人にとり生きていることを意味する。もしそういう世界が生きていなければ二層という事態は生じないから。信仰に徹しえていれば信仰的知からの奇跡という一層しかありえない。かくて二層は罪と霊との双方に呼応するし、一層は霊のみに呼応する。かくて二層から一層へと信仰によって進む。二層を一層は駆逐する。二層のうちの一層が消えて一層になる。このことは神は一つ、霊は一つに呼応する。ただし二層を一層が駆逐といっても信仰的知による一層が後に残らなくてはならない。反対に自然科学的観点による一層が残ったら、堕罪したままの方への転落を顕わにする。かくてどちらの一層へ集約されるかが問題である。ただ正しい方の一層へ集約されても、もう一方の一層が全く消滅してしまいはしない。終末までは罪が残るようにその一層もいわば形骸化して残っている。そして時折何かの折に頭をもたげて人の心を悩ます事態を引き起こす。信仰的知の観点からはいわゆる奇跡はなくなる。奇跡ではない奇跡しかない。前の奇跡は信仰的観点から、後の方のは科学的観点からである。

　ただこういう状況では奇跡物語を読んでももはや奇跡として読んではいない。ではそのとおりに信じるのか。それではしかし当時の人が書き読んだのとは異なった内容として読んでいるかもしれない。時所位が異なるから。場合によってはそれでよい。なぜなら当時の人とは異なる内容を読み出しても、元来信仰とは客観的、科学的事実の尊重を第一義としておらず、それでよい。現代の我々は当時の人とは異なる概念性を以って読む。そこで内容的には異なるものを読み出しても、霊的出来事、事実として受け取ればそれでよい。当時の人と異なることを同じ言葉から読み出しても、各々の時所位における霊的出来事として承認しうる。客観的に同一たることは霊的出来事の条件ではない。ここからも文献学的にこだわりその表現について回ることには余り意味がない。霊は元々自由でありそれでよい。書かれた文字を読みつつ、その文字表現の客観的次元を超えて読む。文字を読みつつ文字を読まない。「文字は殺しますが、

霊は生かします。」(2コリント 3,6) とある。心が文字のある地から既に離れており、文字に囚われた読み方をしない。だから字面がどうであっても支障はない。ここでは一切の文字から離れている。奇跡などはもはやない。となると言葉の表現にどういう意味があるのか。文字を通って文字を超えた霊へ人を導くためか。いわゆる奇跡をも含む経過を経て人を神の許へ連れて行く。かくて奇跡的表現に心が引っかからねば霊の許へ至ったことが逆に分かる。個々の奇跡物語の具体的字句表現は、後々にその都度の霊の働きが人に対して作用しうるようにそういう字句表現にせられている。その表現は決して偶然とか、ほかでもよいという性格のものではない。そうでしかありえない唯一の表現である。それ以外では絶対にありえない。神が唯一絶対であること、キリストの受肉がただ一回であることなどと平行した事柄である。聖書での表現は全て神の霊の詰まったものとして重く受け止めなくてはならない。

　自然科学は自然全体を対象とはできない。人知は全宇宙を知りえない以上、そこで妥当する諸法則を見いだしえないから。いわば暫定的に通用する法則により自然を観察するほかない。その結果そこでの自然は人の理、知性を通して再構成されたものであるほかない。自然科学からは生物の死はその生命が失われることであり、何ら特別のことではない。次の世代へと当該の種のDNA[16]が引き継がれる一種の儀式であろう。いつまでも一個体が生き続けないから。個体はそれの運び屋である。ただ今日では遺伝的資質が全てを決めるのではなく、各々の種や個体が生きている状況が大きく影響することも重要である。かくて可視的世界の様は過ぎ行くものでしかない。地球上だけでも多くの生物が生成、消滅してきた。「律法の文字から一点一画も消え去ることはない。」(マタイ 5,18) のとは大きく異なる。啓示の言葉の重みがこうして初めて認識される。旧約記述から既に何千年か経つ。長期間に渡って神の言葉としての価値を保持し続けるようにと神はその一字一句の表現に工夫をせられたであろう。たとえ地球が消滅しようとも、太陽系全体が宇宙の煙と消えようとも、聖書の字句の一字たりともその価値を失うものではない。旧、新約全体のうちの一字といえども軽々に扱うことは許されない。なぜならそこの文字は全ていわば神の代わりに地上に出現したのだから。一文字でも人には重くて持ちえな

いほどである。神の存在が重いので、神が表した文字も重い。それだけ重い文字表現なのだから恣意的研究の対象にしてはならない。神の言葉の冒瀆であろう。文字とは単に意味伝授の手段、方便ではない。もの自体を伝えるための方法なのである。というより少なくとも聖書での文字は神自身とさえいえる。一字一字の重さが分かると奇跡物語を特に重大視することもなくなる。そういう物語を特に重大視するのは不信仰のなせる業である。どんな物語も一字一字まで霊によるという重みを担う。かくて特定の部分を特に取り出すのは人の恣意によることである。これは即ち罪より由来する。神の霊の詰まった言葉（文字）[17]は罪に染まった人間を突き放す剣のようである。その剣は人を殺すと同時に生かす。意味は反対だが、まさに「文字は殺します」（2コリント3,6）のである。人が文字を侮って殺しては人は罪ある自己が殺される手段を失う。つまり救いへの道を見失う。

Ⅳ　奇跡的出来事と霊的存在との関わり

終末も事柄としては信じられているが、その「いかにして」は分からない。同様なことは葦の海を渡ったことについてもいえよう。そういう出来事があったことは信じうる。ただその「いかにして」は明確には分からない。神が直接関わる出来事が生じたことは信じうるが、その「いかにして」は今の人には分からないのが一般的原則であろう。今その点が人に分かるのは例外的であろう。神の全知全能と人の半知半能とに思いを致せばそう考えるのはごく自然であろう。逆転の発想が必要不可欠である。キリストの復活の「いかにして」が分からないだけではない。科学的観点から解明しようとは本末転倒であろう。最大の奇跡的存在キリスト、その内の最大の奇跡である復活―これが神による奇跡的出来事の性格を如実に顕わにする。終末ではその「いかにして」も全て白日の下にさらされる。真の奇跡であるほど今現在の人間的知識では解明しえない。奇跡も終末の一形態として理解できよう。あるいは逆に終末を奇跡の一形態として。要は神の超越的力の現れである。否、終末としてばかりでなく

創造の一形態とも見られよう。人の目で見るので創造、奇跡、終末という区別があるだけである。当然といえば当然であろう。神の目からは全ては奇跡であり、奇跡でないのである。アウグスティヌスでは奇跡とは規則的自然の秩序外に客観的に立つ驚くべき事柄の意である[18]。通常の規則的世界とその外の世界とに分ける。かくて事実としてはそういう超規則的出来事の存在を認めている。信仰的観点からは奇跡は神からの恩恵の賜物であろう。そこで科学的次元から見ているのみでは奇跡の考察は不十分となろう。次にトマスでは奇跡は証言する人々の内に驚きを呼ぶのみでなく、神自身を有効な原因として持ち自然の諸力を超えていることが必要である[19]。彼では存在論的側面が中心で心理学的、症候学的の両面には低い注意しか払われない。

　現代ではどうか。自然の構造自体が硬くなくファジーなので、神を原因と考えうるのか。しかし奇跡は硬い自然から生まれると考えるのがよくはないか。すると自然科学発達で奇跡は消えてしまおう。だが一方、自然法則を破っての奇跡もあろう。だが破るとはどういうことか。結局その時点での自然科学的知識で判断するからなのか。科学が発達して宇宙の全構造が仮に解明されても奇跡を考えうるのか。この場合にこそ初めて神が原因の奇跡といえよう。だがいかに科学が発達しても全宇宙の解明は不可能ではないのか。それより先に人類は絶滅しはしないか。神話と科学の未分化は今までの二千年についてのみでなく、科学で全宇宙の構造が解明されるまでいえるであろう。可視的世界が堅固さを失い軟らかくなることは自己の存在がそうなることと呼応する。これは創世記にある水の面を神の霊が動き、地は混沌であった（創世記1,2）という表現に対応した現代に生きる人間の表白といえよう。世界はただ軟化したのみでなく、さらには潰れている。形はあるけど形はない。いわば無形になっている。自己も世界も無形である。ここから霊による創造は始まる。このことは自然科学的見方による世界より上位に位置する。かくて後者の世界をどのようにでも作り変えうる。ここから旧約での奇跡をも理解しうる。霊こそが世界を創造する。つまりどのようにも創造しうる。たとえ今すぐ思うように変えられずとも何ら気にとめることはない。いつの日にか——それが終末の日であるにしろ——そうできると信じておけばよいし、またそう信じうる。いわば先回りし

て終末に立って可視的世界は既に手のひらの上で好きなように既に変えられている。完了形である。「"霊"は…神の深みさえも究めます。」（1コリント 2,10）とあるが、このことの一つの要因がそうであろう。またこのことと自己の死の克服とは一体である。かくて可視的で堅固な世界は即事的には既に消えている。ないも同然である。だからこそ霊は奇跡的出来事さえも自由に発想できる。

　キリストの復活、天地の創造、終末—これらは全て信仰告白である。アダムの堕罪物語もそうである。何ら客観的に確かなことではない。救い主としての主への信仰からいわば分節されている。かくてそれに加えて自然科学的知識の普及した現代では、数億年後の宇宙（このままの宇宙が続けばまだ終末は来ていない）に関して、地球においてキリストの出来事を啓示した神はそれにふさわしい事柄をなさるであろうと信じても何ら不思議ではない。ただ地球上での事象と時間的、物理的に遠い世界での事象とでは信仰告白としてもどう異なるのかという問題はある。この点の考慮でも、可視的世界より「見えないものに目を注ぎます。」（2コリント 4,18）という点が大切で、霊の世界が信仰では中心である。そういう観点に立てば遠い宇宙については自然科学的にも不明なことが多く神はふさわしいことをなさるであろうと信じれば十分である。それ以上は考えることも信じることもできない。アダムの堕罪物語もアダムがどこかに生きていて堕罪したと考える必要はない。またそう考えるべきではない。どこまでも信仰告白であり、歴史的事実の告白ではない。どこまでも現在の神やキリストへの信仰からの告白と受け取らねばならない。信仰において世界、宇宙の在り方が硬くなくなるのに応じて信仰告白の中での世界、宇宙もまた硬くなくなる。全て信仰告白であるという点では、キリストの復活や旧約の中にある奇跡を信じることと遠い宇宙の果てにある天体について神がふさわしい事柄をなさるであろうと信じることとは軌を一にする。こういう形での告白はそう告白する当人の心がその告白からも自由たることを示唆する。その告白で自己の存在が成立している以上、それは極めて尊いが、それにただ執着してはいない。それと自己の存在とが一である以上、いわば固執してはいるが、ただ固執してはいない。「主の霊のおられるところに自由があります。」（2コリント3,17）とあるとおりである。こういう信仰の背景を考えると旧約に多くある奇

跡も事実性を問題にせずに読み、聞きうる。信仰告白である以上、事実性を問題にすること自体が正しくない。

　いわゆる二重真理とは異なる。これは二つの別の領域として区別してそれぞれの領域に別の真理を割りふるから。信仰告白は全宇宙を摂理する。旧約にある奇跡は本当に起こったのであろうと信じうる。たとえ起こっていなくても支障はない。神の全能を信じていればそれでよい。書いてあることがそのとおり起こったと固執するのはかえって神の全能への不信を顕わにする。神がその気になれば今すぐにも全宇宙を一瞬のうちに滅ぼしうると信じる。このことは「こんな石からでも、アブラハムの子たちを造り出すことがおできになる。」（マタイ3,9）こととも呼応する[20]。また全宇宙が堅固さを失い軟化することとも。全宇宙は既にその硬さを失い、無数のそうでありうる形（ある意味で硬さ）の一つをたまたまとっているに過ぎない。そこで現代の自然科学的宇宙観はそういう仕方で神による宇宙摂理のうちに包括されている。自然科学的考え方自体が信仰告白のうちへ包摂されて信仰告白的性格を持つことになる。それ自体としてはそうではないのだが、そういう性格のものになるのである。宇宙はしかし神の意志によっていつでもどこでもどのようにでも変わりうる。かくて旧約にある奇跡は一つとして実際には起こらなかったとしても一向に支障はない。それよりもその可能性が信じられていることこそ大切である。可能性とは軟らかさを意味しており、硬さとはいわば人の罪と一体の事態といえよう。霊が支配し、罪の支配が崩れていれば硬いものはもはや何一つない。信仰告白での言説はそういうことも可能な多様な世界を表明している。一方、自然科学的世界はそれらの多様な世界の中の一つの世界を可視化、現世化しているといえる。全ては信仰告白の中へ取り入れられる。信仰告白が最上位にある命題だから。現実の可視的世界が可能的世界の一つの実現したものとの理解はこの現実の世界の硬さを奪う。ここには霊的世界が中心で可視的世界は二次的だとの受け止め方が背景にある。現代でも、例えば癌が急に消えて専門家もそれを説明できないという話を聞く。こういう事実も旧約にある多くの奇跡に囚われなくなるのに役立つ。可視的世界が軟化するという意味で。

　地球で起こる全ては、各部分がそれ自体で宇宙の全体性を担っているように

宇宙の広がりと関係する[21]。宇宙の果てでの事柄と地球での事柄とは無関係ではなく、深い関連がある。我々は物理的世界を観察するのでなく、それに参加する（同 86 頁）。また物質と精神との総合を完成させた（同 78 頁）。このような考えは聖書自体の考え方と合致しうるのではないか。

かつては生命の偏在という経験は疑問の余地なしだったが、今では非生命が原則で生命は物理的存在の中の謎めいた例外である[22]。アニミズムの頃と現代とではこのように原則的な相違がある。このことは旧約での古代人が星の輝きにも"永遠"を感じえたが、現代人はそう感じるものを可視的世界の中に見いだしえないという事実とも呼応する。

V　霊の力による可視的世界の支配

有の世界の理論だけでは可視的世界に囚われる。禅的、東洋的思想の媒介が必要となる。イエスのいう「この山に向かい、『立ち上がって、海に飛び込め』と言っても、そのとおりになる。」（マタイ 21,21）も霊の可視的世界克服を示す。我々肉の人は目に見える姿形に囚われるので、そういうことを信じえない。可視的世界からの自由という契機はイスラエル的思考の内にある。イエスの先の言葉は自然の法則は霊の力の前では無に等しいことを示す。霊の力は可視的、肉的世界を上回っており、そういう世界をどのようにも変えうる。「『光あれ。』こうして、光があった。」（創世記 1,3）ことが既にそのことを示す。霊の力は肉の世界を変えるだけでなく、生み出しさえできる。

広大な宇宙と矮小な人間との矛盾。この点は神が全てをすべ治めるという観点から解決しうる。禅では無が全てを吸収する。一方、キリスト信仰では神が全てを吸収する。全てを吸収し、また反対に放出する。神において全てが総括されているとはそういうことである。キリストにおいて啓示された神が全てをハーヤー（存在、生成、作用全てを含む）している。神は生きており、時々刻々と変わる宇宙の状況に対応して行動する。かくて神のハーヤーがキリスト信仰のアルファでありオメガである。神のハーヤーを観念的に受け取ってはな

らない。神は過去、現在、未来にわたり生き働き給う。そう信じることと可視的世界の堅牢さ消滅とが一である。神のハーヤーをリアルに感じ信じねばならない。だが人の側で種々のものの脱落がないとそう信じえない。かくて無への到達が即ち神のハーヤーへ至ることでもある。するとキリストの出来事と神のハーヤーとどちらが信仰にとって根本的なのか。前者を通して後者に至るのなら後者が根本的となる。前者は時空的に限定された一つの出来事である。後者は創造から終末までの一切を包括する。もとよりキリストの出来事をも含みつつより広いのだから後者が根本的といえよう。ただ後者へ至るには前者が不可欠である。そういう意味では共に不可欠となる。神のハーヤーへの信仰という点では旧約の頃も現代も同じである。時空を超えた真実である。こういう信仰の内には神に反する事柄は全て滅ぶことへの信念も含まれる。神のハーヤーはそういう性格を持つ。だがこのことの実現は終末にである。そこで我々は今既にその時点に立ちそれの実現の内に生きている。そういう場から今現在の未実現の世界へいわば出撃している。そういう出撃基地へ心を留めつけるためにも世と自己との相互的死が不可欠である。広大な宇宙と矮小な人間との間に感じる矛盾も神のハーヤーが吸収する。さらに自己が神のハーヤーを担っており、神のハーヤーなのである[23]。自己と神のハーヤーとは別ではない。自己が即ち神のハーヤーである。悪必滅の真実がハーヤーするのである。

　禅の場合、日常生活の現場にこそ究明されるべき自己が存しており、そこを離れていかに壮大な自己究明の解決策が提示されてもそれは究極的には自己を救済しえない。そういう意味では禅は現実主義的といえる。例えば「喫茶去」とは自己の本性を自己以外のどこかに求めること、つまり哲学的にいえば対自的存在になっていることへの反対をも意味する。自己を求める自己の脱落を意味する。ここに現実主義が現れる。だがこういう現実主義と聖書でのそれとどう異なるのか。禅のは厚みのない一枚の板の中に自己を入れたようなもの。しかもその板の存在にはこれという特別な意味はない。一方、キリスト信仰では厚みのある一枚の板の中に厚みある存在として人が自己を入れている。しかもこの板は神の被造物として重い意味を持つ。神との関わりの軽重で各個所の厚みに差異があろう。人は対自的存在として厚みを持つ。禅のは厚みがなくその

板は無である。厚みなきものは何であれ現実に存するものではない。仮に「如実」主義とはいえても「現実」主義とはいえない。存在していないものを現実的とはいえないから。禅で地球が米粒一つになって吹いたら飛んでいってしまったという話（山田無文『碧巌物語』1964　336頁以下）がある。キリスト信仰では世界は神の被造物なのでそれだけでは不十分である。それに応じて人が堕罪し本来の場所から落ちたとの理解が不可欠であろう。こういう二重の理解が必要である。後者のみでは可視的世界への囚われから自由たりえず、前者の理解も不可欠であろう。囚われは種々思弁的なことを生みかねないから。仏教的な縁起の世界（因縁の世界）は無の世界の論理、一方、自然科学的観点からの観察の結果としての自然への論理的理解は有の世界の論理。これら二種の論理は各々無の世界、有の世界を反映する。両者は世界の表裏一体に応じて表裏一体である。同じものの両面といえよう。無即有だから。そこで両者は出会わない。平行しているから。かくて矛盾もしない。仏教ではその世界観は科学と同質的であり矛盾しない。キリスト教では異質（"的"ではない点に注意）なので矛盾しない。前者では形式的には人の論理による構成という点で矛盾しない、同質的といえようが、内容的には矛盾する、異なるともいえよう。キリスト信仰から見ると、仏教のは確かに自然科学的自然観のように実験と観察に基づく理論で構成されてはいない。人が観念によって作り上げた理論である。実験と観察の代わりに人の理、知性が動員されている。だがどちらも人の自然的能力による点では同じである。実験と観察も理、知性によって行われており、好一対を成す。

　霊の世界と調和する地上の世界は無数の形態が可能である。しかし西洋の有の論理の世界理解では霊の世界の理解（有の世界と一体の）の核心までは届きえない。科学的世界観はいわば西洋的、合理的考え方と軌を一にする。是非とも東洋的、禅的な無の理解を経た上で霊の世界の理解を考える必要がある。東洋思想（仏教）は実験と観察によってではなく、理、知性による推論により縁起を考える。だがどちらも自力で絶対、神、無限、永遠に達しようとの企てであろう。ただ西洋的論理的閉鎖性も東洋的超論理的閉鎖性も共にいわば人間から出てきた壁である。人はそういう壁を築いている。これはバベルの塔にも当

たる。このことは東西両思想が共に啓示に対しては真の意味では開放的ではないこととも関連する。いずれも開放性を特徴とするキリスト信仰的考え方とは異質である。科学的因果の世界は西洋的世界、有の世界だ。一方、縁起の世界は東洋的、仏教的な無の世界だ。だが両世界は表裏一体である。そこで両世界がどこかで触れ合うと感じるのも無理からぬであろう。

　ここで科学思想と仏教思想との同異について考えてみたい。まず簡単に仏教思想について。「大隋却火」の話に関連して世界が滅びても滅びないという「這箇」はまだ目的論の気味を脱しておらず、そういう本来的自己は破られねばならない[24]。禅なのでこうなるのであろう。こうして、科学がまた「殺人剣」（同236頁）として目的論の世界に降りてくる。仏教的観点からは自我、真理などは人が主体性維持のため考え出した仮説である。自我は人自身の側での事象であり、真理はそれと一対の客体の側での事象である。事実がそうであることを意味してはいない。普通は人も含め全ての存在物は生成、発展、消滅する点で同等である。ただ仏教思想はそれには尽きない。客観的に見てそうだというのみでなく、全存在が主体的観点からもそうであると認識する。しかし客体的対象にしろ、主体的自我にしろそれ自体がいわば他に対して自律的に存してはいない。あくまでほかと共に連動して動いている空なる存在である。キリスト信仰ではキリストを信じる主体たる個的存在は不可欠である。広大な宇宙、死の世界を全て合しても人間一人に及ばない。それほどに神の似像たる人の価値は重い。徹底的に人格中心的に考えなくてはならない。人格中心的との意味で主体的に見なくてはならない。そういう観点を失うと平板な見方に陥り自然も人も区別はなくなる。

　次に、両思想の類似点について。電子が一つあることは真空の電子波という"コト"の生起を意味し、実体が機能に還元されており、これは仏教アナートマン説と軌道を一にする[25]。実体的次元のものが機能へと還元されるので、固有な実体的存在はない。そのことが仏教の無我説と軌を一とする。そういう仏教的立場に達するに当たり、「煩悩と覚り」と科学における「知識と創造」とは同じ内容をもつ関係であり、自我の根源たる記憶への執着を煩悩とするが、科学での創造では知識はそれを妨げる煩悩以外ではない[26]。確かにそう

いう一面はあろう。だが創造ではそれまでの知識が基礎になるとの積極的側面も同時にあろう。空なるものはあらゆる形を化現するとの仏教の考えは温度、エネルギーが高まると相転移により無数の粒子を産み出すという物理学に一致する[27]。物理学の見解と一致することが仏教にとっては好ましいようである。無我とは心であれ物であれ全てのものの中に不滅の霊魂のような不変なものはないことだが、これは二十世紀以降の物理学の立場と相似する[28]。

次いで双方の相違点について。仏教で如実知見というが、仏教、科学双方はものを客観的に見ることの大切さでは類似する。だが森羅万象の在りと我在りとが一である自覚知たる如実知見は全人的存在の自覚であり、それの一断面である科学の知はそれの立場から生かされるべきものである[29]。仏教の立場から科学的知識を利用することとなる。かくて仏教は元来宗教だから当然であろうが主体的立場にある。例えば無常という場合もただ客観的、対象的に見てはいない。主体的関わりの中でそう感じている。この点は大きい相違である。かくて科学、仏教両者の関係は知識と覚りという両面を持つ紙の表裏で、境を破れば至近の距離にあり、科学者の畏敬の念と仏教の宗教心との相違は縁起の法が考慮の中にあるか否かである[30]。西洋では因果ということを時間的過程の中での自然の法則として考え、仏教では人の道徳的因果関係、心理現象を含めて因果関係として受け取り、その結果東洋では自然科学が発達しなかった[31]。結局主体的という点の大切さが分かる。しかも仏教での無常は未来へ向かって展望をもつそれでなくてはならない[32]。未来志向的である。

仏教も科学も真実到達は簡単ではないと考える。前者は主体である人の心の中の煩悩が邪魔すると考え、後者は客体である自然が人の能力を凌駕して解明が容易でないと考える。だがそういう相違があっても、論理的考え方自体は両者に共通である。そのことがキリスト信仰からは一つの場を形成していると見える。この点は仏教からはキリスト教は啓示という歴史的事実に依拠するため真実をゆがめると見るのであろう。そこで科学はそういう汚れを除去すると考えるのであろう。キリスト教と科学とは次元が異なるとは受け取られていない。仏教と共に科学に相対するものと受け止められる。ヨーロッパ化されたキリスト教がそういうものなので、そう考えるのも無理からぬであろう。だが聖

書での本来のキリスト信仰は異質である。

VI　霊の誕生と世界の変転

　自然科学的、客観的な認識の立場もそれと表裏一体の空の立場もキリスト信仰の立場と異なる。この立場は前二者を共に突破して真の現実性を造り出す。超越的な信仰的要因が客観的に認識された生命のない世界に生命を吹き込む。客観的に認識された世界は人格的性格を付与される。ここに初めて人格的世界が生み出され、世界は"世界"になる。それまでは厳密な意味では"世界"とはいえない。精々"せかい"でしかない。人がキリスト信仰によって初めて人になったことにこのことは呼応する。神が神になることと人が人になることと世界が世界になることとはいわば三位一体である。客観的に認識された世界がそこに存していても特に意味はない。あってもなくてもどっちでもよい。何ら有意差はない。世界が"世界"になって初めて世界は意味を持つ。メリハリのある世界になる。創世記に混沌が神の創造以前にあったとあるが、特別に混沌でなくても、そこには混沌あるのみである。たとえ整然たる世界が展開していても、それは混沌でしかない。神による創造の一滴が注がれて世界は"世界"になる。神が手を引くと世界は崩壊するとは必ずしも物理的に世界が崩壊するとの意ではない。たとえ世界が整然としていても、なおかつ崩壊していることに変わりはない。存在より意味が優先するから。人格という点を重視すればそうであるほかない。一滴が注がれた点はキリストの受肉にも相当するところの一点である。「『光あれ。』こうして、光があった。」（創世記1.3）とある。そのように神の言によって世界の一角がその意味を与えられる。創造とは単に物理的世界の創造の意ではなく、世界が"世界"になることに関してのことである。ただ単に世界が世界として存するだけなら、まだそれは"世界"として創造されたとはいえない。

　世から離れて初めて真にキリストを信じうる。するとこの世に人が生まれたのは何のためか。世があること自体が疑問になる。次のように考えられる。創

造前、終末後のことは人には分からない。そこで今現在はこういう世界が存在し、人はそこに生きている。これを大前提として考えるほかない。かくて世界が神の創造による以上それはそれとして意味を持つ。だがそれは究極的ではなく、それを脱して神へ至ることが求められる。仮に世に重みがなくなれば神を信じようともしないであろう。死後は主の許へ帰ると信じる。生前に既に主は今を生きる人間の生の中へそういう形で入ってきている。こういう状況では人の心はいつも終末で主に相見える(あいまみ)ることへと引かれる。そのことで方向づけられる。そのことが一番基本的な事態である。こういう状況では人の生の全領域を主と相見えるという希望が支配する。希望が現在へ浸透する。こういう心境では心に希望が宿り、それは世の全てを征服している。世にあるいかなるものもその希望に勝てるものはないから。人は希望に生き、希望が人を生かしめている。こういう希望を打ち砕きうるものは世には何もない。形のない希望なので打とうにも打ちえないから。早く天において主に見(ま)えたいという心情が生まれる。不可思議である。こういう心がまた世にあっての人の使命を果たす努力をせしめる。

　キリストの側に立って全てを見る。例えば自然界での不可思議、土星の衛星タイタンの北極に雲があること、こういう不可思議さもそれまでの人の立場からの不可思議さとは別の色彩をもってくる。自分自身が被造物ではなく創造者の側に立って見、判断することになるから。いわば自分の造ったものについて不可思議も不思議も感じる必要はないから。あるべくして全てのものはあるのだから。宗教的国際会議で鈴木大拙が"わしが創造を見た"と発言したと伝え聞くが、それとは異なる。真っ赤に燃えて西の空に沈む太陽を眺めつつ来るべき日には主と相見えるであろうと自己自身の言葉として語りうる。これは来るべき終末へ心が至っていることと世にあって生きることとの出入り自由と呼応する。キリストの掌の中での遊戯(ゆげ)という心情が支配する。これはアウグスティヌス流にいえば「あなたの内に憩うまでは安きをえない。」(『告白』Ⅰ-1-1)ことだが、これは本来の自己の実現であり、さらに望むべきものはもはや何もないのである。そこで永遠の生命さえも、もとより与えられれば感謝して受ければよいのだが、あえてそう望まなくてもよいのでもある。キリストの父なる

神に一切を委ねたのである。キリストにおいて受肉した義にして愛なる神を真に知ることが自己の本来性の実現だった。そのことで一切が尽くされた。キリストという存在は存在自体が奇跡である。単にその行ったことが奇跡なのではない。

こういう在り方は一言でいえば霊だが、霊とは元来第三者が見てそこにある、ここにあると存在を確認しえない。そこでアダムでのように最初の頃の人間達に霊の授与があったとしても、その真偽は誰にも分からない。現代に生きる我々にはもとより同時代、同場所に生きていた人々にもそうであろう。かくてよい譬えではないが、いわば水子の霊のように闇から闇へと葬られてしまったともいえよう。霊の授与については判断する手がかりさえつかめない。人の手の届かないところにある。

霊は合理性を超えている。合理性と非合理性を兼ね備え、しかもその間に矛盾を感じない、そういう矛盾自体の上に信仰は成立する[33]。確かにそうである。キリスト復活の霊の体とはそういうものであろう。ただそういう体の組成を合理的に説明はできない。処女懐胎などを認めつつも自然の限定をも容れうるものを看取したい（同542頁）。だが信仰が先のようであるには、科学の前提となる理性が科学主義的判断による局限という性格を超えなくてはならない。科学には限界がある。発展によって古いものは捨てられる。地球中心的な古代の宇宙観は太陽中心的なそれ（コペルニクス）へ代わり、さらにそこからニュートンのそれへ、さらに相対性理論による宇宙観へと変化した。これは時代によって変遷するという事態である。これ以外に今現在においていくら科学が発達しても予測できないこともあろう。例えば東南海地震がいつ起きるかという問題である。人が置かれているこういう状況も信仰の方へと人の心を動かすであろう。

こういう状況は従来の機械観支配の世界の上に立つ目的論的な宗教の全体系の背景である精神的な基盤の喪失という事態[34]にも反映される。だが今この瞬間にも終末が来るかもしれないという緊迫感を持っての神信仰は世界観というような悠長な、間延びしたものではない。ヨーロッパ化されたキリスト教は本来の信仰を人の理性により平板化して二次的な「観」に変質させた。世界

観という観になったらそこにはもはや生ける神は存しえない。排除される。生ける神への信仰とそこから二次的に生み出されたキリスト教的世界観とは厳密にいえば二律背反である。世界観になるので、宗教の背景たる精神的基盤がそこに止住するものとして考えられることとなる。かく観の克服は同時に精神的基盤の克服でもある。キリスト信仰は真に異次元のものである。生ける神、キリストは"観"にはならないし、またなりえない。観となると人間化されており、一種の偶像となっている。偶像崇拝禁止がキリスト信仰の一特徴である。

　宗教がそこに存立すべき状況は、別言すれば万象之中独露身についての第二の相として万象が仮象として現前し、その相の下では万象の存在は全て「錯」である[35]。キリスト信仰では世界は神の創造によるのでそういう世界がまさに真であろう。そこから一歩退いたような一種の内的世界は無意味である。ただしこれは科学の立場が全てを物質的過程に還元して考えるのとは異なる。こういう科学の立場は突破されなくてはならない。だがキリスト信仰から見ると、禅の立場も科学同様に世界―内―包含の立場である。というより人間―内―包含の立場である。科学の立場以上にいわば世界―内―包含の立場ともいえよう。神による創造の立場からは科学的立場は神の創造の過程の解明の一部として積極的意味を持つ。また万象をそれ自身の現象たらしめ、同時に万象に実在性、真理性を付与するとの二相は不可分だ（同249頁）が、これらは共に人の心の内でのことである。かくて禅の立場―科学の立場―キリスト信仰による神創造の立場の順で脱自（脱人間）という性格は強くなる。また万象之中独露身では心外無別法であり、いわゆる無一物中無尽蔵である[36]。心外無別法でも分かるように心の在り方の問題である。こういう在り方は啓示の立場からは自己内への徹底した閉鎖である。何によっても揺るがない自己―無自己へ至ったのである。特定の形ある自己では崩壊の危険があり、形なき自己にしてしまい崩壊なき自己へ至った。だがこれは自己でなくなったことではない。徹底した自己化であろう。脱自己化が即自己化である。キリスト信仰では脱自己化は即キリスト化である。

　こういうキリスト信仰では、奇跡中の奇跡である神の栄光を端的に顕わにするキリストの復活以外、どの奇跡も神の存在や意志を丸ごと現してはいない。

それは精々神の力のしるしであるとも解されよう。そういう意味では奇跡は多々益々弁ずともなろう。またどんな奇跡があってもよい。古代イスラエル人の神の全能、栄光への信仰の表現でもあろう。問題は現代人もそのように信じうるかである。白骨が生き返った以上のことがあってもよい。当時としてはまことに稀有のことである。人が思いつきうる限りで最も奇跡的であったであろう。そういう出来事の事実性は不問に付しうる。むしろ不問に付すことこそ神の全知、全能、創造力への信頼を現す。具体的奇跡への囚われは時空を超えた神の力を具体的形で表明された事柄へとかえって閉じ込める結果になる。ただキリストの復活は霊の体への復活であり、それ自体形のないものなので別格であろう。そういうものとして信じなくてはならない。個々の奇跡はその都度の一回的な神の栄光、力の現れである。一回が全的な現れである。比較を絶している。その場にいる人々にはその出来事が絶対的である。旧約として読むので奇跡が多く起こったように受け取ってしまう。一回的、絶対的なのでそれは形を絶したものである。具体的だが形を超えている。形あるものが即ち形を超えている。時空という有限的世界へ閉じ込められてはいない。「文字は殺しますが、霊は生かします。」(2コリント3,6) なのである。

VII キリスト信仰による可視界の軟化

インドネシアでホモ・サピエンスの亜種ともいわれる最古の人類の骨が発見された (2003年) が、それによれば身長は一メートルほどで脳が非常に発達していて道具を使い、食物を火で調理していたらしい。今現在まで生き延びている可能性もあるという。フロレス島で発見されたのでホモ・フロレシエンシスと名づけられた。こういう人類の祖の新しい骨が発見されるたびに思うが、アダムとの関係はどうなるのか。

結局、アダムという存在がいつどこでという問題は特定しえない。今現在の人類は堕罪した状況にあるから、それ以前の状態へ知は及びえない。かくていつかどこかで罪のない状況で人が生きうる可能性はあったのであろうと信じる

しか今となっては道はない。このことは、宇宙の広大さと人の矮小さとの間の矛盾を感じることが心が身体から離れて解消、心の広大さと宇宙の矮小さという方向へ逆転することと呼応する。人知の質の肉から霊への転換と呼応する。可視的世界の堅牢さの喪失、軟化と呼応する。この堅牢さの崩壊がアダムという人類の始祖という表象、奇跡を神が行うこと、キリストの復活、それに伴う我々の復活などの表象やニヒリズムの克服など全ての背景となっている。例えば可視的世界の堅牢さが残存したままではニヒリズムの克服はできない。堅牢さが崩壊して世界はどのようにも形成される素材へと帰る。これは創造者なる神への信仰の誕生と一である。このことはまた可視的世界への執着の脱落と一である。これはこの世への死といいかえられる。反対に世の堅牢さの残存は自己の世への囚われの残存と一である。というより前者の堅牢さは後者が生み出している。

　可視的世界の堅牢さの喪失は自己自身のそういう性格の喪失をも意味する。神による新たなる創造が始まるゼロの点に帰った。ちりから取られたのだからちりに帰った。こういう被造物についての二種の堅牢さの喪失は人が理念的に考えた神観念の堅牢さの喪失でもある。そこで初めて神の側からの主体的な啓示が開示される可能性が芽生える。こういう事態が生じて初めて見えないものを望む（ローマ 8,25）ことも生じる。見えていることは既に見て知っているので望みの対象にはならない。神の栄光が端的に現れている世界への望みである。堅牢でなく軟らかいとは手で掴みえないことである。掴んでもすり抜けてしまう。硬くないので取っかかりがないから。またそういうものを掴もうとする心も既に存してはいない。心や自然のこういう在り方を前提とすると、奇跡という観念は失われる。ありとあらゆることが生じる可能性がある。奇跡とは堅牢な自然とか自然法則が存して初めていえる。パウロは「"霊"は…神の深みさえも究めます。」（1 コリント 2,10）という。この告白もこういう心の在り方の反映である。深みとはいえ具体的な信仰箇条がありはしないであろう。そういうものが出てくる元のものだから。形も何もないところである。通常の人の心の在り方では可視界の堅牢さに阻害されてそういう形のないところまで目と心とは届きえない。自己を離れたどこか遠いところへ至るのではない。"深

み"（bathē）というと自己から遠いというイメージが湧く。奥の院という言葉もある。これは事実山の奥の方にある。だがここでいう深みとはそうではない。近すぎて今までは遠かった。堅牢さの喪失がそういう事実を顕わにした。近いものほど遠いといういわば罪による逆転を元に戻した。近いものほど近くなった。というより全てが近くなった。なぜなら神でさえも近くなったのだから。遠いものはもはやなくなった。神の深みという最も遠いものへ突破突入してそういう事態が可能となった。かくて宇宙の果てさえも近くなった。神より遠いものはなかったのにその神が逆にいわば最も近くなったのだから。

　山も海に入るであろうというイエスの言葉（マタイ 21,21）が信じがたいのと同様、過去での人類の祖の堕罪が信じえないほど人は堕罪の底へ落ちている。かくて堕罪の「いかにして」について実際の人類史との関連で考えようとすることは無理中の無理である。主の復活、アダムの堕罪、終末についてはただ信じるほかない。キリストの復活もその「いかにして」については分からない。復活しつつある現場を見た者はいない。終末もただ信じているのみである。そのことについて人はいかなる手がかりをも有してはいない。このことは創造についてもいえる。地上での出来事との関連で考えられてはいない。地から浮いているのである。キリストの復活はイエスが現実に生きていたのであり、その人が復活したのだから創造や終末のように手がかりがないのではない。キリストの出来事から創造を考えると、人としては堕罪を考えるほかない。これは出エジプトの出来事の後創世記が書かれたのと同じ。救いの出来事が先にあり、そこから創造、終末へと思いは及ぶ。信じる事実としてはキリストの出来事以外何もない。だからホモ・サピエンスとの関連で堕罪を考えるべきではない。堕罪は終末と同じで地上とはいわば無関係の事柄である。過去のことなのでついつい地上の出来事との関連で考えてしまう。堕罪の話も終末同様に地から浮いた霊的次元の事柄である。ただ心が世、地、肉に引っかかっていると前者を終末とは別次元のことと受け取る。アダムの話がそのまま現実のイスラエル民族の祖先へと続くので、その分余計にアダムのことが世にあってのことかのような誤解を招きやすい。罪と死のない世界とは今現在の世界とはおよそ縁のない世界である。マルチバースの中での別の宇宙のごとくであろ

う。相互の関連なく、通信はできない。ちょうど復活のキリストが今とは別の世界に属すごとく。創造、終末、キリストの復活—これら三者は可視的世界とは異次元の同一次元に属す。キリストの復活についてその「いかにして」は分からないし、信じるしかないのと同様に前二者についてもそうであろう。ただ堕罪がいつかどこかで生じたのであろうとは考えうる。だがそれを現実の歴史上の出来事として、ホモ・サピエンスか、あるいはもっと前か、あるいはイスラエル民族形成の近くかという仕方で考えるのは誤りである。「肉に従ってキリストを…知ろうとはしません。」（2 コリント 5,16）とは"肉に従って堕罪、アダムを知ることはすまい。"でもある。終末の「あるであろう。」に対して堕罪は「あったであろう。」である。霊的世界の中で全ては演じられている。

　終末についてはキリストがイスラエルの地に再臨して義と愛との王国を全地球的規模で造るであろうと信じれば十分で、その「いかにして」については不問に付す。旧約の多くの預言者が事柄は述べてもその「いかにして」には触れないように。それは創造についてもいえる。神による創造、人の堕罪を信じうれば十分、その「いかにして」は不問に付す。創世記はあくまで信仰告白である。創造についても終末についても実存的である。ただパウロが終末描写として「雲に包まれて引き上げられます。」（1 テサロニケ 4,17）というように、終末が具体的にイメージできなくてはならない。これは幻視などではなく、キリスト信仰と一体の終末の出来事の描写である。冷静な理、知性の働く心境での事柄である。心が世から離れていないと、このように思い描ききれまい。パウロの場合と同価値的な表象がどういうものかが問題である。なお科学的判断を未知の領域にまで押し広げ生前や死後の魂の存在や聖書にある奇跡の全てを否定するのは間違いであろう。いわばメタバシス・エイス・アロ・ゲノス（別種の事柄への移行）の誤りを犯すこととなろう。

注
1)　創造、終末、奇跡の全ての点で同じ仕方で信仰を優先しなくてもよい。各々で異なる仕方でであってもよい。例えば全ての点で二重真理的仕方でそうである必要はない。これら三点は過去、未来、現在という三つの次元の相違はあるが、いずれも人の理、知性を超え

る点で共通である。神はそういう出来事との対決折衝をさせて人を世から聖別し、自己へと招く。

2） 藤本浄彦編 『死生の課題』 1996 94頁 泉美治 同上論文 また、J.ポーキングホーン同上書 114頁以下では原子は絶えず入れ替わっており、持続的自我の源泉ではなくその物質を組織立てる「様式」が自我を構成するという。
3） 同上書 114頁 堀尾孟「禅における"死生"の課題」
4） フランソワ・ジャコブ 『可能世界と現実世界』 田村俊秀 安田純一訳 1994 82頁
5） J.ポーキングホーン 同上書 152頁
6） 藤本浄彦編 同上書 113頁以下 堀尾孟 同上論文では、このことに関連するが、自覚的になった自己に人格の根拠があり、ここに父母を縁とした、自己自身がその印である自己があるという。このように自己自身を解すると人間については諸行無常とはいかなくなりはしないのか。その分キリスト教に近づく。
7） 西田幾多郎全集 第一巻 1978 87頁 さらに、同頁で自然の背後の統一的自己が人の意識の統一作用自体であり、両者は同一だという。同一とは人の意識の方の優先を意味する。自然の統一作用をも意識の中へと組み込んでおり、生きるに際し自己中心に全てを構成するよう元来できている。だが客観的事実としては自然の中の統一作用の方が大で、その中へ人の意識、否、存在が巻き込まれている。人の存在は技術開発がいかに進んでも自然の力に比すれば微々たるものであろう。82頁に出ている「具体的実在」こそ最抽象的なものであろう。超越的実在たる神を信じるか否かで"具体的、抽象的"の意味がこのように逆転する。
8） 藤本浄彦編 同上書 93頁以下 泉美治 同上論文
9） 一般的意味での義に背くことの受容のような信仰的、倫理的なことは別だが、自分として絶対に受容しがたいもの、こと、をあえて受容する。ここに現代の知的状況とキリスト信仰との関わりからくる問題やキリスト教思想上の問題を突破していく鍵がある。受容されるものが受容しがたいものであるほどその効果は大きい。そうして「わたしは世に対してはりつけにされているのです。」（ガラテヤ6,14）とパウロのいう事態がわが身に成就する。神は天地創造の前に何をしていたのかと問う人に対してルターがそういう物好きな人間のために神は地獄を用意していたと答えたと伝えられるが、自我崩壊していればそういう問を発しないであろう。それにはまず自己が純粋に信仰を探求し、絶対に受容できない物事を明確にする必要がある。受容しがたいものの受容が回り回ってほかの人々の人生、信仰、生活を立てるような場合を意味する。つまり内容的には信仰と一体の愛へ究極していく。「信仰と、希望と、愛、…その中で…」（1コリント13,13）とパウロのいう当のものである。このことは自分を迫害した者を受け入れたイエスの態度に通じる。そういう意味では自我の死とほかへの愛とは一である。迫害する者のために祈れ（マタイ5,44）とある。このことは迫害者のためのみではなく、被迫害キリスト者のためでもある。むしろ後者に

こそ第一次的意味がある。絶対に受容できないものを明確にする段階はパウロでいえば律法精進の段階に当たる。自我は極点まで張られている。「なぜ、むしろ不義を甘んじて受けないのです。」（1コリント6,7）というパウロの言葉は絶対に受容不可のものを受容した後でこそいいうる告白であろう。彼にとっては絶対受容不可のものとはキリスト信仰であったであろう。それをダマスコ途上での顕現によって絶対的に受容した。キリストが死んで復活したことは単に比喩ではないのである。以上述べたような経過の裏付けがある。

「わたしを母の胎内にあるときから選び分け」（ガラテヤ1,15）とパウロはいう。これが信仰の全てを語る。肝心要のところである。このことの生起により広大な宇宙は終末ではどうなるのかという点も「顔と顔とを合わせて見る」（1コリント13,12）という仕方でいわば不問に付しておける。終末での宇宙の状況には現在の人の知性は及びえない。この現実的世界に生きる自分が神の導きによりキリストへ召されるとの信仰の成立により、自分同様に現実的世界も神の摂理下にあると信じうる。段落の最初に挙げた告白はダマスコ途上でのキリスト顕現や第三の天に挙げられたことなど全てを包括した告白である。しかも知性の立場から反省されている。かくて個々の体験に依存してはいない。それだけ揺らぐ可能性は低い。個々の体験を総合している。個々の体験を一次的とすれば、二次的ともいえよう。自己の存在への全体的理解といえる。信仰的自己理解である。

10) R. H. フラー 『奇跡の解釈』早川良躬訳 1978 58頁
11) René Latourelle; ibid, 76頁
12) A. リチャードソン 『福音書における奇跡物語』 小里薫訳 昭33 15頁以下
13) ヨーロッパでは近世初頭頃まではキリスト教は文化、文明に大きな影響を及ぼした。だがそれ以後は科学の発達が生じ、宗教との間に種々の軋轢が生まれた。世界は神の被造物として受け取られ、科学と共通の土俵で出会うから。一例をあげれば天動説、地動説の争いがあった。こういう状況では二者択一しかあるまい。前者の誤りが科学によって明らかにされると、宗教はその分自己変革せざるをえない。本来宗教の立ち入るべきでない領域へ立ち入り、自己固有な見解を作った結果そうなる。かくて宗教の敗北は生ずべくして生じた。一方、科学は新しい発見のたびに進化する。次第に科学が優勢となり、特にニーチェにおける背後の世界の崩壊で神の居場所がなくなる事態の発生はきわめて重要である。科学は発展してきたが、宗教はキリストへの信仰である以上、基本的には発展とか後退には無縁であろう。またそうでなくてはならない。

キリスト教がヨーロッパに入って以来文化の一部となり、科学と衝突する局面を生み出した。宗教が本来の領域以外へいわばはみ出してきたから。宗教、科学がそれぞれの領域に留まっていればそういう事態は生じなかったであろう。両者が衝突した時どちらか一方がいつも正しいのではありえない。聖書の表現は一定だが、人の置かれた時所位に応じて常にそこから真意をくみ出さねばならない。衝突した場合宗教は本来の領域へ押し戻され、その根源的使信に改めて目が開かれることとなる。そうならない限り衝突は続く。そこで

衝突は宗教がその時代に適応していく契機となる。その意味では宗教はその時代の科学的発見に対応して常に自己進化せねばならない宿命にある。ただ宗教が常に自己の分を守っていれば衝突自体が基本的には起きない。宗教は倫理的、価値的、人格的事象を扱う。一方、科学は自然現象を扱う。前者は後者とは異次元の世界に生きる。この点の明確な認識の欠如から衝突が生じる。

14) 『現代科学思想』世界思想教養全集 16 昭39 ホワイトヘッド（上田、村上訳）「科学と近代世界」 196頁以下

15) 岩波講座 宗教と科学 1 宗教と科学の対話 1992 112頁 村上陽一郎「科学の言葉・宗教の言葉」

16) 藤本浄彦編 同上書 1996 31頁 宮田隆「進化からみた"死と生"」 四十歳以上の寿命は子供を残すという目的にとって不必要であるため免疫力の低下を防ぐ保証回路が進化しなかったという。

17) そういう意味では聖書の文字は救いが詰まった缶詰のようである。開けて食べなくては生きる糧にはならない。食べて初めて血となり肉となる。一字一字に霊が詰まっており人が取捨選択すべきではない。一括受容以外の対応はない。特定部分への自己判断から不信になってはならない。文字が受容されるよう人の心を改変してこそ文字は文字である。文字が主体で人は客体である。文字は霊に満ち生きている。自己が生きているからこそ人を生かしうる。神が生きているので文字も生きている。人が自分の価値判断を持ち出さず虚心坦懐に受容すれば、人がそれを読む時文字を通して人の心へ霊を注ぐ。奇跡物語とほかの部分との区別した扱いをしている間はそういうことは不可能であろう。虚心坦懐ではなく自己の側のリアリティに囚われがあるから。囚われが消えると奇跡物語のような部分にむしろより多く心を打たれはしないか。自己のリアリティから解放してくれるから。そういう物語と真に一となれた時がまさに自己が霊的存在になれたときである。その意味では奇跡物語こそが聖書の物語の核心である。だがその場合でも奇跡的出来事自体に意味がありはしない。それでは聖書の中の特定部分に意味があることとなろう。どこまでも聖書全体が全体として受容の対象とならねばならない。特定の部分の重視は人の都合の優先を現す。聖書の文字は部分に切り離されては霊の力は働かない。ただその場合真には分割されえない存在だけに、分割しえたと思うのは人の側での勝手な思い上がりである。是非とも全体として一でなくてはならない。このことは霊と心と体を三分割しないこととも呼応する。一般に神に関わることを分割して考えようとすることは人の罪より由来する。全的一としての受容は個々の字面に受容、拒否いずれの方向へもこだわりのないことを意味する。初めから全的一の霊的存在としての存在である。分割すれば実は自己が分割されているのである。聖書の全的一と人の側での全的一とが呼応しうる。霊は双方共に一でない場合には働きえない。

18) René Latourelle; ibid, 266頁

19) ibid, 270頁
20) 創世記32,23以下にあるペヌエルでの格闘。ヤコブが神と人と闘って勝ったという話。相手は具体的には人である。それをそういう相手として体験した。ここにはごく通常のことを霊的次元のこととして体験する心構えが見える。信仰とはこのように神的存在へ向けて心が開かれていることが前提である。このことは神による世界創造、可視的世界の摂理という感覚などと一連のことであり、信仰の不可欠要件である。神への開放に当たり人がその媒介であることによってこそ可視的世界がそうであることが逆に明らかになる。通例では可視的世界に神の臨在は感じえない。にもかかわらずそうであることはいかなる時所にも神の臨在を認めることであり、これぞまさに信仰といえよう。こういう感覚とイエスを神の受肉とする考えとは一である。一方、人の内面へと神の臨在を探求するのは聖書的なものの感じ方ではない。聖書はどこまでも現実の可視的世界の中にこそ神の臨在を問う。そうしてこそ現実の世界が相応の重みを持つこととなる。「何者か」（25節）とある。「その人は」（29節）とあり、ヤコブと格闘したのは人間である。それをいわば神の代理として受け取った。現代の我々にはそういうことはしにくいのではないか。しかもその際その人に勝つことはただその人に勝ったのではなく、神に勝ったのである。人に勝つことが同時に神に勝つことである。神に勝つとはどういうことか。人がこともあろうに天地の創造者なる神に勝った。これを文字どおりの意味には取れまい。神が定めた一定の則を超えたという意味にとるしかない。神自身としての神に人が勝つことなどありえないから。勝利後授与の名イスラエルの原意が「神の兵士」たることからもこのことは察せられる。神が定めた基準をクリアしたのである。それなしにはイスラエルではありえなかった。

　こうしてヤコブは世にある神の代理者となった。神がいわば試験をして受かったので採用された。人に勝ったのに「神に勝った」と表現する。その限り神は人となっている。神はその人に全権を委任する。つまりその人が負ければ自分の負けであると神は腹を括っている。そう神に思わせるにはヤコブの側での人格性とかそれまでの正しい生き方とか種々の要因が絡んでいよう。それにしても神にそう決意させるには人の側での大いなる働きが考えられよう。それにしても神がいわば人と運命を共有するという決断である。この時点で既に神は人となっている。キリストを待つまでもない。そうでない限り人は神に勝つことはできない。神が神のままではそういうことは起こりえない。神が人になって初めて人が神に勝つ可能性が出てくる。この場合なら神は「その人」になっており、神から見て自分に勝つほどの人にして初めてイスラエルという名を贈りえた。今後数多くの戦いを経て約束の地に入っていくに当たりそれだけの強さが求められる。それにしても絶対の神が人となっている。きわめて人にとって身近な存在である。もっとも遠い存在が最も近い存在である。そういう逆説がここにはある。堕罪した人間が神を信じるにはそういう形しかありえまい。神の側からの逆説なしには人は神に関わりを持ちえない。人の側からのこういう逆説はありえないから。神秘主義がこれであろうが、正しい対応ではない。人は可視的

世界に生きており、神をそれにより知る逆説を企画しうる能力を持ってはいない。そういう力を堕罪により失っている。かくて逆説は神の専有的事項に属す。そういう逆説を信じることが許され、また求められてもいる。神は逆説の提供者、人は逆説の受容者である。"逆"という点に人の罪が反映されている。そしてこの"逆"が"順"へと翻る時が終末である。

21) 岩波講座　宗教と科学　別巻　2　「宗教と科学」基礎文献　外国篇 1993　75頁
　　ジャン・ギトン、グリシュカ・ボグダノフ、イゴール・ボグダノフ（幸田礼雅訳）「神と科学」
22) 同上書　7、9頁　ハンス・ヨナス（中村雄二郎他訳）「生命、死、そして身体―存在の理論における」
23) 同時性ということ。イエスが今我々の生きている世界に現れても何ら不思議ではない。その意味でキリストと同時的になりうる。我々がイエスの時代に移るのではなく、逆にイエスが我々の時代へ来てである。全宇宙が今のままの世界にイエスが誕生して生きていても何の不思議もないから。福音書をあたかもイエスが今のこの時代に生きているかのように読みうる。今のままの世界の中でイエスのように霊に満ちた生き方が可能たることが分かって以上のことがいえる。霊的世界実現には全宇宙は今のままであって何の支障もない。もとより終末で全宇宙の様が新しくなってもこれまた何ら支障はない。
24) 西谷啓治著作集　第11巻　1993　235頁
25) 岩波講座　宗教と科学　別巻　1　「宗教と科学」基礎文献　日本篇 1993　352頁　渡辺慧「『ニュー・サイエンス』をどう見るか」
26) 岩波講座　宗教と科学　4　宗教と自然科学　1992　151頁以下　泉美治　同上論文
27) 藤本浄彦編　同上書　72頁　梶山雄一　同上論文
28) 同上書　71頁　同上論文
29) 西谷啓治著作集　第6巻　349頁以下
30) 岩波講座　宗教と科学　4　宗教と自然科学　1992　148頁　泉美治　同上論文
31) 仏教思想研究会編　仏教思想　3因果　1982　52頁　中村元　第一章　因果、
　　同上書　60頁以下　雲井昭善　第二章　業因業果と無因無縁論
　　岩波講座　宗教と科学　10　人間の生き方　1993　220頁以下　河合隼雄「一神論と多神論」
32) 岩波講座　宗教と科学　4　宗教と自然科学　1992　147頁　泉美治　同上論文
33) 鈴木大拙全集　第28巻　昭45　542頁
34) 西谷啓治著作集　第11巻　1993　232頁
35) 同上書　247頁以下
36) 同上書　256頁

あとがき

　今回の出版（本書、および『ヨハネによる啓示のイエス』）をもってキリスト教の研究はとりあえず終了とする。これはもとよりキリスト教についてありとあらゆることを研究しつくしたとの意ではない。またそのようなことは必要でもない。そうではなく、自分が信じようとするとき、どうしてもそのことを無視できず考えるよう迫られてきたことをその都度考察してきたとの意である。ただそれらの課題の順に本として出版したわけではない。

　研究の最初のころは、パウロの書簡に強い関心がありそれが中心であった。ただ新約ばかりではなく、もとは旧約から由来しているのであり、旧約にもそれに匹敵するような関心があった。一方、日本には元来仏教があり、特に京大では西田先生以来その方面の哲学が盛んであり、そちらへも自ずから関心が向いていった。またキリスト教の歴史を振り返ると、パウロ、アウグスティヌス、ルターといわれるように、パウロの理解者としての後二者へも中世哲学の演習などをとおして理解を深めることとなった。

　現在、ようやくそういう状況のかなたが見えてきたのである。今後はこれまでの研究で到達した聖書理解、およびそれと一体の人間観に則って日本文化全般の研究へと進みたい。これは一つのことが終わったので、さて、次は何をしようかと思いめぐらして、ではこれにしようかと決めたということではない。今までの経過からして自ずから然らしめるところとして生じてきたことである。往相あれば還相あり、往路あれば復路あるようなものであろう。なお、往路を行ききる以前にいわば復路に属すでもあろうような事柄に手を染めることは許されない。もしそういうことをすれば、横道にそれてしまい二度と往路に復帰できなくなるからである。

2010 年 6 月

　　　　　　　　　　　　　　　　　　　　　　　　　　　　著　者

■著者紹介

名木田　薫　（なぎた　かおる）

昭和 14 年	岡山県に生まれる
昭和 37 年	京都大学経済学部卒業、その後 3 年間武田薬品工業（株）勤務
昭和 40 年	京都大学文学部学士編入学　基督教学専攻
昭和 47 年	京都大学大学院博士課程単位取得退学、和歌山工業高専講師
昭和 60 年	岡山理科大学教授
平成　5 年	ドイツ・チュービンゲン大学神学部へ留学（1 年間）
平成　7 年	倉敷芸術科学大学教授
平成 15 年	同大学退職（3 月末）

主要著書

『信仰と神秘主義』（西日本法規出版、1990）
『救済としてのキリスト教理解』（大学教育出版、1995）
『東洋的思想への問』（大学教育出版、2001）
『パウロと西洋救済史的思想』（大学教育出版、2004）
『旧約聖書での啓示と受容』（大学教育出版、2006）
『西洋キリスト『教』とパウロ的『信仰』』（大学教育出版、2008）
『東西の表裏一と聖書的思考』（大学教育出版、2009）
『東西両宗教の内実的同異』（大学教育出版、2009）

現代の知的状況とキリスト信仰

2010 年 9 月 30 日　初版第 1 刷発行

■著　　者────名木田　薫
■発 行 者────佐藤　守
■発 行 所────株式会社　大学教育出版
　　　　　　　〒 700-0953　岡山市南区西市 855-4
　　　　　　　電話（086）244-1268　FAX（086）246-0294
■印刷製本────サンコー印刷 ㈱

Ⓒ Kaoru Nagita 2010, Printed in Japan
検印省略　　落丁・乱丁本はお取り替えいたします。
無断で本書の一部または全部を複写・複製することは禁じられています。
ISBN978-4-86429-007-4

好 評 発 売 中

旧約聖書での啓示と受容
―日本文化からの考察―

名木田 薫 著
ISBN4-88730-702-0
定価 3,150 円(税込)
旧約聖書における，日本的心情の観点から理解・対応を試みる。

西洋キリスト『教』とパウロ的『信仰』

名木田 薫 著
ISBN978-4-88730-851-0
定価 3,675 円(税込)
東洋的・禅的考え方を背景としたキリスト『信仰』の探究書。

東西の表裏一と聖書的思考

名木田 薫 著
ISBN978-4-88730-926-5
定価 3,150 円(税込)
東西両宗教の思想における神の考え方の特異性を考察する。

東西両宗教の内実的同異

名木田 薫 著
ISBN978-4-88730-948-7
定価 3,150 円(税込)
仏教とキリスト教の関係とキリスト教内との二局面から同異を論じる。